中 国 特 色 社 会 主 义
法治理论与实践系列研究生教材 2

法律硕士专业学位研究生案例研究指导丛书

法理学案例研究指导

主编 雷 磊

撰稿人（以撰写章节先后为序）

雷 磊 朱明哲 宋旭光

杨 贝 孙海波

中国政法大学出版社

2020·北京

图书在版编目（ＣＩＰ）数据

法理学案例研究指导/雷磊主编. —北京：中国政法大学出版社, 2020.8
ISBN 978-7-5620-9574-3

Ⅰ.①法… Ⅱ.①雷… Ⅲ.①法理学－案例－中国－教材　Ⅳ.①D920.0

中国版本图书馆CIP数据核字(2020)第140029号

出　版　者　　中国政法大学出版社

地　　　址　　北京市海淀区西土城路 25 号

邮　　　箱　　fadapress@163.com

网　　　址　　http://www.cuplpress.com (网络实名：中国政法大学出版社)

电　　　话　　010-58908435(第一编辑部) 58908334(邮购部)

承　　　印　　北京中科印刷有限公司

开　　　本　　720mm×960mm　1/16

印　　　张　　19.5

字　　　数　　318 千字

版　　　次　　2020 年 8 月第 1 版

印　　　次　　2020 年 8 月第 1 次印刷

印　　　数　　1～5000 册

定　　　价　　59.00 元

作者简介

雷磊　中国政法大学钱端升学者、法学院教授、博士生导师。德国基尔大学、海德堡大学、瑞士弗里堡大学访问学者。中国法学会法理学研究会常务理事、中国逻辑学会法律逻辑专业委员会常务理事。入选 2013 年北京市高校"青年英才计划"、2017 年北京市法学会"百名法学英才"培养计划，曾获霍英东教育基金会第十六届高等院校青年教师奖、第四届"中国法学优秀成果奖"等。先后在《法学研究》《中国法学》等刊物发表论文 90 余篇，独立出版专著 4 部，独著或合著教材 3 部，译著 13 部。

朱明哲　中国政法大学钱端升青年学者，比较法学研究院副教授、硕士生导师。巴黎政治大学法学博士、加州伯克利大学访问学者。中国比较法学会理事，曾获第四届"孙国华法学理论优秀青年学术成果"。先后在《中外法学》《清华法学》和 Revue générale de droit international 等期刊以中、英、法文发表论文 40 余篇。

宋旭光　深圳大学法学院助理教授，法治与法律方法研究中心主任。中国法律逻辑学研究会理事，深圳法学会理事。荷兰阿姆斯特丹自由大学访问学者。先后在《法制与社会发展》《环球法律评论》等刊物上发表论文和译文 30 余篇，出版专著 1 部，译著 2 部。

杨贝　对外经济贸易大学法学院副教授、硕士生导师。英国牛津大学、德国法兰克福大学、美国哥伦比亚大学访问学者。中国法学会法理学研究会副秘书长，中国立法学研究会理事。曾获北京高校第九届青年教师教学基本功比赛一等奖。先后在《政法论坛》《清华法学》核心刊物发表论文近 30 篇。

孙海波　中国政法大学钱端升青年学者，比较法学研究院副教授、硕士生导师。美国南加州大学访问学者。中国比较法学会理事，曾获第七届"董必武青年法学成果奖"。先后在《法学家》《法律科学》等期刊发表学术论文30 余篇，专著 2 部，译著 2 部。

序　言

　　法学学科是实践性很强的学科。2017 年 5 月 3 日，习近平总书记考察中国政法大学时对法学教育和法治人才培养提出了明确要求。他指出："法学教育要处理好法学知识教学和实践教学的关系。学生要养成良好的法学素养，首先要打牢法学基础知识，同时要强化法学实践教学。"如何使学生学习法治理论的同时，能够深入了解中国法治实践，拥有解决实际问题的知识和能力，是法学教育必须解决的首要问题。

　　法律硕士专业学位研究生教育最注重实践教学，日益成为法学教育的主要形式。近十几年来，法律硕士专业学位研究生教育快速发展，无论是举办高校数量还是招生规模都一路高企，呈现出一派繁荣景象。随着应用型硕士与学术型硕士的分野，二者之间在培养模式、培养标准、教学方式、教材体系等方面有何区别等问题亟待研究。可以说，法律硕士与法学硕士最大的区别在于人才培养目标不同，法律硕士培养应当服务、服从于法治实践，为实务部门培养具有法律专业素养和职业精神的优秀人才。有鉴于此，构建有别于学术型硕士的培养模式、制定统一的培养标准、改革教育教学方法、编写高质量教材，成为法律硕士专业学位研究生教育的当务之急。

　　法律硕士培养规律和实践表明，案例教学是强化实践教学的重要方式，也是增强学生问题意识，提高解决问题能力的有效途径。案例教学不仅能够使学生深入了解法治工作实际，提高他们正确适用法律的能力，而且可以促进理论和实践的有机结合，提升他们的理论素养。

　　中国政法大学作为全国第一批法律硕士专业学位研究生培养单位和第一所设立法律硕士学院的高校，在法律硕士专业学位研究生培养方面积累了一定经验。为进一步推动法律硕士专业学位研究生教学改革，深化培养模式改革，打通知识教学与实践教学之间的壁垒，强化实践教学和案例教学，学校组织有较高理论素养和实践能力的教师编写了《中国特色社会主义法治理论与实践系列研究生教材之法律硕士专业学位研究生案例研究指导丛书》（以下简称"案例研究指导丛书"），帮助学生从案例研究入手，更好地学习法学知识，掌握专业技巧，提高实践能力，以适应日益增长的社会需求。

案例研究指导丛书坚持以中国特色社会主义法治理论为指导，坚持从中国国情和实际出发，融通世界先进经验与中国智慧，结合中国法治实践，在夯实学生法学专业基础的同时，注重培养学生的理想信念、家国情怀、人文精神和责任担当，提高学生发现问题、分析问题、解决问题的能力，形成运用法律思维和法治方法分析解决问题的自觉意识。

衷心希望这套教材能够在法律硕士专业学位研究生培养中发挥积极作用，成为广大法律硕士专业学位研究生的案头必读书。

是为序！

中国政法大学　马怀德
2019 年 4 月 12 日

前　言

　　法律是实践理性，法学是实践性学科，属于法学组成部分的法理学亦不例外。但这只是理论上的自我分说。事实上，许多人，也包括不少法律新生，可能在直觉上会认为法理学的知识大多是高头讲章或"屠龙之术"。它要么与法律实践相距过远，尤其在司法裁判中没有用武之地，因而是无用的；要么运用部门法的知识就足以应对法律实践了，因而法理学是冗余的。这里涉及的问题其实是理论法学（除了法理学，也包括法史学等）与应用法学之间的长期被误解的隔阂和虚假的对立。

　　古罗马法学家塞尔苏斯（Celsus）有句名言：法是善良与衡平的技艺。从根本意义上说，法理学是阐述"法是什么"的基础学科，因而要围绕"什么是善良与衡平的技艺"来展开。可惜的是，人们往往将重点放在"善良与衡平"这个理想的层面，而没有或不那么关注"技艺"这个实践的层面。真正的法理学并不能停留于坐而论道式的空谈，而也应当成为法律人论证和说理的武器。用逻辑包裹激情，用论证代替想象，用理性击碎直观，正是法理学所要教导我们的。当然，法理学也不可能与部门法学完全合二为一或取代后者。这主要体现在：其一，并非在司法裁判的任何场合都需要法理学出场。应当承认，在大部分案件中，凭借部门法的条文和部门法学的知识就足以妥当地解决案件。法理学往往出场于超越条文和个别教义知识的"疑难案件"的场合。其二，并非在所有场合法理学都要取代部门法学。很多时候，法理学知识被用于分析案例，不是为了取代部门法学的分析论证，而是为了辅助、深化和拓展这种分析论证，开放出部门法学知识所"未曾看见的风景"，提示或反思其可能存在的瑕疵，并告诉我们这样一个道理：很多案件背后所涉及的问题可能要比我们打眼看上去更多。理念引导、价值关切、视野与方法的提升，而非教条式的观念灌输，这才是法理学想要启发它的研学者的。

法理学对于司法案例的"研究"和"指导"主要体现在三个方面：一是概念。法理学的研究通常是通过对一个个法律概念的内涵和原理的阐述来展开的。举凡法、法的效力、法律规范、法律体系、法律行为与法律意识、法律关系、权利、义务与责任，这些被称为法学基本概念的范畴都是法理学的着力之处。很多案例都涉及对这些法学基本概念的理解。处理这些概念及其背后之理念的法理学分支，可笼统地（也是不那么精确地）称为"法概念论"。二是思维。我们都听说过"像法律人那样思考"这个口号，也听说过"法律人思维"这个表述。那么，法律人是如何思考法律问题的？在处理案件的过程中，这就体现为一整套的法学方法（法律方法）。掌握并学会运用法律适用过程中大、小前提的建构、法律解释、法律推理、法的续造和法律论证的诸多方法，是法律人的看家本领。研究这些方法的法理学分支就是"法学方法论"。三是价值。司法裁判不仅涉及概念的理解和方法的运用，也会涉及道德伦理的考量。重要的是，它不仅要告诉我们法律和案件的背后可能会涉及哪些层面的伦理理念，也要告诉我们如何进行法律背后的道德和价值论证。研究这些法理念及其论证的法理学分支就是"法伦理学"。法伦理学的范围甚广，本书只是选择了部分主题。以上三个方面，正是本书框架设计的依据。

本书得以完成，仰赖一众同仁齐心协力、精诚合作。对此本人深表谢忱。全书编写的分工为（以撰写章节先后为序）：

雷　磊（中国政法大学法学院教授）：第一、二章；

朱明哲（中国政法大学比较法学院副教授）：第三、四章；

宋旭光（深圳大学法学院助理教授）：第五、六、七章；

杨　贝（对外经贸大学法学院副教授）：第八～十二章；

孙海波（中国政法大学比较法学院副教授）：第十三～十六章。

当然，虽勉励而为，本书有所缺憾亦难以避免，对此文责首先自然由主编担负。唯请方家赐教，读者指正，以便日后完善。

英国法理学者雷蒙德·瓦克斯（Raymond Wacks）在他的《读懂法理学》第一版序言中有这么一段话："本书的写作过程不乏生趣，莉莉和威利（注：两只鸽子）常常透过书房的窗户朝我张望……而在花园深处，每当我坐下来进行校对时，那些大胆的母鸡就会对已经修正的页码表现出同样明显的关注……

我敢说这种鸟类的热情远远超出了许多抱持实用主义态度的法学院学生，当然这些学生也许是对的，因为严格说来，法理学是为鸟类准备的。"如果说本书有什么企图的话，那么就是想努力证明这个判断是错的。

雷　磊

2020 年 6 月 15 日

目　录

第一编　法概念论

第一章　法 ……………………………………………………… 3
　专题一　法的概念 ……………………………………………… 3
　专题二　法的特征 …………………………………………… 12
　专题三　法的作用 …………………………………………… 20

第二章　法的效力 ……………………………………………… 27
　专题一　法的时间效力 ……………………………………… 27
　专题二　法的空间效力 ……………………………………… 34
　专题三　法的对人效力 ……………………………………… 41

第三章　法律规范 ……………………………………………… 48
　专题一　法律规则 …………………………………………… 48
　专题二　法律原则 …………………………………………… 55

第四章　法律体系 ……………………………………………… 62
　专题一　法律体系与法律部门 ……………………………… 62
　专题二　当代中国的法律体系 ……………………………… 68

第五章　法律行为与法律意识 ………………………………… 74
　专题一　法律行为 …………………………………………… 74

专题二　法律意识 ·· 78

第六章　法律关系 ·· 86

专题一　法律关系 ·· 86

专题二　法律事实 ·· 94

第七章　权利、义务与责任 ···························· 101

专题一　法律权利与法律义务 ························ 101

专题二　法律责任 ·· 109

第二编　法学方法论

第八章　大、小前提的建构 ···························· 119

专题一　大前提的建构 ·································· 120

专题二　小前提的建构 ·································· 127

第九章　法律解释 ·· 135

专题一　文义解释 ·· 135

专题二　体系解释 ·· 142

专题三　历史解释 ·· 148

专题四　目的解释 ·· 155

第十章　法律推理 ·· 162

专题一　演绎推理 ·· 162

专题二　归纳推理 ·· 169

专题三　类比推理 ·· 175

专题四　后果推理 ·· 182

第十一章　法的续造 ······································ 186

专题一　法律漏洞的认定 ······························ 186

　　专题二　填补法律漏洞的方法 ‥‥‥‥‥‥‥‥‥‥‥‥‥‥‥‥‥ 194
　　专题三　填补法律漏洞的素材 ‥‥‥‥‥‥‥‥‥‥‥‥‥‥‥‥‥ 201

第十二章　法律论证 ‥‥‥‥‥‥‥‥‥‥‥‥‥‥‥‥‥‥‥‥‥‥‥ 207
　　专题一　法律论证的定义与特征 ‥‥‥‥‥‥‥‥‥‥‥‥‥‥‥ 208
　　专题二　法律论证的证成标准 ‥‥‥‥‥‥‥‥‥‥‥‥‥‥‥‥ 215
　　专题三　法律论证的论据 ‥‥‥‥‥‥‥‥‥‥‥‥‥‥‥‥‥‥ 223

<h2 style="text-align:center">第三编　法伦理学</h2>

第十三章　法与伦理学 ‥‥‥‥‥‥‥‥‥‥‥‥‥‥‥‥‥‥‥‥‥ 235
　　专题一　法与伦理学理论 ‥‥‥‥‥‥‥‥‥‥‥‥‥‥‥‥‥‥ 235
　　专题二　对法的伦理要求 ‥‥‥‥‥‥‥‥‥‥‥‥‥‥‥‥‥‥ 240
　　专题三　道德的法律强制 ‥‥‥‥‥‥‥‥‥‥‥‥‥‥‥‥‥‥ 245

第十四章　法与正义 ‥‥‥‥‥‥‥‥‥‥‥‥‥‥‥‥‥‥‥‥‥‥ 252
　　专题一　实体正义与程序正义 ‥‥‥‥‥‥‥‥‥‥‥‥‥‥‥‥ 253
　　专题二　法适用中的法与正义 ‥‥‥‥‥‥‥‥‥‥‥‥‥‥‥‥ 259

第十五章　法的证立 ‥‥‥‥‥‥‥‥‥‥‥‥‥‥‥‥‥‥‥‥‥‥ 266
　　专题一　刑罚的证立 ‥‥‥‥‥‥‥‥‥‥‥‥‥‥‥‥‥‥‥‥ 266
　　专题二　守法的理由 ‥‥‥‥‥‥‥‥‥‥‥‥‥‥‥‥‥‥‥‥ 273

第十六章　法　治 ‥‥‥‥‥‥‥‥‥‥‥‥‥‥‥‥‥‥‥‥‥‥‥ 281
　　专题一　法治的概念 ‥‥‥‥‥‥‥‥‥‥‥‥‥‥‥‥‥‥‥‥ 282
　　专题二　法治的理念 ‥‥‥‥‥‥‥‥‥‥‥‥‥‥‥‥‥‥‥‥ 288

第一编

法概念论

本编在知识框架上包括两个部分，一是"法"，二是法学的基本概念。前一部分涉及对"法"这一对象的理解，包括法的概念、法的特征与法的作用。法的概念问题在绝大多数司法案例中都不会出现，只有在实在法不足以应对或实在法本身效力存疑的疑难案件中才会登上前台。法的特征与作用则是基于对特定案例进行再观察和分析时所需运用的知识点，本身不直接对案件的审理发生影响。后一部分，即法学的基本概念，涉及超越于各个部门法学之上、同时又要在各个部门法学中被运用的一些共同的概念，主要包括法的效力、法律规范、法律体系、法律行为与法律意识、法律关系、权利、义务与责任。这些法学的基本概念及其背后的原理通常情况下借由部门法的案例来展现。也就是说，虽然很多案件看上去只是在运用部门法条文和知识进行审理，但其背后所体现的法学原理却是普遍的。

| 第一章 |

法

专题一　法的概念

◈ 知识概要

　　法的概念，是围绕"法是什么"这一问题所给出的答案。在法律实务中，法律人所持的法的概念的立场不同，对同一个案件所作的法律决定就有可能不同。这种分歧在简单案件中是看不出来的，因为简单案件只涉及对特定实在法条文及其教义知识的运用，而通常情况下，一国现行的实在法就构成了司法裁判的不容置疑的基础，它的效力并不会受到质疑。但当出现实在法本身之效力存疑的疑难案件时，司法裁判就会超越部门法学的范畴，进入到法理学的问题领域：实在法有效的标准是什么？或者说，定义（有效的）法的概念要素是什么？

　　围绕着法概念之争的中心问题是关于法与道德之间的关系问题。对此可以区分出两种基本立场，即实证主义的法概念和非实证主义的法概念。所有的实证主义理论都主张，法与道德之间不存在概念上的必然联系。法律是一种社会事实，即便它违背普遍的道德标准，也不会丧失其法的效力。一个规范，只要是由法定机关通过合法程序创设的，就是有效的法律规范。与此相反，所有的非实证主义理论都主张，法与道德之间存在概念上的必然联系。法的效力与其内容有关，即便一个规范是由法定机关通过合法程序创设的，只要其内容违反道德（或者达到某种特定的程度），也不具备有效法律规范的地位。

1-1 法概念争议

📚 经典案例

案例：柏林墙射手案

1-2 本案完整案情与审理经过

一、基本案情

1984年12月1日凌晨三点十分，一名年仅20岁的德国青年迈克尔（Michael）用梯子试图翻越柏林墙逃往西德，两名守卫发现了他，他们首先在广播中发出警告，命令他下来，阻止无效以后鸣枪示警，还是没有能够阻止他。于是两名守卫都开始向迈克尔开枪，两人都开了二十多枪，持续几分钟时间。当迈克尔爬到墙顶时，被击中膝盖和背部，他摔了下来，后来被送往医院，六点二十分在医院死亡。1992年，这名受害人的死亡导致了两名守卫在柏林地区法院的被诉，开枪致受害人死亡的守卫被判缓刑。

在此案中，被告的抗辩理由是：1982年《德意志民主共和国边防法》（《东德边防法》）第27条第2款规定可以使用枪支阻止越界；在实施边界法制时使用枪支不会被起诉是东德政府的既有惯例。依据1982年《东德边防法》第27条第2款第1项之规定："如果刑事违法行为即将实施或正在持续中，而且在当时情形看来构成重罪，就可以使用枪支予以阻止"，第27条第3款规定："使用枪支时应当尽可能不要危及人命。"但在三级审判中，德国法院都拒绝了被告提出的抗辩理由。1992年，柏林地方法院的判决认为，这些辩护理由的基础是靠不住的，因为它们十分邪恶地和令人难以容忍地违反了

"正义的基本准则和国际法保护下的人权"。1994 年，联邦司法法院的判决诉诸了著名的拉德布鲁赫公式，判决中写道："实在法同正义的冲突已经达到了这样一种不能容忍的程度，以至于作为'非正当法'的法必须让位于正义。在纳粹专制政权覆灭后，这些公式试图概括最为严重的不法行为的特征。要把这一观点适用于本案是不太容易的，因为在东德内部边界的杀人行为不能等同于纳粹犯下的大规模屠杀罪行。但是不管怎样，这一过去的观点仍然有效，也就是说，在评价以政府名义实施的行为时，必须要问的是，这个政府是否已经逾越了每一个国家作为一般性定罪原则所允许的最大限度。"1996 年，联邦宪法法院维持了联邦司法法院的判决，判决中写道："在这个非比寻常的情形下，客观正义准则的要求本身，以及这种要求所包含的对国际共同体认识到的人权的尊重，都使得法院不可能接受这样的辩护理由。"

二、法律问题

1. 《德意志民主共和国边防法》第 27 条第 2 款第 1 项能否作为阻却被告行为违法性的事由？

2. 能否在东德法律体系的内部（根据东德的宪法）来否认《东德边防法》相关条款的效力？

3. 能否根据东德政府加入的人权公约来否认《东德边防法》相关条款的效力？

4. 如何判断《东德边防法》相关条款与"正义的基本准则和国际法保护下的人权"之间的冲突达到了不能容忍的程度？

三、法理分析

在德国刑法教义学上，具有通说地位的是三阶层犯罪体系理论，也即在判断一个人是否犯罪时要依次判断是否符合三个要件，即构成要件该当性（符合性）、违法性与有责性。这三个要件之间是一种递进式的逻辑结构。[1]也即是说，只有符合了前一个要件才去判断是否符合后一个要件。同时，构成要件该当性与违法性、有责性在性质上是不同的：构成要件该当性的判断需将现实发生的具体事实同刑法上抽象的构成要件加以对照，从而判断其是

---

〔1〕 参见陈兴良：《刑法哲学》，中国人民大学出版社 2015 年版，第 549 页。

否吻合。因而构成要件该当性是积极要件，构成要件该当性的判断是积极判断，发挥入罪功能。所谓违法性，即行为须对法益造成侵害或招致威胁，从而构成行为受刑法非难之客观基础。由于构成要件本身即包含着国家的价值主张，其生成本身就是对法益侵害的违法行为的类型性抽象，所以，一旦行为符合构成要件，原则上即可推定其违法。所以第二阶层的判断主要从消极意义上考察是否存在违法阻却事由。所谓有责性，即行为人须具有责任能力，具有故意或过失的罪过心理，并且还须具有实施适法行为的期待可能性，从而构成行为人受刑法责难的主观基础。这里面的一个重心同样在于消极判断，即能否以期待可能性之缺乏为责任阻却事由。[1] 因此，构成要件该当性的与违法性、有责性之间的关系实质上乃是犯罪构成的原则确证与例外否决的关系。[2]

在本案中，构成要件该当性的判断不成问题。根据两德统一协议，在东德加入西德后，西德法律就在前东德地区生效。依据（西德的）《德国刑法施行法》第 315 条第 1 款以及《德国刑法典》第 2 条，只有当两位射手的行为依据行为时有效的东德法是可罚的时候，它才可以被处罚。而依据当时的《东德刑法典》，这一行为既符合谋杀罪的构成要件（《东德刑法典》第 112 条），也符合杀人罪的构成要件（《东德刑法典》第 113 条）。所以就进入到了第二阶层的判断，即是否存在违法阻却事由？违法阻却事由通常来自于两个方面，一个方面是刑法典本身的规定，如正当防卫或紧急避险。一旦行为人的行为被证明符合正当防卫或紧急避险的条件，那么其行为就会被认为是正当的而被阻却其违法性，罪名也随之不能成立。但是显然本案不存在能满足这两个事由的条件。另一种违法阻却事由来自于《东德刑法典》之外的其他法律的规定，而恰恰是在这里存在着法概念争议出场的可能。正如本案的被告所主张的，他们的行为的确具备制定法基础，也即《东德边防法》第 27 条第 2 款第 1 项。因为依据《东德刑法典》，违反制定法的越界行为是犯罪行为，而当通过"使用危险工具或方法"（《东德刑法典》第 213 条第 3 款第 2 项第 2 目）来实施这种行为时，即构成加重情形，一般要被处以 2 年以上监

---

〔1〕 详见徐剑锋："犯罪构成理论：刑法谦抑精神之载体"，载《中国刑事法杂志》2009 年第 8 期。

〔2〕 参见［日］大谷实：《刑法总论》，黎宏译，法律出版社 2003 年版，第 71 页。

禁。而依据当时在东德占据支配地位的实践解释，本案当事人使用攀爬工具（梯子）来跨越边防设施就构成了上述"危险方法"。并且从东德偏向于以国家利益为重的整体国家实践来看，偷越边境的行为也被视为具有社会危害性的、对社会主义法制严重污蔑的刑事行为。[1]如果要对被告人定罪，就要否认该条款的效力。

《东德边防法》第27条第2款第1项的效力问题并非一开始就涉及法概念（法效力）的理论争议，而是首先涉及该规范是否符合东德法律体系内更高位阶之制定法的问题。这里所谓的实在法主要指的是《东德宪法》和《公民权利与政治权利公约》。该条款并没有违反《东德宪法》，因为它并不认可出境自由以及明确表达出身体不容侵害的基本权利。唯一可能相关的是其中第30条的1款所宣称的"公民的人格与自由"不可侵犯。但它同时又在第2款规定，这种保护是可以受到限制的，假如限制：①具有制定法基础，②被用来针对可罚的行为，③限于"制定法容许的范围内"，④绝对必要。显然，《东德边防法》就是其制定法基础，而逃亡者的越界行为根据《东德刑法》是可罚的。边防法的其他条款虽然规定了其他限制条件，但射手的行为并没有超越制定法容许的范围：如，它规定人的生命应"尽可能被珍惜"，但并没有要求在一切情形中都珍惜生命；它规定"运用射击武器要通过呼喊和警告性射击来恫吓"，而两位射手已经这么做了。他们的行为同样也是绝对必要的，因为不对逃亡者射击已根本无法阻止其越界行为。这里再次涉及个人权利与国家利益的权衡问题，但基于当时的国家实践，《东德宪法》与《东德边防法》的偏重是一致的，所以后者并不违宪。该条款也没有违反《公民权利与政治权利公约》，因为东德虽然已经加入了这一公约，但却没有按照《东德宪法》第51条第2款的规定经由人民议会核准。也就是说，公约没有被转化为或纳入东德的国内法，从而与其他国内法形成体系性关系。因此，东德虽然负有国际法义务在国内实施公约的基本原则，但其国内法与公约相冲突并不会导致前者无效。此外，虽然公约保障出境自由，但同样规定了限制条款，即"合乎法律规定，并对于保护国家安全、公共秩序、国民健康、公共风俗

---

[1] 参见雷磊编：《拉德布鲁赫公式》，中国政法大学出版社2015年版，第390页；雷磊编：《拉德布鲁赫公式》，中国政法大学出版社2015年版，第418页。

或他人的权利与自由而言确属必要"。而东德当时的观点正是它的边境管理被这一限制条款所涵盖。[1]所以,《东德边防法》的效力问题在实在法的框架内并不受质疑。对于这一问题的考量必须在实在法之外,进入道德的层次:射杀手无寸铁、对他人并无直接危险且只想过另一种生活的平民的行为是否违背了"正义的基本准则和国际法保护下的人权",而授权这么做的制定法会否因为极端违背普遍的道德观念而无效?

实证主义与非实证主义的法概念标准既有共识、又有分歧。共识在于,两者都将"权威制定性"(由法定机关通过合法程序制定)视为某规范成为法的必要条件。而分歧在于,除了事实性的标准外,需不需要同时以"内容正确性"为定义法的要素。也就是说,法律实证主义只将法视为与其内容无关的社会事实,而非实证主义则坚持要将(至少是最低限度的)道德要求作为评价其效力的条件。在上述案件中,"权威制定性"显然不成问题:《东德边防法》是由(纳粹时期的)德国国会和东德人民议会通过合法程序制定的,符合宪法的授权。问题只在于:①案件所涉及的具体规范在内容上是否违反道德,或违背最低限度的道德(达到"极端的不法"的程度);②假如如此,这些规范是否无效,从而不能被视为是法。德国三级法院的审判显然都对这两个问题给出了肯定的回答,其判断的依据来自于德国著名法哲学家拉德布鲁赫(Gustav Radbruch,1878~1949)在《法律的不法与超法律的法》(1946年)一文中提出的观点,即"拉德布鲁赫公式"。它的核心在于这样一段话——"正义与法的安定性之间的冲突应当这样来解决,实在的、受到立法与权力来保障的法获有优先地位,即使其在内容上是不正义和不合目的的,除非制定法与正义间的矛盾达到如此不能容忍的地步,以至于作为"非正确法"的制定法必须向正义屈服。"[2]这里的问题有两个:①什么是"正义"?②什么是"不能容忍"?正义的内容无疑是十分复杂的,好在我们无需确定它的所有方面,只需确定它的核心内容,那就是人权。任意地肯定或否认人权

---

〔1〕 具体阐述参见雷磊编:《拉德布鲁赫公式》,中国政法大学出版社 2015 年版,第 420~425 页。

〔2〕 Gustav Radbruch, "Gesetzliches Unrecht und übergesetzliches Recht (1946)", in: ders., *Gesamtausgabe*, Bd. 3, hrsg. v. Arthur Kaufmann, Heidelberg 1990, S. 89.

的制定法缺乏法的效力，应被剥夺法的性质。[1]本案中涉及的显然是行动自由权（出境自由），这也就是柏林地方法院指出的"国际法保护下的人权"以及联邦宪法法院认定的"对国际共同体认识到的人权的尊重"。至于何谓"不能容忍"是一个争议极大的问题。拉德布鲁赫本人并没有进行过系统的类型化处理，而只是在不同的地方指出过两个标准：①如果"制定法的形式被滥用在一种令人惊诧的、任何严肃之人都会质疑的、直截了当的犯罪活动"[2]，那么就已经逾越了这一门槛。②当"实在法的不正义达到了这样一个程度，即通过实在法来保障的法的安定性相对于这种不正义已经不成比例时"[3]，就可以否认它的效力。而法学家阿列克西（Alexy）则将不能容忍公式简洁地表述为"极端的不正义不是法"。[4]很显然，德国三级法院都认为《东德边防法》第27条第2款第1项已经逾越了极端不正义的门槛，因而应被剥夺法的效力。

　　假如构成要件该当性和违法性都能成立，那么就剩下有责性判断。被告人是否具有主观罪责，是否具有责任阻却事由（也即不实施本案中之开枪行为这一期待可能性）。对此同样存在争议：有论者认为，被告人作为在东德体制下长大的青年人，从小就被灌输了相关的思想观念，他们无法意识到自己射杀平民的行为是不对的（阿列克西称之为"道德盲视"）。但也有论者认为，被告人其实是有主观判断能力的，反映在他们并不因为射杀逃亡者被东德政府授予勋章而感到自豪，甚至在某些公开场合会将勋章偷偷藏起来。另外，两位被告人的地位也是不同的：对于开枪射击的士官而言，他服从的只是《东德边防法》，而没有一个更高的长官直接下命令让他这样做；而对于另一位普通的士兵而言，他开枪是因为这位士官命令他射击，作为军人，他完全可以"军人以服从命令为天责"来作为责任阻却事由。所以，本案的分析十分复杂，在各个层面上都可能存在争议。当然，争议的焦点在于第二个层

---

[1]　Vgl. Gustav Radbruch, "Fünf Minuten Rechtsphilosophie（1945）", in: ders., *Gesamtausgabe*, Bd. 3, hrsg. v. Arthur Kaufmann, Heidelberg 1990, S. 79.

[2]　Gustav Radbruch, "Neue Probleme in der Rechtswissenchaft", in: ders., *Eine Feurbach - Gedenkrede sowie drei Aufsätze aus dem wissenschaftlichen nachlaß*, hrsg. v. Eberhard Schmidt, Tübingen 1952, S. 33.

[3]　Vgl. Gustav Radbruch, "Vorshule der Rechtsphilosophie（1947）", 3. Aufl., *besorgt von Arthur Kaumann*, Göttingen 1965, S. 33.

[4]　雷磊编：《拉德布鲁赫公式》，中国政法大学出版社2015年版，第384页。

面，即是否存在违法阻却事由的问题，而法律实证主义与非实证主义的立场差异将决定对这个问题的判断结论。

四、参考意见

1. 本案被告人的行为符合构成要件该当性，因为它既符合谋杀罪的构成要件（《东德刑法典》第 112 条），也符合杀人罪的构成要件（《东德刑法典》第 113 条）。

2. 本案被告人的行为被德国三级法院认定为具有违法性，因为被告人的行为基础即《东德边防法》第 27 条第 2 款第 1 项不具有效力，无法成为适格的违法阻却事由。

（1）《东德边防法》第 27 条第 2 款第 1 项并不违反《东德宪法》，因为无论是当时的刑法规定还是国家实践，都支持将本案中翻越柏林墙的逃亡行为认定为严重的犯罪行为。

（2）《东德边防法》第 27 条第 2 款第 1 项并不违反《公民权利与政治权利公约》，因为一方面该条约没有在东德生效，另一方面该条约允许对出境自由予以保留。

（3）但是，《东德边防法》第 27 条第 2 款第 1 项令人难以容忍地违反了"正义的基本准则和国际法保护下的人权"，逾越了"极端不法"的门槛（但尚缺乏更为细致的认定标准）。

（4）基于第（3）点，该条款无效，因而无法构成违法阻却事由（这一判断基于非实证主义的法概念立场之上，如果持实证主义的法概念立场，会得出相反的结论）。

3. 本案的被告人具有主观罪责，应当承担责任（这取决于站在一般民众以及士兵职责的角度来作的"期待可能性"判断）。

拓展案例

案例：告密者案

一、基本案情

一位德国妇女二战期间向纳粹当局告发其丈夫有不满领袖的言论，致使其丈夫被纳粹法院判处死刑，但未立即执行，而是被送往前线服苦役。战后妻子被提起刑事诉讼。有证据证明，妻子当年之所以去告发丈夫，是因为她想摆脱这段婚姻，而她也知晓根据纳粹的相关法律，她丈夫的行为会被追究刑事责任。在案件审理过程中，妻子的辩护人提出，妻子的行为可以找到纳粹法上的依据，即1934年的《禁止恶意攻击国家与党及保护党的统一法》（简称《阴谋法》）第二节的规定："①任何公开发表恶意或煽动性言论反对民族及民族社会主义德国工人党领导人物，或者发表之言论透露他们府邸之位置或针对他们采取之措施与建立之制度，及其他性质上削弱人民对其政治领袖人物之信任者，应判处监禁。②虽未公开发表恶意言论，但当其意识到或应当意识到这些言论有可能被公开时，以公开言论论处。"妻子的行为是否构成1871年《德国刑法典》（在纳粹统治时期有效）上非法剥夺他人自由的刑事犯罪？

二、法律问题

1. 《阴谋法》第二节的规定能否正当化妻子的行为（妻子有没有告密的义务）？
2. 如果可以，《阴谋法》第二节的规定是否构成违法阻却事由？
3. 妻子在告发丈夫时是否具有主观罪责？

三、重点提示

1. 需要论证被告密者的禁止性义务与告密者的告密行为之间的关系。
2. 《阴谋法》第二节的规定构成违法阻却事由的前提在于它是有效的法律规范，这就涉及法律规范的效力标准问题。对此，实证主义与非实证主义的法概念立场提供了不同的标准，作出了不同的判断。
3. 妻子的主观罪责需要联系行为时的背景和目的来判断。
4. 只有本案中告密者依次符合构成要件该当性、违法性和有责性的三阶层标准，才能认定其罪责。

🔖 **拓展资料**

1－3 拓展阅读

专题二 法的特征

🔖 **知识概要**

法具有这样几个特征：①法是调整人的行为的一种社会规范。它是规范，所以区别于自然法则；它是社会规范，所以用来调整人们的相互行为或交互行为。法只是社会规范的一种，除此之外社会规范还包括道德规范、政治规范、宗教规范、习俗、纪律等。②法是由国家制定或认可的社会规范。法是由国家制定或认可的，具有国家意志性，因此具有统一性与权威性。③法是以国家强制力保证实施的社会规范。它只强调人们的外在的行为是否符合法的规定，它以外在的国家强制力强迫人们遵守。④法是具有普遍性的社会规范，它在国家主权管辖范围内普遍有效。⑤法是具有严格、明确的程序的社会规范。法的创制、执行、适用、监督等都是严格按照一定的明确的程序来进行的。⑥法是具有可诉性的社会规范。法的可诉性包括两个方面的含义：一是可争讼性。即任何人均可以将法律作为起诉和辩护的根据。二是可裁判性（可适用性）。即合格的法庭可以将法作为司法裁判的直接依据。

1－4 法的特征

🔖 经典案例

案例：顶盆过继案

一、基本案情

2005年9月，青岛市李沧区人民法院受理了一起因拆迁引发的财产权属纠纷案。该区石家村按照政府规划整体搬迁，房价随之倍增，光拆迁补偿款就可领到数十万元。村民石某雪拿着已故四叔石某1的房产证，以房主的名义前往村委会领取拆迁补偿款。可是石某雪的三叔石某2却拿出了当年弟弟石某1赠与其房产的公证书找到村委会，宣称侄子那套房子是自己的。侄子手里拿着石某1的房产证，叔叔手里拿着石某1赠与房子的公证书，房屋权属存在争议，拆迁无法进行，补偿款无法发放。石某2遂以非法侵占为由，将石某雪告上法庭，请求依法确认自己和石某1之间的赠与合同有效，判令被告立即腾出房屋。

2005年12月，区法院作出了一审判决：驳回原告石某2的诉讼请求。法院经审理认为，本案中赠与合同的权利义务相对人仅为石某2与石某1，原告以确认该赠与合同有效作为诉讼请求，其起诉的对方当事人应为石某1。因此，原告以此起诉石某雪于法无据，本院不予支持。被告石某雪是因农村习俗，为死者石某1戴孝发丧（俗称"顶盆发丧"）而得以入住其遗留的房屋，至今已达八年之久；原告在死者去世之前已持有这份公证书，但从未向被告主张过该项权利，说明他是知道顶盆发丧的事实的。因此被告并未非法侵占上述房屋。顶盆发丧虽然是一种民间风俗，但并不违反法律的强制性规定，所以法律不应强制地去干涉它。因此，原告主张被告立即腾房的诉讼请求法院不予支持。一审判决之后，原告石某2不服，提出上诉。2006年3月，青岛市中级人民法院对本案作出终审判决，维持原判。

二、法律问题

1. 石某1与石某2之间的赠与合同是否有效？它是否可以用来对抗石某雪的继承主张？

2. 石某2是否享有对石某1房屋的法定继承权？它是否可以用来对抗石

某雪的继承主张?

3. 能否依据"顶盆继承"的风俗来支持石某雪继承叔叔石某 1 房产的主张? 这种风俗是否违背公序良俗原则?

4. "顶盆继承"的风俗属于我国的习惯法吗?

三、法理分析

本案涉及三个核心问题:①石某 1 与石某 2 之间的赠与合同的效力问题。假如赠与合同有效,那么就可以用来对抗石某雪的继承主张,因为毕竟石某 1 与石某 2 之间的赠与合同是在石某 1 生前签订的,在时间上要早于石某雪入住其叔叔遗留的房屋的时间。②石某 2 的法定继承权问题。假如认定石坊昌拥有《继承法》规定的法定继承权,则由于法律明文规定优先于习惯适用,故而可以优先继承石某 1 的房屋。③也是本案分析的核心问题,即"顶盆继承"的风俗能否作为裁判的依据? 如果可以,这是否意味着它成了有效的法律规范?

石某 2 的起诉依据有两个,一个是他与石某 1 于 1997 年订立并经过公证的赠与合同。在本案中,石某 2 提出的是确认之诉,即要求法院确认这份赠与合同有效,而法院则以被告人不适格(应为石某 2 而非石某雪)为由不予支持。但是法院这么做并不合适。原因在于,赠与合同虽然是诺成合同(赠与合同是赠与人将自己的财产无偿给予受赠人,受赠人表示接受赠与的合同),但根据我国《合同法》第 186 条的规定,赠与人在赠与财产的权利转移之前可以撤销赠与。[1]换言之,假如石某 1 在交付房屋前反悔,即便赠与协议经过公证,他依然可以撤回赠与。也就是说,石某 1 与石某 2 之间没有就赠与协议对簿公堂的可能。所以,法院认为适格的被告是石某 1 的观点无法成立。另外,石某 2 起诉石某雪也不是不可以,只是诉讼请求应变更为侵权之诉——当然,这里的前提是赠与合同有效。

事实上,法院想要做的是回避对赠与合同效力的认定。但是,在没有反证的情况下,公证就是效力推定的依据。《民事诉讼法》第 69 条规定:"经过法定程序公证证明的法律事实和文书,人民法院应当作为认定事实的根据,但

---

〔1〕 现为《民法典》第 658 条第 1 款。

有相反证据足以推翻和公证证明的除外。"《继承法》第 17 条第 1 款规定："公证遗嘱由遗嘱人经公证机关办理。"第 20 条第 3 款规定："自书、代书、录音、口头遗嘱，不得撤销、变更公证遗嘱。"《司法部关于我国公证制度和公证书效力的复函》规定："公证书依法具有证据效力、强制执行效力和法律行为成立要件效力，是法院认定事实的根据……对于同一事项，其他证明与公证书不一致的，以公证书为准；非经公证程序，不得撤销、变更公证证明……公证书的效力高于其他证书的效力，已为有效公证书所证明的事实，当事人无需举证，人民法院应当作为认定事实的根据。"[1]因此，公证书一旦出具，即具有上述证据所确认的效力。只有当"有相反证据足以推翻公证证明"时，才能作为特例除外。本案中，原告石某 2 出具的公证书从证据的效力和证据的能力上来看毫无问题，因为公证机关所出具的文书具有公信力，可信度非常高。但从本案反证情况来看，由于石某 1 已经去世了，所以赠与合同内容的真实性难以认定。虽然被告有足够的证人证言并形成了相当大的证明力，仍不足以证明原告石某 2 的公证书内容不真实。[2]故而，应当推定赠与合同有效。但是，赠与合同有效并不意味着在诉讼法上法院就一定要支持其对抗石某雪主张继承房屋的行为。法谚有云：法律不保护躺在权利上睡觉的人。当时应予适用的《民法通则》第 135 条明确规定，向人民法院请求保护民事权利的诉讼时效期间为 2 年，法律另有规定的除外。[3]在本案中，石某 2 明知石某雪为石某 1 戴孝发丧而得以入住其遗留的房屋，但长达八年的时间里未向其主张权利（当然，客观原因是当时房屋不值钱，而到了诉讼时因面临拆迁可以拿大笔补偿款），已经过了诉讼时效，丧失了胜诉权。所以，赠与合同的效力是一回事，是否得到法院和国家的支持是另一回事。

石某 2 的另一个起诉依据是他是石某 1 唯一的法定继承人。我国《继承法》第 10 条规定，遗产按照下列顺序继承：第一顺序：配偶、子女、父母。第二顺序：兄弟姐妹、祖父母、外祖父母。石某 1 的配偶、子女、父母、祖

---

[1]《中华人民共和国公证法》自 2006 年 3 月 1 日起才开始施行，故而不适用于本案。

[2]参见姜福东："法官如何对待民间规范？——'顶盆过继案'的法理解读"，载《甘肃政法学院学报》2007 年第 4 期。

[3]现在适用的《民法典》第 188 条规定：向人民法院请求保护民事权利的诉讼时效期间为 3 年。法律另有规定的，依照其规定。

父母、外祖父母均已过世，石某2当年作为其亲弟弟石某1唯一的直系亲属，自然成为该遗产的法定继承人。此外，本案中也无遗嘱继承或遗赠抚养协议的情形存在，故而在法律上并没有优先于石某2的继承人存在。然而，虽然当年原告的确享有继承权，但他并没有行使过该权利，也已受到诉讼时效期限的阻断。法院对原告的诉讼请求不予保护的结论并无不当。

石某2要求依据赠与合同或法定继承人的身份取得石某1之房屋的所有权，不应得到法律上的支持，这并不意味着石某雪依据"顶盆过继"的习俗主张继承石某1的房屋就一定要得到支持。关键在于这种做法是否具备法律基础。法官支持了这一做法，理由是"并不违反法律的强制性规定"。应当承认，民事领域奉行意思自治原则，只要不违反法律的强行性规定，国家就不应干涉私人之间的行为。但是在本案中，石某雪基于"顶盆发丧"的行为取得石某1的房屋并非基于石某1的同意（如果得到同意，那就是遗赠了，不涉及习惯问题），而是根据地方习俗来进行的，不涉及意思自治（石某1已死，无法表达意思）的问题。而且当时的《民法通则》和《继承法》中都没有关于法官可以适用习惯的规定。当然，今天的情形有所不同。《民法典》第10条规定："处理民事纠纷，应当依照法律规定；法律没有规定的，可以适用习惯，但是不得违背公序良俗。"这里的考量在于两点：一是"顶盆继承"是否是习惯，也即是当地的普遍做法；二是这一习惯是否违背公序良俗。

就前一个问题而言，"顶盆过继"本身具有两层意义：一是"顶盆"，即为逝者发丧；二是过继，继承逝者的宗祧、财产。发丧涉及丧礼这一中国传统文化的重要领域。儒家思想倡导礼以丧为重。如《孟子·离娄下》中孟子曰："养生者不足以当大事，惟送死可以当大事。"所谓厚葬以奉躯体，重祭以奉精神。死后有人为之主丧、主祭是非常重要的人生关怀：一方面说明后继有人，另一方面也能保证死后仍有所享。[1]过继则涉及中国传统宗祧继承里面的立嗣制度。所谓立嗣，是指在当事人没有符合立嫡条件的亲生子孙时，择立继承人以延续香火。立嗣既包括被继承人生前择定继承人的行为，也包括立继——被继承人死后由其寡妻为其择立继承人，以及命继——夫妻都已死亡，由丈夫的近亲尊长为之择立继承人。立嗣，尤其是命继实际上是防止户绝的一

---

〔1〕 金尚理：《礼宜乐和的文化理想》，巴蜀书社2002年版，第3页。

种补救办法，本案中顶盆过继就是属于命继行为。立嗣关系一经成立，嗣子就取得了被继承人的宗祧继承权及其家庭财产权，同时承担相应义务，与被继承人的亲生子孙无异。青岛地处古齐地，而齐地一直属孔孟之乡，受周礼与儒家礼教影响至深。所以，本案中顶盆发丧、顶盆过继的风俗还存在于 21 世纪的今天，存在于中国经济发达的胶东沿海地区并不奇怪。它说明，一方面中国还处于社会转型时期，另一方面中国传统文化余韵绵绵、不可忽视。[1]

就后一个问题而言，"顶盆过继"也并不违反公序良俗。虽然这种习惯在古代具有身份意义（继嗣、宗祧），但在现代社会则主要发生财产继承的效果。"顶盆过继"更深的文化内涵是"慎终追远"价值追求。由同宗晚辈"顶盆"过继而继承财产，一方面体现"慎终"的观念，被继承人身后有所托付，得享祭祀；另一方面又保证被继承人的财产不至失散，有助于继承人的生活改善。既具有文化价值，又具有社会意义。本案的情形更为典型，石某1仅有一所被视为"凶宅"（一家四口先后染重病死在里面）的房屋，其他侄辈皆因此拒绝"顶盆"，唯有石某雪"眼看四叔的灵柩停放在家中已经多日，想起四叔一家平日里对自己的关照，再加上自己眼下还没有房子"，答应顶盆，使得石某1终于入土为安，一时间也在村里被传为佳话。[2]与此相反，按照家族规矩，原本作为死者唯一的亲哥哥石某2却因弟弟的房子是"凶宅"而对其后事不管不问，也不让其两个儿子中的一个来给石某1顶盆发丧。所以，石某雪的行为不仅不违背公序良俗，反而在民间受到赞扬。注重对风俗习惯中的积极因素进行广泛深入的收集整理与研究，使其转化为有效的司法裁判资源，有利于法律效果与社会效果有机统一，值得褒扬。

但是，"顶盆过继"的习惯被认可，并不代表它就是所谓的法（习惯法或民间法）。习惯与习惯法是两回事。因为法必须要具有可诉性，也即同时具备两个要素可争讼性和可裁判性。换言之，习惯法作为与制定法、判例法（当然我国尚不承认判例法）相并列的法，必须同时具备行为规范和裁判规范的性质，一方面行为人有义务将其作为自己行为的准则（被违反时可以提起诉

---

〔1〕 参见姜福东："法官如何对待民间规范？——'顶盆过继案'的法理解读"，载《甘肃政法学院学报》2007 年第 4 期。

〔2〕 参见彭诚信、陈吉栋："论《民法总则》第 10 条中的习惯——以'顶盆过继案'切入"，载《华东政法大学学报》2017 年第 5 期。

讼），另一方面法官也可以将其作为裁判的准则。但在现代社会中，习惯法其实已经丧失了法的资格。按照经典的学说，习惯法由外在的普遍实践（事实意义上的习惯）与内在的法的必要确信组成。但在现代社会中，这两个方面都经历了改变。从外因来说，是制定法在近现代法律发展过程中重要性的不断加强和现代社会环境的变化，也即立法中心主义倾向的强化。法越来越被认为是一种制度性的权威，与立法、司法这类正式的法律制度相关联。与此相应的是，非制度化习惯法越来越萎缩，法与其他非制度化对象，如道德、惯例、风俗之间的距离也越来越远。社会环境的变化指的是，习惯法主要形成于一个小范围空间且易于掌握观察的人际生活关系中，但现代一个平均人口动辄数百万的国家内，要形成统一的习惯法（普遍的法则）实在难以想象。[1]这就导致了习惯法丧失了持续发展的条件。从内因来说，则是因为判断习惯法的内在要素——民众的"必要的确信"——究竟是否存在、如何确定十分困难。所以通说认为，这需要适用"法官知法"的原则，由法官依据其职权考量相关法律文献、法院判决、相关社会团体内的行为与意见、熟悉法律的地方机关之意见、专家意见等综合加以决定。[2]在实际的运作上，这相当于委托给了法官去决定何谓"必要的确信"，或者说用法院的确信去取代民众的确信。

用这一视角来反观《民法典》第10条的话就会发现，它其实相当于是授权法官在制定法没有规定的情况下寻找习惯来作为裁判的基础。要注意的是：①此时法官的裁判所凭借者在内容上看是习惯（如本案中的"顶盆过继"），但其效力基础仍在于制定法（《民法典》第10条）。所以习惯是裁判的理由，但却不是裁判的依据（在效力的意义上）。[3]②第10条的表述是"法律没有规定的，可以适用习惯"，也就意味着赋予了法官以裁量权：法官并没有法律

---

〔1〕 Vgl. Helmut Coing, *von Staudingers Kommentar zum Bürgerlichen Gesetzbuch mit Einführungsgesetz und Nebengesetzen*, Bd. 1, Berlin: Sellier – de Gruyter, 1995, Rn. 242.

〔2〕 参见吴从周："论习惯法作为民法的法源"，载吴从周：《法理论与诉讼经济》，元照出版有限公司2013年版，第37页。

〔3〕 法的另一个特征，即法是由国家制定或认可的社会规范，具有国家意志性，这一点也可以用来说明习惯并不是法。因为第10条具有一般授权加个别认可的模式：制定法的条款是一种一般授权，而"顶盆过继"的风俗则属于个别认可，它们都属于国家认可的方式。这也就意味着只有在认可之后才能成为法。所以在被认可之前，习惯就只是习惯，而不是法。

义务去适用特定的习惯，这反过来说明了习惯不是具有法律拘束力的习惯法。③如果将第 10 条和第 8 条相比对，这种差别就更明显了。第 8 条规定，民事主体从事民事活动，不得违反法律，不得违背公序良俗。也就是说，民事主体（民众）并没有遵从习惯的义务！以上说明，作为独立法的类型的习惯法已经消失了，现代社会中只有纯粹风俗（传统上的做法）也即事实意义上的习惯，习惯不是法，因为它已不具备法的特征。

四、参考意见

1. 石某 1 与石某 2 之间的赠与合同推定有效，但因已逾诉讼时效故而不足以对抗石某雪的继承主张。

2. 石某 2 是否享有对石某 1 房屋的法定继承权，但因已逾诉讼时效故而不足以对抗石某雪的继承主张。

3. 法官可以依据"顶盆继承"的风俗来支持石某雪继承叔叔石某 1 房产的主张，这不违背公序良俗原则。

4. "顶盆继承"的风俗属于我国的地方习惯，而非习惯法，它不符合法的特征，故而不属于法。

拓展案例

案例：辛普森杀妻案

一、基本案情

美国前美式橄榄球明星、演员辛普森被指控于 1994 年犯下两宗谋杀罪，受害人为其前妻妮克尔·布朗·辛普森及其好友罗纳德·高曼。检方自信该案证据确凿，但是辩护律师提出了血样证据处理错误，证物采集环境存疑以及洛杉矶警方的失职行为等辩护理由。在经历了创加州审判史纪录的长达九个月的马拉松式审判后，辛普森被判无罪。该案被称为是美国历史上最受公众关注的刑事审判案件，也被称作"世纪审判"。随后，布朗（辛普森前妻）和高曼的家人都提起民事诉讼，要求辛普森支付民事赔偿。1997 年 2 月，陪审团判处其赔偿受害人 3350 万美元。

二、法律问题

1. 辛普森在刑事法庭上被判无罪的法律基础何在？

2. 辛普森在民事法庭上被判支付民事赔偿的法律基础何在？

3. 辛普森在刑事法庭和民事法庭上获得了不一样的裁判结果，反映了法律的什么特征？

三、重点提示

1. 法是具有严格、明确的程序的社会规范，具有程序性。

2. 在美国，刑事诉讼和民事诉讼遵循不同的程序性要求和证据规则，前者比后者要严格得多。

拓展资料

1－5　拓展阅读

专题三　法的作用

知识概要

法的作用是指法作为一种规范或社会事物对人们的行为或社会产生的影响，它可以分为规范作用与社会作用。法的规范作用可以分为：指引作用、评价作用、预测作用、强制作用和教育作用。指引作用是指法对本人的行为具有引导作用。评价作用是指，法律作为一种行为标准，具有判断、衡量他人行为合法与否的评判作用。教育作用是指通过法的实施使法律对一般人的行为产生影响。预测作用是指凭借法律的存在，可以预先估计到人们相互之间会如何行为。强制作用是指法可以通过制裁违法犯罪行为来强制人们遵守法律。法的社会作用主要涉及了三个领域和两个方向。三个领域即社会经济生活、政治生活、思想文化生活领域；两个方向即政治职能（阶级统治）和社会职能（执行社会公共事务）。

1-6 法的作用

经典案例

案例：狼牙山五壮士案（葛某生诉洪某快名誉权、荣誉权纠纷案）

1-7 指导案例 99 号

一、基本案情

2013 年 11 月 8 日，洪某快在《炎黄春秋》杂志发表了《"狼牙山五壮士"的细节分歧》（以下简称《细节》）一文。该文分为"在何处跳崖""跳崖是怎么跳的""'五壮士'是否拔了群众的萝卜"等部分。文章通过援引不同来源、内容、时期的报刊资料等，对"狼牙山五壮士"事迹中的细节提出质疑。文章发表后，"狼牙山五壮士"中的葛振林之子葛某生认为，《细节》一文以历史考据、学术研究为幌子，以细节否定英雄，企图达到抹黑"狼牙山五壮士"英雄形象和名誉的目的。据此，葛某生于 2015 年 8 月 25 日，分别诉至北京市西城区人民法院（以下简称西城法院），请求判令洪某快停止侵权、公开道歉、消除影响。洪某快认为，其所发表的文章是学术文章，没有侮辱性的言词，且文章每一个事实的表述都有相应的根据，而不是凭空捏造或者歪曲，不构成侮辱和诽谤。进行历史研究的目的是探求历史真相，行使的是宪法赋予公民的思想自由、学术自由、言论自由权利，任何人无权剥夺。葛某生、宋某保的起诉没有事实依据，不同意全部诉讼请求。

2016 年 4 月 29 日，上述案件在西城法院公开开庭审理。法院经审理认为，1941 年 9 月 25 日，在易县发生的狼牙山战斗，是被大量事实证明的著名战斗。在这场战斗中，"狼牙山五壮士"英勇抗敌的基本事实和舍生取义的伟大精神，赢得了全国人民高度认同和广泛赞扬，是"五壮士"获得"狼牙山五壮士"崇高名誉和荣誉的基础。"狼牙山五壮士"的英雄称号，是国家及公众对他们在反抗侵略、保家卫国作出巨大牺牲的褒奖，也是他们应当获得的个人名誉和荣誉。和平年代，"狼牙山五壮士"的精神，仍然是我国公众树立不畏艰辛、不怕困难、为国为民奋斗终身的精神指引。洪某快发表的文章虽无明显侮辱性的语言，但其采取的行为方式却是通过强调与基本事实无关或者关联不大的细节，甚至与网民张某对"狼牙山五壮士"的污蔑性谣言相呼应，质疑"五壮士"英勇抗敌、舍生取义的基本事实，颠覆"五壮士"的英勇形象，贬损、降低"五壮士"的人格评价，引导读者对这一英雄人物群体英勇抗敌事迹和舍生取义精神产生怀疑，从而否定基本事实的真实性，进而降低他们的英勇形象和精神价值。这种"学术研究""言论自由"不可避免地会侵害"五壮士"的名誉和荣誉，以及融入了这种名誉、荣誉的社会公共利益。2016 年 6 月 27 日，西城法院一审判决：洪某快立即停止侵害行为；公开发布赔礼道歉公告，向原告赔礼道歉，消除影响。一审败诉后，洪某快提起上诉。2016 年 8 月 15 日，北京市第二中级人民法院作出二审判决，驳回上诉，维持原判。

二、法律问题

1. 葛某生是否是提起本案名誉权、荣誉权诉讼的适格主体？
2. 洪某快是否侵犯了"狼牙山五壮士"的名誉权和荣誉权？
3. 法院的判决体现了法的什么作用？

三、法理分析

我国《民事诉讼法》第 119 条规定："起诉必须符合下列条件：①原告是与本案有直接利害关系的公民、法人和其他组织……"名誉权人和荣誉权人的近亲属无疑属于与案件有直接利害关系的公民，因为名誉权和荣誉权是一种可以在本人死后延续的权利，如果名誉权和荣誉权遭受损害，会使得近亲属同样遭受社会的不利评价。最高人民法院的司法解释规定，民事诉讼中的近亲属包括：配偶、父母、子女、兄弟姐妹、祖父母、外祖父母、孙子女、外孙子女。葛某生作为"狼牙山五壮士"中的葛振林之子，显然属于近亲属的范围。因此，当葛某生认为洪某快的行为侵害了其父葛振林的名誉权和荣誉权时，有资格提起诉讼。故而指导案例第99号裁判要点中明确指出，对侵害英雄烈士名誉、荣誉等行为，英雄烈士的近亲属依法向人民法院提起诉讼的，人民法院应予受理。2018年4月27日《中华人民共和国英雄烈士保护法》通过。该法第25条第1款规定，对侵害英雄烈士的姓名、肖像、名誉、荣誉的行为，英雄烈士的近亲属可以依法向人民法院提起诉讼。同时第2款规定，英雄烈士没有近亲属或者近亲属不提起诉讼的，检察机关依法对侵害英雄烈士的姓名、肖像、名誉、荣誉，损害社会公共利益的行为向人民法院提起诉讼。这就意味着英雄烈士的名誉权和荣誉权侵权案件被纳入了公益诉讼的范围。

《侵权责任法》第2条规定："侵害民事权益，应当依照本法承担侵权责任。本法所称民事权益，包括生命权、健康权、姓名权、名誉权、荣誉权、肖像权、隐私权、婚姻自主权、监护权、所有权、用益物权、担保物权、著作权、专利权、商标专用权、发现权、股权、继承权等人身、财产权益。"[1]第15条规定："承担侵权责任的方式主要有：①停止侵害；②排除妨碍；③消除危险；④返还财产；⑤恢复原状；⑥赔偿损失；⑦赔礼道歉；⑧消除影响、恢复名誉。以上承担侵权责任的方式，可以单独适用，也可以合并适用。"[2]本案所涉及的是1941年9月25日在易县狼牙山发生的、被大量事实证明的著名战斗。在这场战斗中，"狼牙山五壮士"英勇抗敌的基本事实和舍生取义的伟大精神，赢得了全国人民的高度认同和广泛赞扬。中华人民共和国成立后，五壮士的事迹被编入义务教育教科书，五壮士被人民视为当代中华民族抗击外敌入侵的民族英雄。这是五壮士获得"狼牙山五壮士"崇高名誉和荣誉的基础。"狼牙山五壮士"这一称号在全军、全国人民中已经赢得了普遍的认同，既是国家及公众对他们作为中华民族的优秀儿女在反抗侵略、保家卫国中作出巨大牺牲的褒奖，也是他们应当获得的个人名誉和个人荣誉。

---

〔1〕　现相关规定见于《民法典》第四编"人格权"以及第1164、1165条。

〔2〕　现在《民法典》第179条规定了11种承担"民事责任"的方式，与《侵权责任法》第15条相比新增的三种属于违约责任。因此实质未变。

案涉文章对于"狼牙山五壮士"在战斗中所表现出的英勇抗敌的事迹和舍生取义的精神这一基本事实，自始至终未作出正面评价。而是以考证细节为主要线索，通过援引不同时期的材料、相关当事者不同时期的言论，全然不考虑历史的变迁，各个材料所形成的时代背景以及各个材料的语境等因素。在无充分证据的情况下，案涉文章多处作出似是而非的推测、质疑乃至评价。因此，尽管案涉文章无明显侮辱性的语言，但通过强调与基本事实无关或者关联不大的细节，引导读者对"狼牙山五壮士"这一英雄烈士群体英勇抗敌事迹和舍生取义精神产生怀疑，从而否定基本事实的真实性，进而降低他们的英勇形象和精神价值。洪某快的行为方式符合以贬损、丑化的方式损害他人名誉和荣誉权益的特征，因而判处他承担《侵权责任法》第 15 条第①⑦⑧项规定的责任承担方式，是于法有据的。在此案之后，2020 年通过的《民法典》第 185 条规定："侵害英雄烈士等的姓名、肖像、名誉、荣誉，损害社会公共利益的，应当承担民事责任。"《英雄烈士保护法》第 22 条规定，禁止歪曲、丑化、亵渎、否定英雄烈士事迹和精神。英雄烈士的姓名、肖像、名誉、荣誉受法律保护。任何组织和个人不得在公共场所、互联网或者利用广播电视、电影、出版物等，以侮辱、诽谤或者其他方式侵害英雄烈士的姓名、肖像、名誉、荣誉。这些条款对英雄烈士的名誉权和荣誉权保护作出了明文规定。

此外，对英雄烈士的名誉权和荣誉权的损害不仅是对英雄烈士个人利益的侵害，也是对社会公共利益的侵害。因为"狼牙山五壮士"是中国共产党领导的八路军在抵抗日本帝国主义侵略伟大斗争中涌现出来的英雄群体，是中国共产党领导的全民抗战并取得最终胜利的重要事件载体。"狼牙山五壮士"的事迹经由广泛传播，已成为激励无数中华儿女反抗侵略、英勇抗敌的精神动力之一；成为人民军队誓死捍卫国家利益、保障国家安全的军魂来源之一。在和平年代，"狼牙山五壮士"的精神，仍然是我国公众不畏艰辛、不怕困难、为国为民奋斗终身的精神指引。这些英雄烈士及其精神，已经获得全民族的广泛认同，是中华民族共同记忆的一部分，是中华民族精神的内核之一，也是社会主义核心价值观的重要内容。比如《英雄烈士保护法》第 3 条就明确规定，英雄烈士事迹和精神是中华民族的共同历史记忆和社会主义核心价值观的重要体现。而民族的共同记忆、民族精神乃至社会主义核心价值观，无论是从我国的历史看，还是从现行法上看，都已经是社会公共利益的一部分。案涉文章通过刊物发行和网络传播，在全国范围内产生了较大影响，不仅损害了葛某林的个人名誉和荣誉，损害了葛某生的个人感情，也在一定范围和程度上伤害了社会公众的民族情感和历史情感。洪某快作为具有一定研究能力和熟练使用互联网工具的人，应当认识到案涉文章的发表及其传播将会损害到"狼牙山五壮士"的名誉及荣誉，更会损害到社会公共利益。在此情形下，洪某快有能力控制文章所可能产生的损害后果而未控制，仍以既有的状态发表，在主观上显然具有过错。

很显然，法院通过依法裁判，判处洪某快承担侵权责任，鲜明地体现了法的评价作用：一方面，是对英雄烈士之名誉权、荣誉权所体现之个人利益和社会公共利益的保护与肯定，以及对于英雄烈士之近亲属通过起诉来维护这些利益的行为的肯定；另一方面，则是对侵害英雄烈士之名誉权、荣誉权的行为的否定。前者属于积极评价，即认定相关行为为合法行为；而后者是消极评价，即认定相关行为为违法行为。无论是积极评价还是消极评价，法律在此都发挥着评价的功能。

四、参考意见

1. 葛某生是提起本案名誉权、荣誉权诉讼的适格主体。
2. 洪某快侵犯了"狼牙山五壮士"的名誉权和荣誉权。
3. 法院的判决体现了法的评价作用，它肯定了对英雄烈士之名誉权和荣誉权的法律保护的必要性和近亲属提起诉讼的合法性，也认定了侵害英雄烈士之名誉权和荣誉权行为的违法性。

拓展案例

案例：诽韩案

一、基本案情

1976 年 10 月郭某华以笔名"干城"在《潮州文献》第二卷第四期发表《韩文公、苏东坡给予潮州后人的观感》一文，指称："韩愈为人尚不脱古文人风流才子的怪习气，妻妾之外，不免消磨于风花雪月，曾在潮州染风流病，以致体力过度消耗，及后误信方士硫磺下补剂，离潮州不久，果卒于硫磺中毒"等语，引起韩愈第三十九代直系血亲韩某道不满，向台北地方法院自诉郭某华"诽谤死人罪"。经台北地方法院审理，认为"自诉人以其祖先韩愈之道德文章，素为世人尊敬，被告竟以涉于私德与公益无关之事，无中生有，对韩愈自应成立诽谤罪，自诉人为韩氏子孙，因先人名誉受辱，而提起诉讼，自属正当"，因而判郭某华诽谤已死之人，初罚金三百元。郭某华不服，提起上诉，法院判决驳回。

二、法律问题

1. 韩某道是否为适格的自诉人？
2. 郭某华是否构成对韩愈的诽谤？
3. 在本案中法律应当如何发挥评价功能？

三、重点提示

1. 与"狼牙山五壮士案"一样，本案也涉及"近亲属"这一告诉者的身份。但是，与"狼牙山五壮士案"中葛某生为死者的第一代直系亲属（儿子）不同，自诉人韩某道为韩愈的第三十九代直系血亲，两者与死者的亲疏有很大不同。此时需要考虑的是"法律上"的直系亲属与事实上的直系亲属是否有不同。另外，本案为刑事案件，与民事案件是否应区别对待也值得考虑。

2. 郭某华是否构成对韩愈的诽谤，需要考虑"诽谤死人罪"背后的立法目的，并考察郭某华的文字是否有违这一立法目的。

3. 法律通过司法裁判活动所发挥的评价作用具有对未来行为的导向性，所以法官不仅要着眼于个案，也要着眼于裁判的影响。

拓展资料

1-8　拓展阅读

| 第二章 |

法的效力

专题一 法的时间效力

📚 知识概要

　　法的时间效力，指法何时生效、何时终止效力以及法对其生效以前的事件和行为有无溯及力。法律的生效时间主要有三种，即自法律公布之日起生效；由该法律规定具体生效时间；规定法律公布后符合一定条件时生效。法终止生效，即法被废止，一般分为明示的废止和默示的废止两类。法的溯及力，也称法溯及既往的效力，是指法对其生效以前的事件和行为具有约束力。现代法治社会实行的是法不溯及既往的原则，也有例外。例如在刑法领域，目前各国采用的通例是"从旧兼从轻"的原则，即新法原则上不溯及既往，但是新法不认为是犯罪或者处刑较轻的，适用新法。在某些有关民事权利的法律中，法律也有溯及力。

2－1 法的时间效力

经典案例

案例：白某培适用终身监禁案

一、基本案情

2016 年 6 月 16 日，河南省安阳市中级人民法院一审公开开庭审理了全国人大环境与资源保护委员会原副主任委员白某培受贿、巨额财产来源不明一案。经审理查明：2000 年至 2013 年，被告人白某培先后利用担任青海省委书记、云南省委书记、全国人大环资委副主任委员等职务上的便利以及职权和地位形成的便利条件，为他人在房地产开发、获取矿权、职务晋升等事项上谋取利益，直接或者通过其妻非法收受他人财物，共计折合人民币 2.467 645 11 亿元。白某培还有巨额财产明显超过合法收入，不能说明来源。

法院认为，被告人白某培身为国家工作人员，利用职务便利，为他人谋取利益，利用职权和地位形成的便利条件，通过其他国家工作人员职务上的行为，为他人谋取不正当利益，非法收受他人财物，其行为构成受贿罪；白某培的财产、支出明显超过合法收入，差额特别巨大，不能说明来源，构成巨额财产来源不明罪，应数罪并罚。白某培受贿数额特别巨大，犯罪情节特别严重，社会影响特别恶劣，给国家和人民利益造成特别重大损失，论罪应当判处死刑。鉴于其到案后，如实供述自己罪行，主动交代办案机关尚未掌握的大部分受贿犯罪事实；认罪悔罪，赃款赃物已全部追缴，具有法定、酌定从轻处罚情节，对其判处死刑，可不立即执行。同时，根据白某培的犯罪事实和情节，依据《刑法》第 386 条、第 383 条第 4 款的规定，决定在其死刑缓期执行二年期满依法减为无期徒刑后，终身监禁，不得减刑、假释。

二、法律问题

1. 白某培是否论罪应当被判处死刑？
2. 判处白某培终身监禁是否违反"从旧兼从轻"的原则？

三、法理分析

根据我国《刑法》第 383 条第 3 款和第 386 条的规定，受贿数额特别巨大，并使国家和人民利益遭受特别重大损失的，处无期徒刑或者死刑，并处没收财产。这里的关键是白某培受贿数额是否达到"特别巨大"的程度。2016年4月颁布的《最高人民法院、最高人民检察院关于办理贪污贿赂刑事案件适用法律若干问题的解释》（简称《贪污贿赂解释》）第3条第1款规定："贪污或者受贿数额在300万元以上的，应当认定为刑法第383条第一款规定的'数额特别巨大'，依法判处十年以上有期徒刑、无期徒刑或者死刑，并处罚金或者没收财产。"《刑法修正案（九）》颁布实施后，理论界倾向于可以判处死刑立即执行的受贿数额是1亿元以上（当然还要同时具备《贪污贿赂解释》第4条规定的其他条件）。而白某培受贿数额达2.4亿余元，数额特别巨大，为近年来此类案件所罕见，也许可以说是创下了我国迄今查处的贪污、受贿犯罪的数额纪录，完全具备受贿罪适用死刑要求的数额特别巨大的条件；而且一审法院还认定其受贿犯罪行为之犯罪情节特别严重、社会影响特别恶劣、使国家和人民利益遭受了特别重大的损失。因此，白某培完全符合判处死刑的标准和条件。

白某培最终被判处终身监禁。首先要指出的是，终身监禁并不是针对贪污和受贿罪的一种新的刑罚，而是刑罚的执行方式。具体来说，根据《刑法修正案（九）》针对第383条的修改和《刑法》第386条的规定，犯受贿罪，在提起公诉前如实供述自己罪行、真诚悔罪、积极退赃，避免、减少损害结果的发生，有第1项规定情形的，可以从轻、减轻或者免除处罚；有第2项、第3项规定情形的，可以从轻处罚。犯第1款罪，有第3项规定情形被判处死刑缓期执行的，人民法院根据犯罪情节等情况可以同时决定在其死刑缓期执行二年期满依法减为无期徒刑后，终身监禁，不得减刑、假释。根据一审法院在查明案件事实基础上的认定，白某培在到案后如实供述了自己的罪行，尤其是主动交代了办案机关尚未掌握的大部分受贿犯罪事实，认罪悔罪，赃款赃物已全部追缴，可以从轻处罚，也即判处死缓，同时决定在死缓期满依法减为无期徒刑后，终身监禁，不得减刑、假释。但是，白某培受贿发生于2000年至2013年，而《刑法修正案（九）》是全国人大常委会于2015年8月29日通过并于2015年11月1日起施行的，此前《刑法》中并没有有关终身监禁的规定。也就是说判处白某培终生监禁是溯及既往地适用《刑法修正案（九）》的结果。那么这就涉及了一个问题：刑法领域在时间效力方面的通行原则是"从旧兼从轻"原则,也即"有利追溯"原则,白某培案的处理符合这一原则么?

"从旧兼从轻"是现代法治国家的通行标准。适用这一原则时要做两个要素的确认:第一是时间,即当特定事件或行为发生时在生效的是旧法抑或新法。如果当特定事件或行为发生时新法已然生效,那么根据"新法优于旧法"的原理,自然适用新法,也就没有适用"从旧兼从轻"原则的余地。只有当特定事件或行为发生时新法尚未生效的情况下,才需要进行下一要素的判断。刚才已经提及,白某培案显然是符合时间条件的。第二是轻重判断,也就是新法与旧法相比哪个对于当事人处罚较轻或更为有利。在刑法中,新法与旧法相比对于当事人更有利的情形包括两种,一种是旧法规定是犯罪而新法规定不是犯罪的;另一种是新法与旧法相比法定刑较轻的。白某培案涉及的不是新法出罪的问题,而是新法与旧法相比哪个刑罚更轻的问题。关于终身监禁新规的时间效力即其能否溯及既往的问题,在《刑法修正案(九)》颁行后相关研讨中,在学界出现了三种主张:第一是认为终身监禁的规定不应具有溯及既往的效力,其主要理由是认为终身监禁的规定实质上提高了对贪污受贿犯罪刑罚处罚的严厉程度,即新法较重;第二是认为终身监禁的规定应当具有溯及既往的效力,其主要理由是《刑法修正案(九)》提高了贪污受贿犯罪判处死刑的门槛,并将犯罪后被提起公诉前如实供述罪行,真诚认罪、悔罪,积极退赃以及避免、减少损害结果发生等原来的酌定从宽情节改定为法定从宽量刑情节,其有关贪污受贿犯罪量刑的规定(包括终身监禁)从总体上看更有利于被告人,即新法较轻;第三是主张区分情况分别对待,认为应当结合终身监禁慎用死刑立即执行的立法本意、贪污受贿定罪量刑标准的立法修改与司法规则调整、贪污受贿案件酌定从宽情节修改为法定从宽情节等方面,来综合衡量终身监禁新规与原有刑法规范规定的刑罚轻重,主张对依照修正前《刑法》应当判处死刑立即执行而依照修正后《刑法》可判死缓暨终身监禁的即适用新法,而对依照修正前《刑法》本就应当判处死缓的则不应适用终身监禁的新法。

上述第三种看法看似最为合理,但其实误解了旧法与新法比较轻重之基准的性质。因为《刑法修正案(九)》施行之前的《刑法》中,并没有关于贪污受贿罪的法定从宽量刑情节。对于死刑缓期二年执行这一从轻处罚的条件,只有在总则第 48 条中有一个一般性的规定:对于应当判处死刑的犯罪分子，如果不是必须立即执行的，可以判处死刑同时宣告缓期二年执行。这里的"如果不是必须立即执行的"事实上是一种对法官的授权，尽管在实务中长期以来形成了大体一致的观点，即真诚认罪、悔罪，积极退赃以及避免、减少损害结果发生都属于可以不立即执行的条件，但它们只是酌定从宽量刑情节。也就是说，法官并没有法律义务将它们作为从轻处罚的标准。当出现这些情节时，法官"可以"而非"应当"判处死刑同时宣告缓期二年执行。所以，没有什么"本应判处死缓"的情形。当然，可能有另一种理解是，由于实务中一直以来都将这些作为从宽量刑的情节，先前的很多类似案件都是这样判的，所以久而久之就形成了惯例，这里面有一个预期保护的问题，它承载着法的安定性的价值，它具体表述为"同案同判"这种司法义务。但同样的，同案同判尽管是一种值得追求的司法伦理，但却不是司法裁判的构成性义务，[1]法官没有法律义务去遵从它。所以，站在法定刑和法定从宽量刑情节的基准点来衡量，新法（终身监禁）相较于旧法（死刑立即执行）整体上依然对于被告人更有利，更轻。

事实上，立法机关在《刑法修正案（九）（草案）》审议过程中曾对终身监禁的立法精神和立法原意予以阐明，即对贪污受贿数额特别巨大、情节特别严重的犯罪分子，特别是其中本应当判处死刑（立即执行）的，根据慎用死刑的刑事政策，结合案件的具体情况，对其判处死刑缓期二年执行依法减为无期徒刑后，采取终身监禁的措施，有利于体现罪刑相适应的刑法原则，维护司法公正，防止在司法实践中出现这类罪犯通过减刑等途径服刑过短的情形，符合宽严相济的刑事政策。可见，从立法原意上看，此项规定首先是旨在对属于非暴力犯罪的贪污受贿犯罪慎用死刑立即执行，对本应判处死刑立即执行的特别重大贪污受贿犯罪分子，综合案件各种从宽情节（主要是法定、酌定从宽情节）判处其死缓，同时又综合案件各种从严情节（主要是法定、酌定从严情节）对其死缓二年期满减为无期徒刑后附加终身监禁（不得减刑、假释）的严惩措施。从而，在慎用、少用死刑立即执行的基础上从严惩处特别重大大贪污受贿罪犯，力图贯彻宽严相济的刑事政策精神。《贪污贿赂解释》第4条进一步规定：①贪污、受贿数额特别巨大，犯罪情节特别严

---

〔1〕 参见陈景辉："同案同判：法律义务还是道德要求"，载《中国法学》2013年第3期。

重、社会影响特别恶劣、给国家和人民利益造成特别重大损失的，可以判处死刑。②符合前款规定的情形，但具有自首，立功，如实供述自己罪行、真诚悔罪、积极退赃，或者避免、减少损害结果的发生等情节，不是必须立即执行的，可以判处死刑缓期二年执行。③符合第 1 款规定情形的，根据犯罪情节等情况可以判处死刑缓期二年执行，同时裁判决定在其死刑缓期执行二年期满依法减为无期徒刑后，终身监禁，不得减刑、假释。同时，2015 年 11 月 1 日起施行的《最高人民法院关于〈中华人民共和国刑法修正案（九）〉时间效力问题的解释》第 8 条也规定：对于 2015 年 10 月 31 日以前实施贪污、受贿行为，罪行极其严重，根据修正前《刑法》判处死缓不能体现罪刑相适应原则（即原本应当判处死刑立即执行），而根据修正后《刑法》判处死缓同时附加终身监禁可以罚当其罪的，适用修正后《刑法》第 383 条第 4 款。此种情况下，《刑法修正案（九）》修正后的死缓犯终身监禁的新规定较原刑法要判处死刑立即执行为轻，因而采"从轻"原则，新规定具有溯及既往的效力。

就白某培案而言，根据一审法院审理查明的事实，其受贿数额特别巨大，犯罪情节特别严重，若依据《刑法修正案（九）》修订前的《刑法》第 383 条之规定以及当时的司法实务标准，其受贿犯罪应当判处死刑立即执行；但由于其具有法定、酌定从宽处罚情节，判处其死缓附加终身监禁可以罚当其罪，所以法院本着"从轻"的溯及力原则选择适用了死缓附加终身监禁的新规定。判决符合"从旧兼从轻"的原则，也兼顾了严惩贪腐犯罪和根据法定情节适当从宽的要求。

四、参考意见

1. 白某培论罪应被判处死刑。
2. 判处白某培终身监禁不违反"从旧兼从轻"的原则。

📚 拓展案例

案例：未注册医疗器械行政处罚案

一、基本案情

2015 年 2 月，H 市食药监管局执法人员在日常监管中发现，N 医院有使用未经依法注册的医疗器械违法行为。经查，N 医院 2013 年 11 月以 27 万元从某医疗器械有限公司购进 1 台未经依法注册的肺功能测试系统机器，2014 年 1 月安装调试，3 月验收交付使用，4 月该医院儿科正式使用该台肺功能测试系统机器开展小儿肺功能检测，到 2015 年 2 月案发时，该院通过该台医疗器械开展肺功能检测已收费 3 万元。

2000 年 4 月 1 日起施行的《医疗器械监督管理条例》第 42 条规定，医疗机构使用无产品注册证书、无合格证明、过期、失效、淘汰的医疗器械的，由县级以上人民政府药品监督管理部门责令改正，给予警告，没收违法使用的产品和违法所得，违法所得 5000 元以上的，并处违法所得 1 倍以上 5 倍以下的罚款。该《条例》于 2014 年 6 月 1 日被修订施行，其第 66 条规定，经营、使用无合格证明文件、过期、失效、淘汰的医疗器械，或者使用未依法注册的医疗器械的，由县级以上人民政府食品药品监督管理部门责令改正，没收违法生产、经营或者使用的医疗器械；货值金额 1 万元以上的，并处货值金额 5 倍以上 10 倍以下罚款。

二、法律问题

1. 行政处罚领域是否适用"从旧兼从轻"的原则？
2. 本案应当适用旧条例抑或新条例？

三、重点提示

1. 行政处罚与刑罚在性质上具有衔接性，在性质上接近。
2. 本案涉及跨法的连续行为。《行政处罚法》第 29 条第 2 款规定，违法行为有连续或者继续状态的，从行为终了之日起计算。

◈ 拓展资料

2-2　拓展阅读

专题二 法的空间效力

📚 知识概要

　　法的空间效力，指法在哪些地域有效力，适用于哪些地区。一般来说，一国法律适用于该国主权范围所及的全部领域，包括领土、领水及其底土和领空，也包括延伸意义的领土，如驻外使领馆、该国的境外飞行器和停泊在外的船舶。一国法律除了域内效力之外，其中的某些法律还具有域外效力。如我国在民事和婚姻家庭等方面的法律，实行有条件的域外效力原则。根据我国刑法规定，一些发生在我国境外的犯罪行为，可以适用我国刑法追究刑事责任。

2-3 法的空间效力

📚 经典案例

案例：Google 被遗忘权案

一、基本案情

　　2010 年，西班牙籍律师冈萨雷斯（Gonzalez）向西班牙数据保护监管局（AEPD）提交了一份针对西班牙先锋报、Google 西班牙公司以及 Google 美国总公司的投诉。冈萨雷斯称当用户在 Google 上搜索"科斯特加·冈萨雷斯"的时候，会获得关于 1998 年《先锋报》出版的两页新闻的链接，内容是为了清偿冈萨雷斯欠下的社会保险债务而要强制拍卖他的财产的公告。冈萨雷斯认为这一强制拍卖措施多年以前就已经结束并且这些信息也已经失效，于是请求西班牙数据保护监管局命令《先锋报》移除或者修改这些页面从而确保他的这些个人数据不能通过搜索引擎被获取到，此外，他还请求西班牙数据保护监管局命令 Google 西班牙分部和 Google 公司删除有关他个人数据的这些链接。西班牙数据保护监管局驳回了针对《先锋报》的投诉，认为《先锋报》出版这些信息是拥有法律依据的，那就是西班牙劳动与社会事务部为了尽可能的通知竞拍者而授权其广泛宣传。但同时也支持了针对 Google 西班牙公司和 Google 总公司的投诉，要求它们删除这些链接。随后，Google 西班牙公司和 Google 总公司分别向西班牙高等法院提起了诉讼，辩称，本案的情况是，在主要进程中有争议的个人数据处理行为由 Google 美国总公司排他性地实施，其对搜索引擎的运营没有受到 Google 西班牙公司的任何干预；后者的行为限于为 Google 集团独立于其搜索引擎服务的商业行为提供支持。法院认为本案的争议焦点涉及对《数据保护指令（95/46/EC)》（简称《指令》）的解释，于是将两案合并后提交给了欧盟法院。

欧盟法院最终认定，已经被转化为西班牙国内法的《指令》第 4 条（1）(a) 适用于 Google 美国总公司的个人数据处理行为，并根据该指令要求 Google 美国总公司删除有关原告冈萨雷斯的新闻链接。

二、法律问题

1. 搜索引擎服务和搜索引擎运营商的法律性质和法律责任是什么？
2. 数据主体是否拥有"被遗忘权"？
3. 《指令》能否被适用于地处欧盟领域之外的 Google 美国总公司？

三、法理分析

本案所涉及的搜索引擎服务和搜索引擎运营商的法律性质和法律责任问题具体包括：①搜索引擎服务是否构成对个人数据的处理行为？②谷歌公司和谷歌西班牙公司是否都属于《指令》规定的数据控制者？③对于第三方发布的信息，在没有获取相关网页所有人同意的情况下，谷歌公司和谷歌西班牙公司是否应当承担将有关信息从搜索结果索引中撤回的责任？

对于第一个问题：搜索引擎运营商按照自己设定的索引程序自动、不间断和系统地收集、检索、记录、整理已经公开的信息，将之存储到服务器上，使之作为用户的检索结果呈现。在这一过程中，有关信息已经在其他网页上公开，而且搜索引擎并没有对之进行改动。但是，信息是否已经公开、是否被更改，并不对个人数据处理的界定有法律意义。搜索引擎对有关数据的运算属于《指令》第2条（b）款所规定的处理行为。

对于第二个问题：搜索引擎运营商对搜索引擎的数据处理行为有着决定性的影响力，决定着有关个人数据处理的目的和方式。为了让其用户能够更加便利地获取所需要的信息，搜索引擎对已经公开的个人数据进行整理和集聚。这一情形显然对个人的隐私安全构成严重的挑战。再者，尽管网站可以通过 Robots 协议告知搜索引擎不能抓取其中的部分或全部数据，但是这也不影响搜索引擎运营商应当承担的个人数据处理过程中的保护责任。网站运营者承担网站的个人数据保护责任，搜索引擎运营商承担搜索引擎的个人数据保护责任，两者可以同时存在，并不互相排斥，更不能成为另一方的责任抗辩事由。因此，搜索引擎的个人数据运算行为构成《指令》的个人数据处理行为，其运营商也应视为《指令》中的个人数据控制者。

对于第三个问题：《欧洲联盟基本权利宪章》将隐私权视为重要的基本人权。《指令》有关个人数据处理规制条款的适用，应当从基本人权保护的角度进行判断。《指令》第12条规定，当数据不完整或者不准确的情况下，欧盟成员国应当保障数据当事人有权更正数据、删除数据或者阻断数据的传输。数据控制者在遵守《指令》第6条规定的数据质量原则和第7条规定的合法性原则的前提下可以处理个人的数据。但是这种数据处理不能侵犯数据当事人的基本权利和自由，尤其是数据当事人的隐私权。保障数据当事人的隐私权是《指令》的首要目的之一。搜索引擎运营商应尊重数据当事人的更正权（《指令》第12条b项）和拒绝权（《指令》第14条a项），在《指令》设定条件满足的情况下，删除以当事人姓名为关键词检索到的结果列表。由于搜索引擎本身不直接提供具体数据，这种删除事实上要求提供有关数据的网页链接不再与当事人的姓名相关联，在技术上，也就意味着移除指向有关网页的链接。搜索引擎运营商履行的删除义务是独立的，与有关网页所载信息是否合法、真实无关，也不以该网页事前或同时删除有关数据为条件。

被遗忘权的核心问题便是，《指令》的第12条（b）项和14条（a）项能否被解读为数据主体有权要求搜索引擎的控制经营者删除搜索结果中有关其个人数据的链接，尤其是当事人认为这些信息对其可能有不利的影响，或者经过了一段时间他希望这一信息被"遗忘"。在评估要求拒绝类似本案中的数据处理时，应当特别分析数据当事人是否拥有如下权利：要求将与其相关的信息不再与其姓名相关联，即在以其姓名为关键词进行检索所获得的结果列表中，删除有关信息。但是，这种权利是否存在，并不以结果列表中包含的相关信息会对当事人造成偏见性影响为必要。当事人的这种权利源自《宪章》第7条、第8条有关"尊重个人和家庭生活"和"保护个人数据"的基本权利。这些权利不仅优越于搜索引擎运营商的经济利益，也比通过搜索当事人姓名获取有关信息的公共利益更为重要。当然，这也存在例外的特殊情形，比如当数据当事人在公共生活中具有一定角色时，公众对于有关信息的知情权就会优位于当事人的前述基本权利。在本案中，当事人的有关数据——即《先锋报》的网络版中有关当事人的新闻报道，涉及了当事人的个人生活，具有敏感性；有关报道的内容发生在12年前，当事人提出有关内容不应再包含在以其姓名为关键词得出的搜索结果中；案件中不存在使得公共利益优越于当事人基本权利的情形。因此，当事人在本案中有权要求搜索引擎在搜索结果中，移除指向包含相关信息的网页链接。

《指令》能否适用于 Google 美国总公司的问题涉及的是《指令》的域外效力。答案是肯定的，主要理由在于 Google 美国总公司在西班牙境内设立了机构，以及两者的活动之间具有"无可摆脱的联系"。

第一，设立机构意味着经过稳定安排的活动的真正有效执行。这种安排的法律形式，无论是一个分支机构还是一个具有法律人格的子公司，都不是决定性的因素。只要数据控制者在一个成员国领土上通过稳定的安排实施真正有效的活动，即使是一个最小的机构，其在这样的背景下所实施的处理行为就要受到一国成员国法律的约束。这种情形需要考虑的事实包括：①数据控制者的处理行为构成对有关某个成员国境内的财产交易网站的运营并以该国的语言来显示，并在结果上主要或完全针对该成员国；②数据控制者在该成员国内有一个代表机构，该机构负责恢复由这些活动所产生的债务以及在有关数据处理行为的行政和司法程序中代表数据控制者。在本案中，毫无疑问的是，Google 西班牙公司在西班牙从事着对通过稳定安排活动的真正有效执行。此外，其还拥有独立的法律人格，构成了 Google 美国总公司在西班牙领土上的一个子公司，因而成为《指令》第4条（1）（a）中的"设立机构"。

第二，对于在一个成员国内有设立机构的 Google 美国总公司而言，如果该设立机构意图为在成员国国内推广和销售旨在使搜索引擎盈利的广告位的话，那么为搜索引擎服务目的而为的个人数据处理行为就是在该设立机构"活动背景下"实施的，两者之间的活动具有"无可摆脱的联系"。因为 Google 西班牙公司虽未直接实施索引行为，但是其在西班牙地区销售搜索引擎上广告位的行为是使搜索引擎成为在"经济上可盈利"的工具。因此，可以充分认定 Google 西班牙公司的广告位销售行为与 Google 的商业模式相关联，没有广告位销售行为，Google 便不可能在经济上为全球提供搜索引擎服务。所以，即使设立机构并未真正从事数据处理行为，只要设立机构的行为与数据控制者之间有财务增长上的联系即可被认定为存在"无可摆脱的联系"。在这种联系的认定上应当考虑以下要素：①设立机构是否实施个人数据处理行为不是必要条件；②在"免费网络服务＋广告"的商业模式中，财务上的增长可以被视为存在"无可摆脱的联系"；③对于其他商业模式和行为，需要在个案的基础上综合评估。非欧盟企业在欧盟境内提供免费网络服务以换取用户会员费或用户订阅以及利用用户数据盈利，甚至是为了捐赠目的，这些行为也可以被视为存在"无可摆脱的联系"。[1]

除了上述域外效力的适用标准之外，2016 年 4 月通过的欧盟《一般数据保护条例》（GDPR）还增加了其他两个数据保护的域外适用标准：一个是为欧盟境内数据主体提供商品或服务或者监控其行为。如果一个数据控制者或处理者在欧盟境内没有设立机构，那么在以下两种情况下，其所实施的个人数据处理行为要受到该条例的约束：①该数据控制者或处理者为欧盟境内的数据主体提供商品或者服务，无论该种商品或服务是否要求数据主体付费。对于提供商品或服务的界定，根据 GDPR 绪言（23），应当查明数据控制者或处理者设想在欧盟境内为一个或多个成员国的数据主体提供服务的意图是否明显。②该数据控制者或处理者的处理行为涉及对数据主体发生在欧盟境内的行为的监控。对于监控行为的界定，根据绪言（24），应当查明自然人是否在互联网上被追踪，包括对构成为自然人画像的个人数

---

〔1〕 参见张建文、张哲："个人信息保护法域外效力研究——以欧盟《一般数据保护条例》为视角"，载《重庆邮电大学学报（社会科学版）》2017 年第 2 期。

据处理技术的潜在后续使用，尤其是为了作出关于他或她的决定或者是为了分析或预测他或她的个人偏好、行为和态度。另一个是国际公法上的原因。如果一个数据控制者在欧盟境内不存在设立机构，也不存在该条第二种情形中规定的为欧盟境内的数据主体提供商品或服务或者对数据主体发生在欧盟境内的行为的监控，但由于国际公法，在该数据控制者所在地区适用了欧盟成员国的法律，那么基于第 3 条第 3 款的规定，该条例也将适用于在此地区实施的个人数据处理行为。对于此处国际公法的解释，根据 GDPR 绪言(25)，"在成员国的法律凭借国际公法而适用的地区，该条例也适用于不在欧盟境内设立的数据控制者，诸如在一个成员国的使馆或领馆内设立的数据控制者"。[1]

综上，GDPR 的地域适用范围，其实是将所有涉及欧盟地区自然人个人数据的处理行为均纳入了管辖范围。这些规定可以被视为确立了一种新的管辖原则，即按照行为的效果来确立法律是否适用的管辖原则（"效果原则"）。这也是立法机关对个人数据收集、处理和跨境流动的日益频繁所带来的管辖问题做出的现实回应。

四、参考意见

1. 搜索引擎服务是属于《指令》规定的对个人数据的处理行为，搜索引擎运营商是《指令》规定的数据控制者。对于第三方发布的信息，在没有获取相关网页所有人同意的情况下，搜索引擎运营商有将有关信息从搜索结果索引中撤回的法律责任。

2. 数据主体拥有"被遗忘权"，他或她有权要求搜索引擎的控制经营者删除搜索结果中有关其个人数据的链接，且并不以结果列表中包含的相关信息会对当事人造成偏见性影响为必要。

3. 欧盟数据保护法律适用于域外的标准有三个：①数据控制者或处理者在欧盟境内设立了机构且两者的活动之间具有"无可摆脱的联系"；②数据控制者或处理者为欧盟境内的数据主体提供商品或者服务或者监控其行为；

---

〔1〕 参见张建文、张哲："个人信息保护法域外效力研究——以欧盟《一般数据保护条例》为视角"，载《重庆邮电大学学报（社会科学版）》2017 年第 2 期。

③国际公法上的原因。本案属于第一种情形，因而《指令》可以被适用于地处欧盟领域之外的 Google 美国总公司。

拓展案例

案例：张某强犯罪集团案

一、基本案情

香港公民张某强号称"香港第一悍匪"，犯案累累。1997 年底，他与同伙从内地非法购买 800 公斤烈性炸药，2000 多枚雷管，打算偷运到香港，图谋制造更大的恐怖事件，在广州被捕。1998 年 11 月 12 日，案件由广州市中级人民法院开审，对张某强犯罪集团 43 名罪犯进行宣判，根据我国 1997 年《刑法》第 151 条，走私军火"情节特别严重的，处无期徒刑或者死刑，并处没收财产"，判处张某强与 4 名同党死刑。张某强等 26 名被告不服提出上诉，1998 年 12 月 5 日，广东省高级人民法院终审维持原判，张某强于 1998 年 12 月被处决。

二、法律问题

1. 广东法院是否对张某强案拥有管辖权？
2. 我国《刑法》适用于本案体现的是域内效力还是域外效力？

三、重点提示

1. 我国《刑法》第 6 条规定，凡在中华人民共和国领域内犯罪的，除法律有特别规定的以外，都适用本法。犯罪的行为或者结果有一项发生在中华人民共和国领域内的，就认为是在中华人民共和国领域内犯罪。

2. 我国《香港特别行政区基本法》第 160 条规定，香港特别行政区成立时，香港原有法律除由全国人民代表大会常务委员会宣布为同本法抵触者外，采用为香港特别行政区法律。香港地区原有的相关刑法规定不同于内地，不适用死刑。

⬤ **拓展资料**

2-4 拓展阅读

专题三 法的对人效力

⬤ **知识概要**

法对人的效力，指法律对谁有效力，适用于哪些人。法律实践中采纳过的法的对人效力有这样四种原则：①属人主义，即法律只适用于本国公民，不论其身在国内还是国外；非本国公民即便身在该国领域内也不适用。②属地主义，法律适用于该国管辖地区内的所有人，不论是否本国公民，都受法律约束和法律保护；本国公民不在本国，则不受本国法律的约束和保护。③保护主义，即以维护本国利益作为是否适用本国法律的依据。任何侵害了本国利益的人，不论其国籍和所在地域，都要受该国法律的追究。④折中主义原则，即以属地主义为主，与属人主义、保护主义相结合。这是近代以来多数国家所采用的原则。我国也是如此。采用这种原则的原因是：既要维护本国利益，坚持本国主权，又要尊重他国主权，照顾法律适用中的实际可能性。

2-5 对人效力的原则

经典案例

案例：湄公河案

一、基本案情

2011 年 10 月 5 日，中国籍船只"华平号"和缅甸籍船只"玉兴 8 号"在泰国湄公河金三角水域被两艘不明身份的武装快艇劫持，12 名中国船员遇害。证据表明，有泰国军人参与其间。2011 年 11 月 3 日，公安部、云南省公安厅、西双版纳州公安局以及中国国内相关执法部门组成了"10·5"案件联合专案组，抽调 200 余名精兵强将全力破案。2012 年 4 月 25 日，"10·5"案件联合专案组在老挝波桥省抓获案件主犯、贩毒集团首脑糯康。

2012 年 8 月 12 日，昆明市人民检察院对"10·5"湄公河案件的糯康（缅甸籍）、桑康（泰国籍）、依莱（国籍不明）、扎西卡（国籍不明）等 6 名被告人分别以故意杀人罪、运输毒品罪、绑架罪、劫持船只罪依法向昆明市中级人民法院提起公诉。2012 年 11 月 6 日昆明市中级人民法院一审宣判，以故意杀人罪、运输毒品罪、绑架罪、劫持船只罪数罪并罚，判处糯康、桑康、依莱死刑；以故意杀人罪、绑架罪、劫持船只罪数罪并罚，判处扎西卡死刑，判处扎波死刑，缓期两年执行；以劫持船只罪判处扎拖波有期徒刑八年。法院当庭判决，糯康等 6 名被告人，连带赔偿各附带民事诉讼原告人共计人民币 600 万元。2012 年 12 月 26 日，云南省高级人民法院对湄公河中国船员遇害案进行二审宣判，即对糯康等 6 名上诉人故意杀人、运输毒品、绑架、劫持船只案的上诉作出裁定：驳回上诉，维持对糯康、桑康、依莱、扎西卡的死刑判决。2013 年 3 月 1 日，案件主犯糯康、桑康、依莱、扎西卡在云南昆明被执行死刑。

二、法律问题

1. 湄公河案件自发生至犯罪嫌疑人落网后，其管辖权问题一直备受各方争议，缅甸、泰国、老挝纷纷提出了对本案行使刑事管辖权。上述三国分别依据什么原则对本案提出管辖权？

2. 糯康集团犯罪分子最终被带回中国审理并被判处死刑。中国依据什么原则对本案行使管辖权？

三、法理分析

本案犯罪嫌疑人众多，国籍不同。被害人虽然皆为中国国籍，而且本案的第一现场在中国籍的船只"华平号"上，但当时该船只行驶于外国的水域内，本案的后续犯罪行为在外国境内，且与之前的犯罪有着紧密的联系，多个犯罪嫌疑人分别在不同国家被抓获。正是因为湄公河案件存在着这种种复杂的因素，所以多国都主张本国应对该案行使管辖权。

缅甸主张对本案进行管辖的理由有两点：①基于属地主义原则。船舶"玉兴8号"被查证拥有缅甸籍。一国法律的域内效力可以在狭义的领土上发生，也可以在所谓的"浮动领土"上发生。所谓"浮动领土"，包括驻外使领馆以及航行或停泊在任何地方的本国船舶和航空器。驻外使领馆是一国主权的象征，在本国的驻外使领馆中发生的事情相当于在本国领土上发生的事情。航行或停泊在任何地方的本国船舶和航空器，指的是以本国为船籍国或航空器登记国并悬挂本国国旗或标识的船舶和航空器。本国的法律依据属地原则，要主张对于发生在本国船舶和航空器上的事件或行为进行管辖。一般来说，出于维护本国主权的考虑，只要行为或行为结果有一项发生在本国的领土上，本国法律就可以依据属地原则主张管辖。因此，缅甸也可以依照属地管辖原则对湄公河案件实行管辖。此外，糯康与其同伙起初谋划犯罪的地点是位于缅甸散布岛的糯康集团基地内，因此，缅甸应被认定为该犯罪行为的预备地。②基于属人主义原则。湄公河案的主犯糯康拥有缅甸国籍，他是该案件的主要责任人。糯康曾是八十年代头号毒枭坤沙的手下，坤沙向缅甸军政府投降后，糯康收编了他大部分的人员，然后勾结当地的民兵，重新建立武装势力。因此，缅甸政府基于属人原则，可以获得该案的管辖权。

泰国政府主张管辖权的依据也有两点：①基于属地主义原则。糯康集团与泰国不法军人杀人并沉尸的地点是泰国清莱政府清盛县的湄公河水域，该地点在泰国领域内，根据属地原则，泰国有权根据《泰国刑法》对该案行使刑事管辖权。②基于属人主义原则。糯康集团的二号人物桑康拥有泰国国籍，他在案发前参与了案件的谋划与组织，之后在糯康的授权下作为湄公河惨案的指挥者与监督者参与了全案，对案件的发生起到了直接而重要的作用，故而泰国政府可以主张对桑康所参与的案件的管辖权。

　　老挝政府主张管辖权的情形比较复杂。首先，本案犯罪嫌疑人无一拥有老挝国籍，所以老挝政府无法根据属人主义原则主张对本案的管辖权。其次，本案并不发生在老挝境内——案件发生的湄公河流域并不属于老挝领土，遇难的船只也非老挝国籍，案件的策划和预备阶段同样不发生于老挝，所以老挝政府无法根据属地主义原则主张对本案的管辖权。再次，遇难的船员都为中国国籍，并没有老挝籍船员，所以老挝政府无法根据保护主义原则主张对本案的管辖权。老挝政府与本案唯一的连接点是该案犯罪嫌疑人糯康是在老挝领土内被抓获的，老挝警方参与了抓捕行动。如果老挝政府要主张对本案进行管辖的话，唯一的依据是普遍管辖原则。[1]普遍管辖原则是国际法的原则之一。根据这一原则，无论被控犯罪之人的国籍、居住国或与起诉国关系如何，即使该罪行是在起诉国领土之外犯下的，该国也可以对该人行使刑事管辖权。这一原则一般适用于被认为是危害全人类的罪行，并且罪行极为严重，不容有管辖权投机，因此任何国家都有权对其加以惩罚。我国《刑法》第9条对此也作了明确规定："对于中华人民共和国缔结或者参加的国际条约所规定的罪行，中华人民共和国在所承担条约义务的范围内行使刑事管辖权的，适用本法。"凡是我国缔结或者参加的国际条约中规定的罪行，不论罪犯是中国人还是外国人，也不论其罪行发生在我国领域内还是领域外，也不论其具体侵犯的是哪一个国家或者公民的利益，只要犯罪分子在我国境内被发现，在我国所承担条约义务的范围内，如不引渡给有关国家，我国就应当对其行使刑事管辖权，按照我国的刑法对该罪犯予以惩处。当然，普遍管辖权有其适用范围和条件的限制，只能是刑法空间效力的辅助性原则。同样的道理也适用于本案。在本案中，尽管犯罪行为人、被害人以及犯罪地都不在老挝，但糯康最终是被中、老警方合作于老挝博乔省码头抓获的。这符合了犯罪分子在本国境内被发现的要求。并且，老挝于2003年12月签署并于2009年9月正式加入《联合国打击跨国有组织犯罪公约》，因此老挝负有惩治该《公约》所规定的跨国有组织犯罪的义务。而且该案犯罪嫌疑人糯康在老挝领

---

　　[1]　要注意的是，我国法理学教科书中一般都不将"普遍管辖原则"作为与属地、属人、保护等原则并列的对人效力原则。"普遍管辖原则"一般被视为国际法上的特殊原则。

土内被抓获，由老挝管辖较为方便。[1]

中国自案件发生起就主张对该案件行使管辖权。我国《刑法》规定了比较完整的管辖权条款，体现了以属地主义为主，与属人主义、保护主义相结合的折中主义。具体而言：一方面，对中国公民而言：①在中国领域内，一律适用中国法。此时适用的是属地主义原则，但与属人主义原则的效果是一致的。依据为《刑法》第6条：凡在中华人民共和国领域内犯罪的，除法律有特别规定的以外，都适用本法。凡在中华人民共和国船舶或者航空器内犯罪的，也适用本法。②在中国领域外，原则上适用中国法，但要区分不同的情况不同对待。区分对待的情况包括：一是中华人民共和国公民在中华人民共和国领域外犯本法规定之罪，但是按本法规定的最高刑为3年以下有期徒刑的，可以不予追究（第7条第1款）。二是中华人民共和国国家工作人员和军人在中华人民共和国领域外犯本法规定之罪的，一律依照中国刑法追究（第7条第2款）。也就是说，中国刑法对于国家工作人员和军人这两类特殊身份的主体绝对适用属人主义原则，而对于其他中国公民相对适用属人主义原则。另一方面，对外国公民而言：①在中国领域内，原则上适用中国法。此时同样适用属地主义原则，其实其依据也是《刑法》第6条第1款。但存在例外，即外交豁免。依据《刑法》第11条的规定，享有外交特权和豁免权的外国人的刑事责任，通过外交途径解决。这里"享有外交特权和豁免权的外国人"，主要指外国元首、政府首脑、外交代表、驻本国的外国使领馆人员等。②在中国领域外，原则上不适用中国法。这里的前提是外国人在我国领域外对我国国家或者公民犯罪，因为如果不是中国国家和公民受犯罪行为侵害，就不发生要维护本国利益之需要。根据我国《刑法》第8条的规定，外国人在中华人民共和国领域外对中华人民共和国国家或者公民犯罪，而按本法规定的最低刑为3年以上有期徒刑的，可以适用本法，但是按照犯罪地的法律不受处罚的除外。这一条体现的是保护主义原则，但受到最低刑和犯罪地法律的限制。

本案的犯罪嫌疑人都具有外国国籍（或无国籍）。中国政府主张对本案进

---

〔1〕　参见张业鹏："'10.5湄公河惨案'视角下我国刑事管辖权适用"，载《法制博览》2019年第1期。

行管辖的依据主要有二：①基于属地主义原则。案发时两艘船只都挂有中国国旗，且"华平号"于 2006 年 5 月 22 日在中国思茅海事局登记并取得中国籍，另一艘船"玉兴 8 号"虽然已注销了中国籍，但截至案发时该船未在他国登记注册。此外，该船于 2011 年 1 月 31 日被我国公民购买，案发时悬挂中国国旗，包括船长在内的所有船员均为中国籍，因而按照国际惯例，"玉兴 8 号"也应被认定为中国船只。故依照属地主义原则（浮动领土），我国有权对湄公河案件行使管辖权。②基于保护主义原则。在本案中，被害的 12 名船员皆被证实为中国国籍，尽管该案件是在属于泰国领土的湄公河流域发生的，但所侵害的是中华人民共和国公民的权利（生命权）。根据我国《刑法》第 8 条的规定：其一，如果外国人在中华人民共和国领域外对中华人民共和国国家或者公民犯罪、按我国《刑法》规定的最高刑为 3 年以下有期徒刑的，或虽然最低刑是 3 年以上有期徒刑但按照犯罪地的法律不受处罚的，不适用中国《刑法》。其二，如果外国人在中华人民共和国领域外对中华人民共和国国家或者公民犯罪、而按中国《刑法》规定的最低刑为 3 年以上有期徒刑的，可以适用中国《刑法》。依据我国《刑法》，糯康集团犯下了故意杀人、运输毒品、绑架、劫持船只罪，无疑最低刑为 3 年以上有期徒刑，且在犯罪地泰国同样属于犯罪行为，所以中国可以主张该案的管辖权。

四、参考意见

1. 缅甸和泰国都可以分别基于属地主义原则或属人主义原则主张对本案的管辖权，老挝可以基于国际法上的普遍管辖原则主张对本案的管辖权。

2. 中国可以依据属地主义原则或保护主义原则对本案行使管辖权。

拓展案例

案例：赖某星案

一、基本案情

1991 年起，赖某星通过在香港、厦门等地设立公司、建立据点、网罗人员等，形成走私犯罪集团。1995 年 12 月至 1999 年 5 月，赖某星犯罪集团采取伪报品名、假复出口、闯关等手段，走私香烟、汽车、成品油、植物油、化工原料、纺织原料及其他普通货物，案值共计人民币 273.95 亿元，偷逃应缴税额人民币 139.99 亿元。为实施走私活动和谋取其他不正当利益，赖某星于 1991 年至 1999 年间，直接经手或指使犯罪集团成员先后向 64 名国家工作人员贿送钱款、房产、汽车等财物，折合人民币共计 3912.89 万元。1998 年 8 月，赖某星畏罪从香港潜逃至加拿大，随后向加拿大移民部提出难民资格申请。2005 年 8 月，加拿大移民部拒绝赖某星及其家属的难民资格申请。2011 年 7 月，赖某星被加拿大移民部依法解送出境，随后在首都国际机场被交接。2012 年 5 月，厦门市中级人民法院公开宣判，赖某星犯走私普通货物罪，判处无期徒刑，剥夺政治权利终身，并处没收个人全部财产；犯行贿罪，判处有期徒刑 15 年，并处没收个人财产人民币 2000 万元，两罪并罚，决定执行无期徒刑，剥夺政治权利终身，并处没收个人全部财产。

二、法律问题

1. 中国政府可以根据什么原则对赖某星案主张管辖权？
2. 加拿大政府是否可以主张对本案的管辖权？

三、重点提示

1. 中国政府的管辖权问题需要考虑犯罪嫌疑人的国籍以及犯罪行为的发生地。
2. 加拿大政府有无管辖权的问题需要考虑加拿大政府有无加入相关的公约，以及中加政府之间有无签订相应的条约。

📚 拓展资料

2-6 拓展阅读

| 第三章 |

法律规范

专题一　法律规则

📖 知识概要

　　我们用法律规则—法律原则的二元体系来理解法律规范。法律规则是一种确定性的命令，法律原则是一种最佳化的命令。（从定义中也可以看到起源于霍布斯的当代法律思想对今天人们理解法律的深远影响——法律是主权者的命令。）关于法律规则，我们主要需要掌握关于它的两个知识点。首先，它以一种"全有或全无"的方式在案件中适用。其次，自从英国法理学家哈特（Hart）之后，人们开始接受法律规则可以分成初级规则和次级规则两种不同的规则。

　　在个案裁判中，法律规则的适用是确定的。学界有关于规则的模式的不同理论。我们把规则分解为假定条件、行为模式和法律后果。①假定条件是关于一个法律规则在何种空间、时间范围限度内对什么人适用的规定。法律中对时效、管辖权范围、责任年龄、权利能力、职务犯罪中公职身份等方面的规定都属此类。法律有时以明示的方式表达假定，有时则以默示的方式。②行为模式指法律规则中对人们行为的评价，包括可为模式和应为模式。可为模式赋予法律主体自由，可以选择如此行为，也可以不选择如此行为。应为模式下，主体有义务去做或者不去做一件事情。③法律后果是指法律规则中规定人们在假定条件下作出符合或者不符合行为模式要求的行为时应承担的相应的结果。

在法律的实际适用中，与其说法律规则本身是确定的，不如说法律人有必要通过法学方法的应用确定法律规则，也就是说确定一个法律规则的假定条件、行为模式和法律后果。其中最重要的是确定假定条件，因为法律在表达行为模式和法律后果的时候通常较为确定。法律规则适用的确定性意味着一个规则要么应当在具体个案中适用，要么不应该。当出现了两个甚至多个规则都可以适用于同一个争议时，法律的适用者必须通过界定这些规则的适用范围和优先性决定最终适用哪个规则。在优先性方面，法学家发展出了一系列具体规范相对于一般规范在适用上的优先性和上位法相对于下位法在效力上的优先性等形式性的法学方法规则。更加困难的是在两个并不存在特别法和一般法、上位法和下位法关系的规则之间确定其适用的范围。我们会在接下来的案例中看到这种情况。

哈特在奥斯丁（Austin）的命令理论基础上，提出法律是初级规则和次级规则之结合的理论。初级规则指的是那些直接确定行为人义务的规则，次级规则指的则是关于这些直接确定行为人义务的规则的规则（所以才是"次级"）。他指出，如果一个社会之中只有确定义务的规则（他称之为惯习社会），那么会至少出现三种不便：首先是不确定性缺陷，惯习社会的规则并不形成一个体系，只是个别独立的标准，没有共同标识，换言之人们无法确定到底一个规范是不是法律意义上的"规则"。其次是静态缺陷，因为没有关于修改规则的规定，非但不存在变更一般规则的方法，而且特定个案中由规则产生的义务无法经选择而变更和修正。最后是机制分散缺陷，因为没有集中的权威机制判断，就算有人声称另一个人违反了规则，也没有可靠的机关进行最终的裁决。

为了弥补这三种缺陷，哈特主张一个成熟的法律体系应该包括三种关于规则的规则。首先是承认规则，指出某个或某些特征，如果一个规则具有这个或这些特征，就可以决定性地确定这一规则的存在。其次是变更规则，授权给一机关为群体生活引进新的初级规则，以及废止旧的规则。最后是裁判规则，授权特定机关权威性地决定某些场合中特定行为是否违反了初级规则。

经典案例

案例：英国婚内强奸豁免案

3-1　本案判决书

一、基本案情

被告与被害人于 1984 年结婚，并于 1985 年诞下一子。而在 1987 年，二人分居了两周，但很快又一起居住，直到 1989 年 10 月 21 日被害人搬到其父母家居住。两天后，也就是 10 月 23 日，被告在被害人父母不在时破门而入，试图强行与被害人发生性关系，并且为了这一目的对被害人造成了身体伤害。双方在此之前并没有正式地提起法律的离婚程序。被害人在离开被告时留下了一封分手信，被告也曾在电话中提到过分手的打算。直到 1990 年 3 月 3 日，一份六星期内无异议即告生效的离婚判决才从法律上结束了这一段婚姻。莱切斯特地方法院判决被告犯有故意伤害和强奸未遂两项罪名。被告提出，根据《1976 性犯罪法案修正案》第 1 条第 1 款，丈夫不能因为强行与妻子交媾而被指控为强奸[1]。该法律规定"非法地与一位在当时并不同意这种行为的妇女交媾"便构成了强奸罪[2]。被告不服判决，向上诉法院刑事庭提起上诉，主张推翻强奸未遂的指控。

二、法律问题

1. 本案发生时，《1976 性犯罪法案修正案》第 1 条第 1 款在当时的文本是："违背妇女意志，非法强行与其发生性关系，属于强奸罪。"法官首先面临的问题是通过解释界定"非法"的范畴。

---

〔1〕　*R. v. R.*　〔1991〕2 W. L. R. 1065.

〔2〕　Sexual Offences（Amendment）Act 1976, section 1（1）.

2. 除了立法的规则以外，普通法上在强奸罪方面还有另一条长期存在的规则：婚姻豁免。按照这条规则，丈夫在婚姻存续期间即便违背妻子意愿，强行与其发生性关系，也不能视为强奸罪。这一规则与强奸罪的一般条款是否构成特别法和一般法的关系？也就是说一旦满足其适用条件，豁免规则应该得到优先适用。

3. 法院是否有权取消存在于普通法上的婚姻豁免？

4. 法院在论证一项规则的消灭的时候可以如何论证？

三、法理分析

被告认为"非法"指的是"婚姻之外"，同时认为普通法上长期存在的"婚姻豁免"背后的逻辑是妻子在结婚的时候对与丈夫发生性关系给予了一种概括的同意。上诉法院很巧妙地指出了这种说法的矛盾之处。如果"非法"指的是"婚姻之外"，那么这种对强奸罪假定条件的限制已经让《性犯罪法修正案》第1条第1款在这里不适用了。换言之，1976年的立法改变了普通法的规定，实际上通过把"婚内强奸"排除在强奸罪的适用条件之外而取消了普通法上长期存在的婚姻豁免。如果这样理解，那就不能同时主张"非法"指的是"婚姻之外"和婚姻豁免。上议院的法官进而指出另一个矛盾。如果把"非法"定义为婚姻之外，同时又认为婚姻之内的任何交媾都得到了妻子的同意，那么这一条的文义就变得非常冗余，因为只要在婚姻之内出现的强迫性交本来就没办法满足"违背妇女意愿"这个假定条件。而且，上议院也认同了上述法院关于立法改变普通法规定的可能，并指出如果立法要废除一个普通法的规则，一定会以一种更为直白的方式。于是，上诉法院和上议院通过指出把"非法"解释为"婚姻之外"会让规则出现无法容忍的冗余，而在解释适用法律的时候不能假设立法者都头脑昏庸地选择了自相矛盾的表达，所以只能认为"非法"不能解释为"婚姻之外"。至于该怎样解释"非法"，那就只能交由日后的案件评断了。

有必要指出的是一般法与特别法的关系不仅仅存在于两部法律之中。若干部法律就其整体构成特别法和一般法的关系的现象很常见，《消费者保护法》就可以看作《合同法》和《侵权行为法》的特别法。同时，有时两部不同法律之间的规定也可以视为特别法和一般法的关系，甚至一个法条的不同段落也可能存在类似的关系。在本案中，一个法院没有提出的疑点是成文法对强奸罪的规定和普通法上原有的豁免规则是不是构成一般法与特别法的关系。对此，判断的方法一般是考虑两个不同的规则之间在假定条件上是否有包含与被包含的关系。一般强奸罪适用于所有违背妇女意愿与其交媾的情况，婚姻豁免的规则仅适用于婚姻关系存续期间。所以，可以视婚姻豁免为一般强奸规则的特殊规则，从而优先得到适用。

但是，法官仍然可以进一步限定婚姻豁免规则的假定条件。无论是上诉法院还是上议院，都提出了婚姻豁免的例外。例外情况有两种。第一种是当离婚诉讼已经在进行中时，可以排除婚姻豁免。因为婚姻豁免的理由是妻子对与丈夫交媾的概括同意，但是当提起离婚诉讼时，妻子相当于已经撤回了这种同意。另一种则是考虑虽然不判处丈夫强奸罪，但是在伤害了妻子的健康时判处其一般伤害罪的情况。这些判例暗示："为了违背妻子意志的交媾而实行暴力是犯罪，而经此一手段实现的目的（交媾）却不是。"相比于一般的伤害，强行与女性交媾是一项更重的罪行。把交媾从强奸的一系列其他动作中分离出来，而只保护妇女可能受到的较轻的伤害，却对较重的伤害放任自流，这种处理方式并不现实。那么通过归谬法，法官主张可以进一步认为婚姻豁免这一制度本身的存在不可能是一项普通法上的规则。

于是，此时，上诉法院和上议院都希望处理一个更棘手的问题，那就是婚姻豁免这一规则在当代法律体系中的有效性问题。上诉法院认为婚姻豁免不是一个法律规则，而是一项拟制，即法院为了取得某项法律后果创造出来的事实，而不考虑生活真实的情况究竟如何。如果它是一种拟制的话，那么法院就可以因为此项拟制并不符合后来在事件发展中变化了的事实而取消之。上诉法院认为取消一个不合时宜的拟制和否认一种存在于普通法上的豁免不可同日而语。上议院的法官在处理这个问题时更为大胆。他们没有采纳上诉法院关于拟制的说法，而是在考察了判例的历史发展后指出，一直以来的趋势就是限制婚姻豁免的适用，说明该规则本身处于历史的发展之中。如果这一规则曾经符合从前人们对于婚姻和男女地位的认识，现在它已经变得不合时宜了。从法官的论证中，我们看到上议院首先使用了只有它作为最高司法机关才具有的权力——回溯性地推翻此前的判决。其次，法官在论证的时候采取了一种社会预期标准作为评价法律有效性的标准。

在本案的论证中，同样可以看出哈特对于法律规则的洞见。立法中关于强奸罪的规定和普通法上的豁免规则都是直接确定当事人义务的规则，所以是一种初级规则。本案——正如大部分其他案件一样——涉及对初级规则的解释和有效性的争议。人们根据英国法律体系中的裁判规则把争议带到了具有权威集中裁判此类争议的机构——法院。法院根据英国法的历史论证，确定婚姻豁免在普通法中存在，体现了一种承认规则的运作。最后，他们又根据社会现实变更的标准，提出此项豁免现在应该取消，则证明变更规则的存在。

四、参考意见

1. 确定法律规则中的文义往往是法律解释适用的第一步。面对争议，法院找出了把"非法"解释为"婚姻之外"可能产生的矛盾，从而否定了被告的解释。

2. 因为一般强奸规则的假定条件包含了婚姻豁免的假定条件，所以可以视婚姻豁免为一般强奸规则的特殊规则，从而优先得到适用。

3. 不同的法院有不同的推翻先例的方法。对于上诉法院来说，宣告过去的判例实际上是一种拟制、从未成为规则即可不必遵守判例。而上议院又有独特的方法，根据上议院在 1966 年的宣告，"本院先前的判决通常具有约束力，但是如果认为违反此前的判决是正当的，也可以违反。"

4. 在本案中，为了宣告一个规则已经因为不合时宜而应该取消，法官采取了将此规则相对化的做法，指出其产生和发展与当时的社会情况相关。因此，既然社会对于婚姻和男女地位的认识已经改变，那就没有什么理由不改变这一规则。

◈ 拓展案例

案例：Obergefell v. Hodges, 576 U. S. （2015）[1]

一、基本案情

2013 年 7 月 19 日，来自俄亥俄州（Ohio）辛辛那提（Cincinnati）的同

---

〔1〕　此案例主要参照了黄明涛："同性婚姻判决的宪法学分析"，载《中国法律评论》2015 年第 4 期。

性伴侣于美国俄亥俄南区联邦地区法院提出奥贝格费尔诉卡西奇案（Obergefell v. Kasich，其中卡西奇为当时俄亥俄州第 69 任州长约翰·卡西奇），指称该州歧视已于其他州合法结婚的同性伴侣。伴侣中的一方约翰·阿瑟（John Arthur）罹患肌萎缩性脊髓侧索硬化症（渐冻人症），已经处于末期，因此这对伴侣希望俄亥俄州政府在他的死亡证明上将另一位伴侣詹姆斯·奥贝格费尔（Obergefell）列为他的未亡配偶，因为这对伴侣已经在 2013 年 6 月 11 日于马里兰州合法结婚。俄亥俄州户籍登记处认为歧视已婚同性伴侣属于违宪，但俄亥俄州总检察长办公室则宣布要坚持俄亥俄州的同性婚姻禁令。

本案最后诉至美国联邦最高法院。在 2015 年 6 月 26 日的判决中，安东尼·肯尼迪（Anthony Kennedy）大法官领衔多数意见，判决同性恋者享有宪法意义上的结婚权，被诉相关州法因拒绝承认同性婚姻而被宣告违宪。奥贝格费尔案是最高法院第一次直接处理同性恋者的结婚权（婚姻权）问题的案件。这一问题可以沿两个互有交叠的逻辑链条予以陈述：其一，作为更一般化概念的结婚权，是否能超越异性伴侣这一传统保护对象，将同性伴侣囊括在内？其二，同性恋者依据宪法所享有的——作为公民的——一般自由，是否可以包含缔结合法婚姻关系这一具体行为？在这两个问题上，他都作了肯定的答复。

他首先谈到了个人自治（individual autonomy）。肯尼迪认为相关判例已表明，个人自治的概念中固有地包含了对婚姻作自主选择的权利，这几乎是一个人最为重要的选择之一。借用马萨诸塞州最高法院的话来说，是否结婚和与谁结婚是人生之中关涉自我认同这一问题的关键选择，其塑造了个人尊严。肯尼迪还说到，婚姻的本质就是，通过这一长久的结合，两个人可以一起享有其他自由，诸如表达、亲密性和精神生活，这些对于任何人都是适用的，不管其性取向为何。

然后，肯尼迪认为，同性婚姻包含有与异性婚姻一样的私密关系，因而可以主张结婚权。他认为此前的判例法已经表明，"结婚权之所以是根本权利，在于其支撑了一种'二人'之间的联结，而这种联结关系对于个人的重要性是超过了任何其他一种关系的"。他在表述婚姻关系时特别以"二人"关系（two-person union）代替"夫妻关系"，当然意有所指。他进一步说，劳伦斯案已将同性伴侣在性方面的私密关系去罪化，而最高法院在当时就指出，"对于一种持久的关系而言，性行为只是其中一种要素而已"，因此他认为，自由不应止于此——潜台词就是，缔结婚姻才是"对自由之承诺的完全兑现"。

二、法律问题

1. 美国联邦最高法院进行司法审查的权力是一种什么性质的权力？
2. 一个具体的时代背景下如何确定法律概念的内涵？

三、重点提示

1. 从规则的制订、修改的角度入手思考。
2. 思考法律概念背后是否一定有一个固定的"本质"或社会现实。

◈ **拓展资料**

3-2 拓展阅读

专题二 法律原则

◈ **知识概要**

关于法律要素的组成，从来有两种不同的观点。一种观点认为法律只包括了规则，另一种观点则认为法律除了规则以外还包括了原则。现在，第二种观点得到了理论界和实务界的普遍接受。按照这种观点，法律规则与法律原则共同构成了法律规范。在一个给定的时间限度、地理限度、属人性上有效的法律规范可以经过法教义学（也就是狭义的法学）的工作形成一个内部融贯、独立于其他社会因素的法律体系。换言之，法学工作的核心任务就是把法律原则和规则整合成一个融贯的整体。法律解释、漏洞填补、法律论证都不能离开法律体系。与此同时，以上种种实践活动反过来也会改变法律体系。所以，法律的解释适用和法律体系的存在之间具有一种反思性关系。在建构法律体系的过程中，法律原则可以帮我们辨识规则之间存在的矛盾、冲突、不足，从而让我们可以进一步用各种形式化的法律技术决定这些规则的含义以消除以上缺陷。所以，法律原则在法理学中占据了相当重要的位置。

关于法律原则，我们需要了解它在裁判中的适用方法、证明和阐释法律原则的方法、在不同法律原则之间权衡的方法。如果说法律规则基本可以通过立法的条文阐明，论证法律原则、特别是那些在立法中没有明文写下的法律原则的难度要更大，也就是说会让法律的适用者负担更重的论证义务。

📚 经典案例

案例：里格斯诉帕尔默案（Riggs v. Palmer）

3-3　本案判决要旨

一、基本案情

1880 年 8 月 13 日，弗朗西斯·帕尔默（Francies Palmer）立下一份遗嘱，遗嘱约定他的两个女儿——里格斯（Riggs）和普瑞斯顿（Prieston），即该案的原告，只能继承其遗产中很少的一部分；剩余大部分遗产由其孙子——即该案的被告埃尔默·帕尔默（Elmer Palmer）继承，但假如被告埃尔默·帕尔默先于祖父弗朗西斯·帕尔默死去且未结婚，又不存在其他问题，被告帕尔默的母亲——苏珊·帕尔默（Susan Palmer）必须将遗产转予弗朗西斯·帕尔默的两位女儿所有。弗朗西斯·帕尔默在立遗嘱时，拥有一座农场和一笔可观的财产，他是一个鳏夫，在 1882 年 3 月与伯瑞斯夫人结婚，婚前签署了一份协议，约定一旦伯瑞斯夫人后于弗朗西斯·帕尔默去世，则由伯瑞斯夫人照管农场、管理财产直至去世。被告埃尔默自订立遗嘱时起，一直作为家庭中的一员与弗朗西斯·帕尔默一家生活在一起，直至其去世，时年埃尔默

16 岁。被告埃尔默知道遗嘱的内容，推测祖父有可能改变遗嘱，且有迹象表明祖父也试图改变遗嘱，为了阻止祖父改变遗嘱，尽快获得遗产，埃尔默毒死了祖父。现被告埃尔默主张获得遗产，需要法院明确的问题是——他能获得遗产吗？

二、法律问题

1. 当现存有效的法律体系中没有规则明文否定一个杀死了遗产的被继承人的遗嘱受益人根据遗嘱取得遗产时，法官如何否认其权利？

2. 法律的原则和规则在适用方法上有何区别？

3. 如何证明一个法律原则的存在？

4. 在大陆法系国家（如我国），除了立法中明确规定的原则以外，是否还有其他的法律原则？

三、法理分析

在"里格斯诉帕尔默案"中，纽约州法院必须判断，某人被他的祖父的遗嘱指定为继承人，如果他为了遗产而谋杀他的祖父，他还能不能根据那份遗嘱继承遗产。法院承认，如果不去限缩关于遗嘱的制定法规定的适用范围，那么凶手确实就能取得财产的所有权。这种结果虽然不能令人满意，但如果认为法律仅仅由法律规则组成、规则必须严格按照其文义来解释，那么在个案裁判中坚持这种看上去不甚可欲的分配结果似乎也是一种很有吸引力的选择。其吸引力让参与本案审理的法官分裂成了两个几乎旗鼓相当的阵营，最后多数派仅以一票险胜。究其原因，无非是起源于霍布斯的当代法律思想对今天人们理解法律的深远影响——法律是主权者的命令。这种命令明确、具体地指示（或预见）了每个待决案件的分配结果。法官——按照孟德斯鸠的说法——无非是"法律的嘴巴"，负责在个案中代表主权者说出命令，其自身却没有独立的意志。就算主权者的命令不令人满意，除了等待主权者明确用一个新的命令废止此前那一个以外，别无他法。

但法院的多数意见选择了另一种法哲学。判决中如是写道："对于所有法律和合同，可以通过普通法的一般基本准则来控制其运作及影响。任何人不得因自己的欺诈行为而获利，或利用自己的错误，或以任何自己的不法行为获得任何索赔，或以自己的罪行获得财产。"法院暗示关于遗嘱的制定法规则依其文义出现了漏洞，需要限缩其适用范围来填补漏洞。填补漏洞的时候则必须借助法律原则。[1]为此，法官求助于"任何人不得因为其自己的过错获利"的原则。我们用法律规则和法律原则两种不同的规范模式来理解法律体系。这种观点意味着法律规则和法律原则是两种不同类型的法律规范。罗纳德·德沃金在《认真对待权利》中主张它们之间存在逻辑上的差别。法律规则是一种确定性的命令，法律原则是一种最佳化的命令。[2]换言之，法律原则表达的是一个法律体系所欲实现的理想，一种应然的状态。既然法律包括了法律原则，那么也就可以说法律就不仅包括实证主义者所说的"实然"，也包括"应然"了。

所谓确定性命令，意味着当我们可以把一个规则适用于某个个案时，那么规则所要求的法律后果就确定地发生。而不把一个规则适用于个案的时候，其法律后果当然也就不发生。比如一个意思表示只要是《合同法》第21条所说的"承诺"，那就必然出现承诺的法律后果，也就是在该意思表示生效时合同成立（《合同法》第25条）。不会出现既有了承诺，合同却不成立的情况。虽然成立了的合同有可能存在效力上的瑕疵。

所谓最佳化的命令，则意味着原则要求在法律和事实上尽可能实现某种价值或者目的。可以把某个原则适用于一个具体的个案，并不意味着该原则所欲追求的目的能够绝对地确定地实现。还有一些情况，不同的法律原则要求实现的目的之间可能存在张力，尽力实现一种目的可能不得不导致另一种目的的实现受限制。比如我国《民法典》从第3条到第9条规定了许多看上去应该适用于整个民法所有领域的原则。但显然纵使有第5条宣告的自愿原则，我们也不能总在裁判中保证实现当事人的意思自治，比如说亲属关系中限制可能就要比自由更多。纵然有第6条规定的公平原则，我们还是常常处于不得不接受不公平之经济安排的境遇。更不用说第9条的生态原则常常意味着对自愿原则的限制。

有些法律原则仅适用于一个部门法，甚至只适用于部门法的一个领域，

---

[1] 不过关于漏洞填补具体技术，参见本书后面章节的内容，此处不展开。

[2] ［美］罗纳德·德沃金：《认真对待权利》，孙健智译，台湾五南出版社2015年版，第69~98页。

有些法律原则却适用于整个法律体系。比如说物权法定原则和公示公信原则只能适用于物权法中。前面提到的诚实信用等原则适用于整个民法。罪刑法定原则适用于刑事法律，也只适用于刑事法律。但是平等原则及作为其核心的公平原则则可以视为整个法律体系都必须与之协调的原则。

对于实务工作者而言，区分了法律规则和法律原则后更紧迫的任务是辨认法律原则、证明一个法律原则的存在、明确表达该法律原则。论证法律原则本质上是调动各种法律渊源进行法律论证的问题，和日常的法律解释工作没有特别大的差别，只是难度有所增加。论证一个法律原则的存在需要对大量立法条文和判例进行类型化整理和分析，还需要参照学说和比较法的资料。上面的案例中，主笔多数意见的法官就是这样做的。很多人认为论证法律原则是一种实践技艺。实则相反。了解一个部门法中有哪些法律原则的最简单做法是翻开这一部门法的教科书。当然，直接阅读法典也是可以的。包括我国在内的大陆法系国家有时会在法典中写下相应的法律原则。但高质量的教科书还是更好的选择。尽管人们可以继续把法律理解成为主权者的命令，然而明智的主权者应该懂得把那些"十分精通而又经过深入思考与研究"法律的人的建议变成自己的命令。[1]

顺便说一句，在适用法律规范时，当然要遵循特别规范应该优先得到适用的规则。比如有名合同中的规定应该优先于合同法总则的规定适用。规则应该优先于原则适用。特别法中的原则应该优先于一般法中的原则适用。比如物权法定就应该优先于总则中的原则适用，因为物权法相对民法整体而言是一种特别法。适用于整个法律体系的那些最抽象的原则应该最后适用。

四、参考意见

1. 在法律解释和漏洞填补的过程中都不仅需要考虑条文本身的文义，还需要考虑法律原则。法律原则是一种在性质上不同于法律规则的规范。虽然其作为一种最优化命令，实现程度各有高低，但至少对规则的解释适用不能明显违背法律原则所追求的目标。在本案中，"任何人不得因为其自己的过错获利"的原则对法官的解释构成了一种否定性限制。

---

〔1〕　参见［英］托马斯·霍布斯：《利维坦》，商务印书馆1985年版，第197～205页。

2. 法律规则要么适用，要么不适用，而法律原则并非以这种"全有或全无"的方式适用。

3. 证明法律原则的存在是一种学说构造活动，要求我们对相关法律体系有整体理解。具体而言，需要对法律条文、判例做全面的类型化整理，并参照学说和比较法材料。

4. 立法文本往往并不能囊括所有的法律原则，特别是那些适用于整个法律体系的原则，往往并没有表达在文本中。

拓展案例

案例：段某、杨某生命权、健康权、身体权纠纷案

一、基本案情

2017年5月2日9时24分许，段某与杨某先后进入金水区天骄华庭2期小区5号楼1单元电梯内，因段某在电梯内吸烟，二人发生言语争执。段某与杨某走出电梯后，仍有言语争执，双方被该小区物业公司的工作人员劝阻后，杨某离开，段某同物业公司工作人员一同进入物业公司办公室。随后，段某心脏病突发死亡。

一审法院适用《中华人民共和国侵权责任法》第24条，判决杨某赔偿死者家属15 000元。郑州市中级人民法院在杨某未上诉的情况下依据《最高人民法院关于适用〈中华人民共和国民事诉讼法〉的解释》第323条规定，认为依法应予改判，并提出了如下理由："保护生态环境、维护社会公共利益及公序良俗是民法的基本原则，弘扬社会主义核心价值观是民法的立法宗旨，司法裁判对保护生态环境、维护社会公共利益的行为应当依法予以支持和鼓励，以弘扬社会主义核心价值观。根据郑州市有关规定，市区各类公共交通工具、电梯间等公共场所禁止吸烟，公民有权制止在禁止吸烟的公共场所的吸烟者吸烟。该规定的目的是减少烟雾对环境和身体的侵害，保护公共环境，保障公民身体健康，促进文明、卫生城市建设，鼓励公民自觉制止不当吸烟行为，维护社会公共利益。本案中，杨某对段某在电梯内吸烟予以劝阻合法正当，是自觉维护社会公共秩序和公共利益的行为，一审判决判令杨某分担损失，让正当行使劝阻吸烟权利的公民承担补偿责任，将会挫伤公民依法维

护社会公共利益的积极性，既是对社会公共利益的损害，也与民法的立法宗旨相悖，不利于促进社会文明，不利于引导公众共同创造良好的公共环境。"

二、法律问题

1. 我国侵权法的理论与实践中往往把《侵权责任法》第24条（"受害人和行为人对损害的发生都没有过错的，可以根据实际情况，由双方分担损失。"）[1] 表述为"公平原则"。这种认识从规范模式上看是否合理？

2. 法官援引的"社会主义核心价值观"是德沃金所说的"法律原则"吗？为什么？

三、重点提示

1. 原则一般不确定具体的分配结果。在这个意义上，第24条更应该理解为一种法律规则。而且，从一般立法技术上而言，原则一般放在成文法典总则部分。第24条在一共90余条的《侵权责任法》中位于第二章的末尾，从体例上看更像是一种极其例外的责任分配规则，只有在穷尽了其他责任分配规则仍然无法实现令人满意的结果时才能适用。

2. 德沃金区别了原则和政策。其中原则的价值取向是保护个人利益，公共政策的价值取向则是社会福利。但是，还需要考虑他的分类是否重要、是否有实践意义。

📚 拓展资料

3-4 拓展阅读

---

[1] 现为《民法典》第1186条："受害人和行为人对损害的发生都没有过错的，依照法律的规定由双方分担损失。"

| 第四章 |

法律体系

专题一 法律体系与法律部门

📚 知识概要

　　法律体系是在一定空间范围和时间限度内对一个固定人群有效的所有法律规范所构成的内部融贯的整体。在这种定义下，法律体系最典型的特征是其在空间、时间、属人三方面的有限性。但是在此种效力限度内，它又包括了所有的规范。值得一提的是，传统的教科书往往把空间效力表达为"一国之内"。这种表达没有考虑现在区域和全球法律一体化的现象。法律体系第二个重要特征是其融贯性，即各个规则在价值判断上不存在矛盾，形成尽可能一致的"意义构造"。[1]最后，法律体系的第三个特征是它作为一个法律规范的"整体"，应该视为独立于其他的外部因素。这些外部因素包括了政治、哲学、社会、经济等各方面的条件。法律毫无疑问是为了解决某个具体的问题而创造出来的，但在法教义学的构造中，人们必须首先把法律体系想象成一个独立于其他事物的实体和整体。在这个意义上说，法律体系一定是一种思维的创造。

　　虽说法律体系是一个整体，但是每个法律体系不可避免地在其内部分成各种法律部门，或曰部门法。就其内部观之，每个部门法在整个法律体系之内又构成了次级的系统，具有有限性、全面性、融贯性和独立性的特征。在

---

　　〔1〕　参见［奥］恩斯特·克莱默：《法律方法论》，周万里译，法律出版社2019年版，第56页。

体系构建的时候尤其需要注意的是跨部门法的考量。虽然每一种部门法可能追求不同的规制目的，但在个案中解释和适用法律的时候还是应该尽可能合乎目的、避免矛盾。[1]

经典案例

案例：Recovco Affimet 公司股权质押案

4-1　本案判决要旨

一、基本案情

一方面，在《民法典》第 2333 条[2]及其后的规定中，允许当事人以合同规定动产流质。另一方面，它在《商法典》中加入了 L 527-1 条[3]及以下，禁止在 L 527-3 条所列举物（包括股票）之上设立的所有权自动转移条款。

Recovco Affimet 公司在 2009 年 1 月 19 日进入企业重整程序，并于 2009 年 9 月 14 日进入破产清算。SELAFA MJA 成为清盘人。Bank of London and the Middle East PLC 曾经与 Recovco Affimet 签订了对商品股权的不转移占有的动产质押合同，其中包括了流质条款。Bank of London and the Middle East PLC 在 2009 年 1 月 9 日 Recovco Affimet 公司停止债务清偿时终止了信贷合同。2009 年 1 月 16 日，银行通知企业兑现其质权，并在 2009 年 4 月 21 日主张所质押之股权的转移。在 2009 年 10 月 30 日的判决中，特派法官判决存续至 2009 年

---

〔1〕　参见［奥］恩斯特·克莱默：《法律方法论》，周万里译，法律出版社 2019 年版，第 57 页。

〔2〕　译注："质押是设保人授予债权人优先于其他债权人而获得有体动产清偿之权利的协议。该有体动产可以是一个或一系列现有的或未来的动产。当涉及未来动产时，其对象必须可确定。"

〔3〕　译注："股票质押是私法上的法人或者自然人与为其职业活动提供信用之信用机构或者金融公司之间的协议，此协议使后者优先于其他债权人而以前者之股票得清偿。股票质押可以使用移转占有或不移转占有的方式。股权质押适用《民法典》第 2286 条、第 2333 条、第 2335 条、第 2337 条、第 2339 条到第 2341 条、第 2343 条、第 2344 条和第 2345 条到第 2350 条，以及本章其他条款之规定。双方可以协议选择本章所规定之股票质押或《民法典》第 2333 条及以下所规定之有体动产质押之规定。"

1 月 16 日的股票或与其股值相等的财产归银行所有，并裁定银行有权保留在此日期之后对方所支付之款项。商事法院在 2010 年 6 月 25 日的判决亦采此主张。随后，巴黎上诉法院 2011 年 5 月 3 日第 10/13656 号判决进一步判定双方可以适用民法上关于担保的一般规则，也就是说并不禁止流质条款。

在 Recovco Affimet 公司和 SELAFA MJA 上诉到最高法院后，最高法院要处理的问题是，如果信贷机构在发放借贷时，双方约定以借贷方之股权质押为其业务提供担保但是不转移股权的占有，那么应该适用的是民法上允许流质合同的规定，还是《商法典》中关于在股权质押中禁止流质合同的规定。

二、法律问题

1. 信贷机构在发放借贷时，合同中所约定的质押应适用商法的规定还是民法的规定？

2. 当商法和民法的规定出现不一致时，可以通过什么方式解决法律体系之间的冲突？

3. 法国最高法院采取了何种方法重塑法律体系的融贯性？

三、法理分析

本案涉及一个我国民商法上暂时还没有的制度：流质。我国《民法典》第 428 条规定："质权人在债务履行期限届满前，与出质人约定债务人不履行到期债务时质押财产归债权人所有的，只能依法就质押财产优先受偿。"通常认为，这一规定意味着合同中设立流质的条款不生效。所谓流质，指的就是质权人和出质人关于债务人不履行到期债务时质押财产所有权自动移转于债权人。之所以如此规定，一方面是担心债务人在贷款时罹于经济困窘之虞，不得已用价值巨大的抵押物担保数额较少的债权，另一方面是担心会允许法官在个案中经常以显失公平条款匡正缔约双方的约定内容，会让私法的自治属性有所减损。与此相关的一个问题是，在动产质押时，是否需要移转动产的占有。在我国法律上，动产质押需要转移动产的占有，不需要转移动产占有的情况称为动产抵押。根据《民法典》第 403 条，动产抵押非经登记不得对抗善意第三人。

法国法上原来虽然允许流质条款，但是原则上禁止不移转动产占有的质押。旨在完成担保法现代化的委员会认为不移转动产占有的质押比较符合企业的经济需要。所以通过修改《法国民法典》第 2333 条及其后条款，原则上允许当事人设立流质条款。相比之下，考虑到股票这种动产的特殊性，法律虽然允许以股票出质，却没有在《法国商法典》中相应明文规定股票可以适用流质条款。但是，《法国商法典》中新增的 L 527 - 1 条明明用指示参引要求股票质押也适用《法国民法典》的规定。也正因为如此，无论是商事法院还是两个上诉法院，都认为股权质押应该适用民法中关于允许不移转占有的流质协议的规定。只有最高法院认为，如果允许信贷机构设立流质条款，那么会造成整个担保法内部体系的评价矛盾。

也就是说，同一个行政命令导致《法国商法典》和《法国民法典》在动产流质是否可以通过不移转动产占有的方式达成的问题上出现了表面上的不一致。为此，看上去上诉法院和最高法院的判决都有法律文本的支持。于是我们涉及了一个法理学上的重要问题：司法判决的不确定性。一些从经验视角出发研究司法实践的学者认为，法律规范本身不足以决定个案的裁判，而且判决书中提供的判决理由不是真实的判决原因，而是粉饰判决的工具。换言之，"依法裁判"最终只不过是通过法律规范来正当化那些"实际上"由其他因素决定的判决的过程。为了回应这种现实主义批评，一些法学家提出应该区分"法的发现"和"法的证立"两个不同阶段。在法的发现阶段，裁判者应该根据伦理原则选择最适合的判决结果。在法的证立阶段，法律的适用者则有义务说明这一裁判结果可以得到现有法律体系中之规范的支持。换言之，我们必须承认法律体系并不可以为每一个案件提供从技术上看来唯一正确的解答，同时，也需要通过对每一个个案提出"正当"的结果，从而维护现有法律体系的正当性。

强调法律的"体系性"就是强调法律的整体性、融贯性、独立性。"法律构成了一个规范体系"这种说法意味着法律由一系列可知的、可穷尽的规范组成，而这些规范之间不存在评价上的矛盾，同时独立于其他的社会现实。法学家的核心工作就是构建法律体系。所以一名站在世纪之交的法国民法学家才会说："法律圣殿的守护者不是立法者，也不是法官，而是法学家。"[1]

---

〔1〕 Pierre Catala, "Discours de M. Pierre Catala", *in Remise des études offertes à Pierre Catala*, Paris, La documentation française, 2001, p. 47.

也正是因为体系构建在法学工作中的核心意义，才会让他在面对法律碎片化时哀叹："体系一致性和清晰性在我青年时代曾经如此吸引我，但现在面对由摇摆不定的规则组成的万花筒、由变动不居的概念组成的混合物和由不同的规范渊源形成的无政府状态，它们还如何存续？"[1]假如我们可以确立一个评价无冲突的规范体系，那么我们就可以很好回应关于法律虚饰论的批评，认为虽然法院的判决并不百分之百确定，却仍可以是"依法判决"。

回到本案，最高法院明确提出，启动修法的行政命令既然是同一个，那么就不能认为其中存在冲突。商事法院和上诉法院认为《法国商法典》中的指示参引要求他们适用《法国民法典》的规定。但是最高法院秉承法国私法学一贯立场，认为《商法典》是《民法典》的特别法，所以即便在 L 527–1 中指示参引《民法典》，仍认为在转向民法的一般规定前，应该首先考虑信用机构的特殊性，在商法内部完成漏洞填补。

值得注意的是，在重建私法中的融贯性时，法国最高法院恰恰采用了体系评价一致性作为论证理由。它指出，如果允许信贷机构设立流质协议，相当于让企业重整程序和其他破产的集体程序目的落空，也会让信贷机构因为无论如何可以获得清偿而怠于评估企业经营过程中可能遇到的困难。换言之，会架空担保法内部各种制度。为避免这种情况出现，只能以体系解释保持评价的融贯性。不过，这里使用的体系价值判断仍限于担保法内部体系融贯性的考虑，尚未需要追溯到公平、正义、法治这样关于整个法律体系的价值判断。

四、参考意见

1. 解释法律的时候，不能不考虑一些具体情况的特殊性。信贷机构和金融公司如果选择适用《法国民法典》的规则，可能导致担保法其他制度规制目的落空，所以应当适用《法国商法典》的特殊规则。

2. 如果视商法规范为民法的特别规范的话，那么根据特别规定优先适用的原理，应该在可以适用商法规范的时候优先适用商法规范。但是如果特别

---

[1] Pierre Catala, "Discours de M. Pierre Catala", *op. cit.*, p. 47.

法的规则明显违反一般法的规则，那么需要适用一般法的规则。最后，需要注意的是防止向一般规则逃逸的倾向。

3. 法国最高法院在重塑体系一致性的时候采取了回溯归之目的的方法。

拓展案例

案例：弗兰某某和董某某子女抚养纠纷案

4-2　本案判决书

一、基本案情

德国公民弗兰某某和中国公民董某某经自由恋爱，于 2006 年 8 月 7 日在上海市民政局登记结婚。双方婚后育有一子一女。2008 年 9 月，董某某离开德国回上海定居，弗兰某某并未随行，双方长期分居至今。女儿董 A 和儿子董 B 随董某某在上海居住至今，每年约三到四周在德国生活，其余时间都在上海。2012 年 7 月董某某诉至法院，要求解除双方婚姻关系，女儿董 A、儿子董 B 均由董某某抚养。法院经审理后认为，我国是联合国《儿童权利公约》的缔约国，关于儿童的一切行动，法院及其他行政、立法机构均应以儿童的最大利益为首要考虑。法院据本案情况分析得出结论：除国籍情况外，在其他重要因素上两名子女均是随董某某生活更符合儿童最大利益原则，因此判决董 A 和董 B 随董某某共同生活直至 18 周岁。

二、法律问题

1. 关于国际条约的国内法效力，世界各国立法例通常有哪几种处理方法？
2. 我国加入的国际条约在我国有国内法效力吗？为什么？

三、重点提示

1. 对国际条约国内效力通常有"一元论"和"二元论"两种不同的处

理方法。虽然这是一个国际公法课程上常讲的课题，却往往由各国的宪法规定。

2.《中华人民共和国宪法》没有明确规定国际条约在我国国内的效力。需要通过《宪法》中加入条约的程序、国家实践、法院判例综合考察后作出判断。

◈ 拓展资料

4 - 3　拓展阅读

专题二　当代中国的法律体系

◈ 知识概要

我国建成了中国特色的社会主义法律体系。这一体系在现代法律制度、马克思主义法治思想和中国传统法治文化三个源流交互影响和作用下产生和发展，如今已成蔚然大观。从比较法的角度看，我国的社会主义法律体系具有高度的混合法系特征，形成了一种独特的整体，并表现出高度的实用主义精神和实验特征。具体而言，我国在立法和司法过程中都较为灵活地利用来自不同国家的法制资源，以解决我国法治实践中所遇到的问题。这种实用主义路径能够在一个具体的领域或者个案中较快地为有待解决的问题提供答案。但是就法律规范的体系建构而言，高度实验性、实用主义的法治路径会增加价值评价矛盾出现的频率。因为原生于某一法律体系的制度本身表达着内在于该体系的一些价值观，当人们把来自不同法律体系、具有不同价值观念的法律制度整合在一起时，难免会出现规则之间的冲突。此时，法律的适用者必须确定不同规则适用的范围，从而尽可能降低冲突的程度。当然，"评价一致"的观念本来就在更具教义特征的体系思维中发展起来。如今，面对以"解法典化"现象为代表的法律的碎片化，体系思维本身可能需要回应实践的挑战。当代中国的法律体系建构的挑战就在于，此前的教义学模式面对的是有较强的整体规划的规范，现在我们则必须直面那些从一开始就仅作为解决具体问题的有效工具而被引入的规范。

🔖 经典案例

案例：中环天川环保水务有限公司与漳浦县环境保护局、漳浦县赤湖镇人民政府等侵权责任纠纷案

4-4　本案裁定结果

一、基本案情

2009年10月29日，由于中环公司擅自堵塞污水处理厂进水管道，引发了污水外溢污染周围环境的危险。在县环保局发出《限期改正通知书》后，中环公司仍然拒绝落实整改，县环保局、赤湖镇政府遂采取措施，共同接管了中环公司运营的污水处理厂。中环公司认为县环保局和镇政府的接管行为严重侵犯其合法权益，违反了《项目特许经营权协议》，导致中环公司遭受巨大经济损失。

二、法律问题

1. 《项目特许经营权协议》属于行政协议还是民事合同？
2. 行政协议的认定标准是什么？
3. 区分行政协议和民事合同的意义是什么？

三、法理分析[1]

2015年《行政诉讼法》修订首次在实证法层面肯定了"行政协议"概念，并列明了政府特许经营协议、土地房屋征收补偿协议属于"有名行政协议"。虽然非常遗憾没有使用"行政合同"的术语，但是此次修订仍是我国公私合作实现社会治理与服务的一次重要进步。然而，行政协议与民事合同之间的边界划分问题比以往更明显地呈现在人们面前。2018年5月28日，最高人民法院公布《关于审理行政协议案件若干问题的规定（征求意见稿）》，拟将近年来受到市场及社会持续关注的诸多协议，如政府与社会资本合作协议、自然资源使用权出让协议纳入行政协议之中。这必将对相关领域内长期形成的民事审判预期造成相当冲击。其实自2015年《行政诉讼法》修改后，最高人民法院行政庭和民事庭都在审理与行政协议相关的案件，并且对如何认定行政协议提出了相应的标准。

最高法院的行政庭在双方当事人对行政协议的性质没有争议、系争协议属于政府特许经营和土地房屋征收补偿两类协议时，不会讨论协议性质的问题。只有当涉案各方对协议属性产生争议，且该协议属于无名行政协议时，最高人民法院行政庭才会判断协议性质。2015年《最高人民法院关于适用〈中华人民共和国行政诉讼法〉若干问题的解释》的第11条第1款[2]为法官解释法律提供了一个较为宽阔的空间。最高人民法院行政庭法官在四川大英县案（2017最高行195号）中指出了此条款中对行政协议确定的五项构成要件：①一方是"行政机关"或"法律、法规、规章授权的组织"；②协议的缔结是为了"实现公共利益或者行政管理目标"；③行政机关缔结协议的行为"在法定职责范围内"；④与"公民、法人或者其他组织"协商订立；⑤内容上"具有行政法上权利义务内容"。

但是在民事庭，法官对协议性质的认定采取了明显不同于行政庭的立场。民事庭法官对行政法上权利义务关系这一内容要求的重视程度高于行政庭法

---

[1] 本部分的分析主要参考了陈天昊："行政协议的识别与边界"，载《中国法学》2019年第1期。

[2] 行政机关为实现公共利益或者行政管理目标，在法定职责范围内，与公民、法人或者其他组织协商订立的具有行政法上权利义务内容的协议，属于行政协议。

官。最高人民法院行政庭法官并未将"内容要素"作为识别行政协议的必要条件，其主要功能在于补强对于行政协议的识别；而最高人民法院民事庭法官却认为，"内容要素"乃构成识别行政协议的必要条件，若涉案协议不具有"行政法上的权利义务内容"，则无法认定为行政协议。行政庭在处理争议的时候，往往依权利/权力的法律属性界定是否具有行政法上的关系，重点在于普通民事主体依法无权自由处分的公法性内容，包括如行政主体给予政策优惠、协助办理行政手续等等。但民事庭在处理案件时，往往把行政法律关系理解为民事法律制度所无法涵括以至于阻碍了案件的实体争议依据民事法律制度予以处理的内容。这既考虑了相关权利的法律属性，但更看重民事法律制度对案件实体争议的处理效果。比如，行政主体给予政策优惠、协助办理行政手续的内容，在法律属性上属于公法性内容，然而由于其在涉案协议中往往处于从属地位，所以在民事庭法官看来，其并未妨碍民事庭法官依据民事法律制度处理案件实体争议。

在本案中，法院也要处理协议的性质问题，而且恰恰主要采用的是内容标准。法院认为，既然赤湖镇政府有权在发生危及公共安全和健康的紧急情况下对项目的建设和运营管理采取措施，这一条款便体现了行政管理的色彩，那么就应该把该合同的内容理解为一种行政机关为行使公共管理职责而作出的承诺。

不同于在我国传统法律文化中古已有之的民事合同，行政协议是彻头彻尾的舶来品。行政协议和民事合同性质认定的背后，实际上有着深层的价值取向差异。德、法各国行政合同的实践基本上是一个公法私法化的过程，也就是在公法规范的基础上通过私法的手段和工具，让行政机关可以更加灵活和高效地完成社会管理和社会服务职能。但是，我国长期以来用私法上平等主体、私人自治的模式和思维来思考行政协议。说到底，行政合同的核心在于保护和促进公共利益，而民事合同的核心则在于尊重私人自治。区分行政合同和民事合同有重要的实践意义。首先，在行政合同上，为了公共利益，行政机关可以单方面终止和修改合同约定。其次，行政合同所面对的公共利益审查是实质性的，也就是说私法机关必须判断行政合同的履行是否在实质上保护或增进了公共利益。而民事合同有关的公序良俗审查是形式性的，只要不违反一些程序上的规定即可。

过去的法学严格区分公法和私法，认为两个领域无法互通，并以此为前提形成了两种完全不同的思维方式。现在，人们逐渐意识到这种机械的划分过于扭曲现实，以至于法学无法应对现代社会治理的挑战。诚然，法律不需要反映现实。法律通过概念在人的思维中创造现实。但是有时候法律创造的现实和我们不透过法律的滤镜可能观察到的现实差距实在太大，以至于使我们无力解决需要通过法律解决的问题。如果我们抛开公法和私法的二元对立，严肃看待目前社会治理，我们会发现各种不同性质的主体超越机械的统治—被统治关系，建立起了一种更为有机、更为复杂的互动与合作模式。为了让法学可以在这种公私关系下继续发展，我们也有必要打破原有的公私二元对立了。

四、参考意见

1. 根据《项目特许经营权协议》的内容，最高法院民事庭把本案中的《项目特许经营权协议》定性为行政协议。

2. 最高人民法院行政庭认为，认定行政协议需要有以下几个条件：一方是"行政机关"或"法律、法规、规章授权的组织"；协议的缔结是为了"实现公共利益或者行政管理目标"；行政机关缔结协议的行为"在法定职责范围内"；与"公民、法人或者其他组织"协商订立；内容上"具有行政法上权利义务内容"。

3. 区分行政协议和民事合同有多个目的。首先，决定适用行政诉讼程序还是民事诉讼程序。其次，决定适用行政协议方面的规则还是适用《民法典》或其他民事法律。最后，也是最重要的则是决定适用公法上的原则还是私法上的原则。

📑 拓展案例

案例：王某君诉中升之星汽车销售服务有限公司案

一、基本案情

2017年2月26日，王某君在杭州中升之星汽车销售服务有限公司（简称"中升之星公司"）处选购奔驰CLS320轿车一辆，双方签订了汽车销售合同，售价为 658 000 元。车辆适配轮毂及轮胎应为 19 英寸，但交付的是 18 英寸，中升之星公司承认自行更换了案涉车辆的轮胎。王某君无法验车上牌，与中升之星公司协商不成，遂提起诉讼，要求撤销合同，返还车款，并要求按照购车款 3 倍赔偿。杭州市滨江区人民法院一审支持王某君的诉请，判准解除合同，中升之星公司返还购车款并支付 3 倍赔偿金。中升之星公司不服提起上诉，杭州市中级人民法院二审维持原判。

二、法律问题

在出现合同的不履行或瑕疵履行时，过失方的赔偿义务一般只限于返还价金。但是《消费者权益保护法》则规定了惩罚性赔偿的制度。惩罚性赔偿是一种普通法，特别是美国法上较为常见的制度，但是在大陆法系国家中较为少见。如何才能让两种评价不同的制度共存于同一个法律体系之中？

三、重点提示

需要考虑一般民法和消费者权益保护法的价值取向、对权利主体认识能力的假设。

拓展资料

4－5　拓展阅读

| 第五章 |

法律行为与法律意识

专题一　法律行为

🍂 知识概要

　　法律行为是法学的基本概念。法律行为是人们所实施的、能够发生法律上效力、产生一定法的效果的行为，它能够引起法律关系的形成、变更和消灭。例如，依法登记结婚的行为，导致婚姻关系的成立；犯罪行为产生刑事法律关系，也可能引起某些民事法律关系（损害赔偿、婚姻、继承等）的产生或变更。

　　由于法律行为是主体与客体、主观因素与客观因素交互作用的复杂过程，因此在结构上表现为行为的内在方面和外在方面。法律行为的内在结构包括动机、目的、认知能力等要素；法律行为的外在结构包括行为（行动）、手段、结果等要素。根据不同的标准，可以对法律行为作出不同的分类：根据行为主体的特性不同，可以把法律行为分为个人行为、集体行为和国家行为；根据主体意思表示的形式，可以把法律行为分为单方行为和多方行为；根据主体实际参与行为的状态，可以把法律行为分为自主行为和代理行为；根据行为是否通过意思表示，可以把法律行为分为表示行为和非表示行为；根据行为是否符合法律的内容要求，可将其分为合法行为与违法行为；根据行为是否需要特定形式或实质要件，可以分为要式行为和非要式行为；根据行为的公法性质或私法性质，可将其分为公法行为和私法行为；根据行为的实体法性质或程序法性质，可将其分为实体法行为和程序法行为；根据行为的表现形式不同，可以把法律行为分为积极行为和消极行为；根据行为之主从关系，可以把法律行为分为主行为和从行为；根据行为之有效程度，可以把法律行为分为完全行为和不完全行为（无效的法律行为、效力未定的行为和失效的法律行为，等等）。

需要注意的是，一般意义上的"法律行为"是各法律部门中的行为现象的一种高度抽象，是各部门法律行为（宪法行为、民事法律行为、行政法律行为、诉讼法律行为等）与各类别法律行为（如合法行为、违法行为、犯罪行为等）的最上位的法学概念（或法学范畴）。它对应的德文名词应当是"Rechtshandlung""juristische Handlungen"或"Rechtsakt"，对应的英文词汇为"juristic act"或"legal act"，它与民法上的"法律行为"（Rechtsgeschäft）要严格区分，后者的准确汉译应为"法律示意（表示）行为"，即"据以设立、变更或废止法律关系之人的意思表示"。

经典案例

案例：黄某诉马某侵害赔偿案

一、基本案情[1]

村民马某傍晚出门，见一头驴在自己家门前面徘徊，便上前仔细观察。经过观察，马某确认这头驴不是本村村民所饲养的，因为担心意外，马某便将驴牵回了家中，并将其和自己的驴拴在一起饲养。第二天，马某便向村委会告知此事，商量寻找失主，并请到邻近村办事的人传话，请丢驴的人前来认领。但是，到了第五天晚上，这头驴咬断缰绳走失。事情凑巧，第六天下午，失主黄某即来认领。由于驴已不见，黄某便与马某交涉，并发生争执。失主认为马某管理不周致其财产受损，将马某告到法院，要求赔偿损失。马某拒绝赔偿，并且提出反诉，要求黄某支付 5 天的牲畜草料费和人工费。

二、法律问题

1. 案件中涉及哪些法律行为？

---

〔1〕　参见王利明主编：《中国民法案例与学理研究：债权篇》，法律出版社 2003 年版，第 22 页；刘星：《法理学导论：实践的思维演绎》，中国法制出版社 2016 年版，第 189～195 页。

2. 这些行为具有什么样的性质?

三、法理分析

在该案件中,有些行为是主动行为,行为者不仅有行为的主观意志,而且具有行为的外在表现,不论外在表现是"肢体"还是"言语"(比如以口头方式在法院起诉)。这样的法律行为可能包括:①村民马某将徘徊的驴牵回家;②马某将该驴和自己的驴拴在一起,并且饲养;③马某寻找失主;④失主黄某前来认领;⑤黄某告到法院;⑥黄某要求赔偿;⑦马某提出反诉。这些行为在法学中往往被抽象称为"作为"。

实际上还存在另外一种行为的形式。我们可以改变一下案件的情节:村民将徘徊的驴牵回自己家中,并且将该驴和自己的驴拴在一起加以饲养,但是,没有寻找失主;在获得相关消息的情况下,失主依然没有前来认领;失主没有告到法院;失主没有要求赔偿,村民同样没有提出反诉。这里又涉及一系列的法律行为:①马某将驴牵回家中;②马某拴驴并且饲养;③马某没有寻找失主;④失主没有认领;⑤失主没有告到法院;⑥失主没有要求赔偿;⑦马某没有提出反诉。除了①和②的行为是作为以外,③~⑦中的行为明显都与之不同,在法学中后者往往被抽象称为"不作为"。

一般而言,法律往往通过"可以做什么"的表述(可为行为模式)表达权利(包括权力)的意思,通过"应当做什么"(应为行为模式)、"必须做什么"(应为行为模式)、"不得做什么"(勿为行为模式)的表述表达义务(包括职责)的意思。

四、参考意见

作为与不作为的区分有着重要的意义。例如,在刑法理论中,一般来说,作为是指行为人以积极的身体活动实施刑法所禁止的行为。从表现形式上看,作为是积极的身体活动;从违反法律规范的性质上看,作为直接违反了禁止性的法律规范。例如,抢劫行为,必须是积极的身体动作,它直接违反了严禁抢劫的罪刑规范。不作为,是指行为人在能够履行自己应尽义务的情况下不履行该义务。从表现形式上看,不作为是消极的身体动作;从违反法律规范的性质上看,不作为不仅违反了禁止性罪刑规范,而且直接违反了其他法律、法规中的义务性规范或命令性规范（要求行为人履行作为义务的法规范，不同于主观违法性论所称的命令性规范）。[1]可以看出，在刑法理论中作为与不作为的分类，是仅仅针对法律义务来说的，并不具有法学理论的普遍意义，而且，仅仅适用刑事犯罪现象。此外，刑法理论中的"作为"是指积极行动的危害动作；"不作为"是指消极静态的危害动作。这种分类不能用作法理学中对法律行为的分类描述。

🗂 拓展案例

案例：刘某故意杀人案与颜某故意杀人案[2]

一、基本案情

2007年8月10日，甘肃凉州区村民刘某与妻王某在家中因琐事发生争吵，气愤不已的王某即服农药自杀。刘某没有当场阻止，亦没有送她去医院救治。后王某被他人送到医院后，因抢救不及时死亡。法院认为，刘某放任了王某中毒死亡结果的发生，其不作为行为已构成故意杀人罪，对其判处有期徒刑5年。

2007年5月25日中午，浙江省湖州市17岁的周某，因偷了自行车被失主颜某等人抓获。颜某等3人用扳手和石块殴打周某。周某为挣脱围殴，跳河逃跑，却因体力不支溺死。颜某等人见死不救，自行离去。法院审理认定：颜某等3人负有救助义务却不作为，构成了故意杀人罪，分别判处颜、韩等3人有期徒刑3年9个月、3年3个月和有期徒刑3年缓刑4年。

二、法律问题

1. 不作为是法律行为的一种形式吗？
2. 不作为要构成违法行为或罪犯行为需要哪些特定条件呢？
3. 又该如何认定这些条件呢？

---

〔1〕 参见张明楷：《刑法学》，法律出版社2016年版，第145~147页。

〔2〕 参见黎宏："'见死不救'行为定性分析——兼论不真正不作为犯的作为义务的判断"，载《国家检察官学院学报》2011年第4期。

三、重点提示

中国刑法学的通说认为，不作为犯中的作为义务是法律上的义务，而不是伦理上的义务。这种作为义务来自以下三个方面：一是法律的明文规定，二是职务或者业务上的要求，三是先行行为即行为人使某种合法利益处于危险状态的时候有义务消除该种危险。

近年来中国法院判决的一个普遍的倾向是，将夫妻之间或者恋人之间的一方自杀、另一方见死不救或者特定情况下的见死不救、引起死亡结果的行为作为不作为的故意杀人罪处理。相反，刑法理论则采取了比较克制的态度。多数学者认为，虽说行为人在有义务且能够履行该义务时不履行，以致造成了危害结果可以构成不作为犯，但在法定义务之中，也有层次之分，具体来说，就是父子之间的赡养义务，或者夫妻之间的抚养义务之中，不包括救助生命的义务。因此，在夫妻或者恋人一方自杀，另一方不阻止或者不救助的场合，不能仅仅因为存在特定关系，就将不阻止或者不救助的行为认定为故意杀人罪。只有履行义务的行为能够与作为行为在价值上相当，具有等价性时，才能说行为人的行为构成故意杀人罪，否则充其量只能认定为遗弃罪。

拓展资料

5-1　拓展阅读

专题二　法律意识

知识概要

法律意识是人们关于法律现象的思想、观念、知识和心理的总称。法律意识本身虽然不是法，但它体现了人们对现实法律现象的认知，反过来也指引和约束着人们的行为。

　　根据不同的标准，可以对法律意识作出不同的分类：根据法律意识的社会政治属性，可以划分为占统治地位的法律意识和不占统治地位的法律意识；从意识主体角度，法律意识可以划分为个人法律意识、群体法律意识和社会法律意识；从人的认识过程分为感性认识和理性认识的角度，法律意识可分为法律心理和法律思想体系。

　　法律心理是人们对法律现象表面的、直观的感性认识，属于法律意识的初级形式和初级阶段；而法律思想则属于法律意识的高级阶段，它以理论化、知识化和体系化为特征，是人们对法律现象理性认识的产物，一般以著作、论文等方式呈现出来。

　　一个国家占统治地位的法律意识不仅仅属于独立于法律制度而存在的思想上层建筑领域，而且渗透到法律制度、法律调整过程中，成为法律制度的有机组成部分。社会主义法律意识是社会主义社会占统治地位的法律意识，是社会主义法律上层建筑的有机组成部分，是整个社会主义法律制度得以正常运行的必不可少的因素。社会主义法律意识的培养起码包括两方面的内容：①灌输和宣传马克思主义法律观、价值观；②在广大群众和干部中普及法律常识。2014 年 10 月中国共产党第十八届四中全会《中共中央关于全面推进依法治国若干重大问题的决定》进一步提出，要"推动全社会树立法治意识"，"坚持把领导干部带头学法、模范守法作为树立法治意识的关键"，"必须使人民认识到法律既是保障自身权利的有力武器，也是必须遵守的行为规范，增强全社会学法遵法守法用法意识，使法律为人民所掌握、所遵守、所运用。"

5－2　中国的普法教育

经典案例

案例：苏格拉底之死

一、基本案情

古希腊著名思想家苏格拉底经常对雅典的劣质民主政治发表猛烈的批评意见。公元前399年，在苏格拉底70岁那年，被迈雷托士、赖垦、安医托士（也译成米利托斯、吕康和安奴托斯）三人控告到雅典法庭，起诉书是这样写的："匹托斯区民迈雷托士的儿子迈雷托士，宣誓陈述如下——我告发爱罗匹格区民素夫罗尼斯库的儿子苏格拉底不尊敬城邦所尊敬的诸神而且还引进了新的神；他的违法还在于他败坏青年。我们要求将他判处死刑，以整肃城邦之法。"因此，苏格拉底实际上被指控犯下两项罪名：其一，恶毒攻击雅典的民主传统，犯了叛国罪；其二，有害思想误导青年，犯了煽动罪。

当时的雅典司法制度，已经偏离了神话时代的"专业法官与普通民众相结合"的合议庭制度，而是按极端民主的原则从雅典10个部落自由平等地推选出501个平民组成公民大会，对苏格拉底进行审判。在法庭上，苏格拉底以平素一贯的从容高贵的态度为自己辩护，并再一次重申了自己的哲学观点。但表决结果依然是281票同意、220票反对通过了有罪判决，第二次表决又以360票通过了苏格拉底的死刑判决。

苏格拉底被雅典公民判决死刑之后囚禁狱中，临刑的前一夜，来探监的老朋友克力同极力鼓励苏格拉底越狱逃跑。但苏格拉底却拒绝了克力同的帮助，曾在法庭上痛斥雅典制度不良的苏格拉底，这时却站到了雅典法制的一边：

我们丝毫不必考虑大众怎么质问我们，只要注意那明辨是非邪正的一人和真理本身是怎么说的。所以，你（指克力同）开端指错了方向：引进大众的意见，认为关于是非、善恶、荣辱的问题，要考虑大众的意见；固然可以说，大众能置人于死地……

那么，根据我们所同意的，必须研究，未经雅典人释放，企图离开此地是否正当。正当，我们尽管去做，否则只好罢论。你所提关于花钱、损誉、儿子无依等等，确实是大众的想法；他们易于置人死地，若是能做，也易于起死回生，不动思虑，随兴所之。至于我们，在理性的约束下，除方才所同意的结论之外，不得虑及其他，请问：赂人带领离开此地，或行贿得人之助以自逃，此举是否正当，或者做这些事情确实是背理枉法。行这些事若是不正当，我们就不得计较在此静候死期以及其他任何悲惨遭遇，应当念念在于免行不义。[1]

苏格拉底又陈述了自己的理由：

法律也许还要说："如果我们说，这些话是真实的，你此刻企图要对我们做的事就是不正当的。我们生你、养你、教你，凡所能给其他公民的利益，都给你一份。此外我们还预先声明给雅典人所欲得的权利；成年以后，看清了国家行政和我们——法律，对我们不满，可带自己的财物往所欲往之地。国家和我们不合你们的意，你们要走，我们没人拦阻，不会禁止你们带自己的财物到所要去的地方，——或去殖民地，或移居外邦。可是我们默认，凡亲见我们如何行政、立法、依然居留的人，事实上就是和我们订下合同，情愿服从我们的法令。不服从者，我们认为犯三重罪：①不服从所自生的父母；②不服从教养恩人；③不守契约，既不遵命，又不几谏我们的过失，虽然我们广开言路，并不强制执行——既不能谏，又不受命，两失其所当为。[2]

第二天傍晚，苏格拉底以哲人般的安详饮下了狱卒递过来的毒酒。14 年后，雅典人民才为这宗冤狱平了反。

二、法律问题

1. 苏格拉底选择服从不正义的法律判决，究竟是对于法律的" 愚忠"，还是体现了一个公民忠诚于法律、以自己的生命来践行对于法律之信仰的高尚精神呢？

2. 有哪些正当性理由可以支持苏格拉底作出的服从不正义法律的选择？

3. 如何认识守法意识在法治建设中的作用？

三、法理分析

苏格拉底之死给西方知识界带来许多重要的思想难题和法律难题。例如，

---

〔1〕〔古希腊〕柏拉图：《游叙弗伦 苏格拉底的申辩 克力同》，严群译，商务印书馆 2000 年版，第 104～105 页。

〔2〕〔古希腊〕柏拉图：《游叙弗伦 苏格拉底的申辩 克力同》，严群译，商务印书馆 2000 年版，第 109 页。

不少人都认为，苏格拉底之死是民主制度上的一个永久的污点，苏格拉底身处雅典民主制危机四伏的时代，公民各行其是，政客摇唇鼓舌、结党营私、煽动民众，导致审判不公、国力疲弱，因此，苏格拉底之死给我们的启示之一便是，在现代国家政治体制的设计中，应当尽可能避免出现这种"多数人的暴政"，或者应当竭尽全力反对"乌合之众"形成的乱局。

这里所关注的是法律意识的问题。根据《克力同》里的描述，苏格拉底为其慷慨赴死的选择给出了三个层面的论证：①国家为我们提供了必要的生活条件，我们接受了这一切；②我们在成年后，如果对这个国家的法律不满，本可以逃离这个国家，没有人会阻拦，但我们却没有逃离；③我们没有逃离，就是事实上默认了我们愿意服从这个国家的法律，即与国家签订了某个契约。苏格拉底为守法的义务提供了诸多论证中的一种，这引发了公民的守法义务和法律信仰（法律意识）的长久讨论。

苏格拉底比其他任何人都更充分地意识到了遵守法律及其判决对法治本身以及共同体生活的必要性。正如美国法学家伯尔曼教授在《法律与宗教》中提到："正如没有宗教的法律会丧失它的神圣性和原动力一样，没有法律的宗教将失去其社会性和历史性，便成为纯粹个人的神秘体验。法律和宗教乃是人类经验两个不同的方面；但它们各自又都是对方的一个方面。它们一荣俱荣，一损俱损。"[1]

但是，苏格拉底誓死捍卫的并不是良善的法律，他选择的是为了恶劣判决的权威而牺牲自己的生命。这一点可能并不是所有人都会赞同。例如，亚里士多德就认为："邦国虽有良法，要是人民不能全部遵守，仍然不能实现法治。法治应该包含两重意义：已成立的法律获得普遍的服从，而大家所服从的法律又应该本身是制订得良好的法律。"[2]因此，亚里士多德虽然将"已公布的法律得到普遍的服从"作为法治的构成性要件，但同时也强调了这些法律必须是良善的法律，这和苏格拉底有了很大的不同。我们现在强调"良法善治"，在某种程度上正是基于这样的考虑，当立法者所奉行的原则同时为守法者所认同时，法律本身也就越容易唤起公众的法律情感和法律意识；当法

〔1〕 ［美］伯尔曼：《法律与宗教》，梁治平译，中国政法大学出版社 2003 年版，第 68 页。
〔2〕 ［古希腊］亚里士多德：《政治学》，吴寿彭译，商务印书馆 1985 年版，第 199 页。

律本身是良善的法律时，守法者才能建立起对于法律权威的信任。

在其他地方，苏格拉底还强调了统治者守法意识的重要性，"在各个国家中，那些最好的统治者总是把对法律的服从看作公民的最大义务……一个国家的公民遵守法律，它在和平时期就幸福，在战争时期就坚定……希腊各地都规定了法律，以向公民们提供志同道合的誓词，使到处都凭这种誓词起誓……这样做是为了叫他们服从法律"。[1]

四、参考意见

苏格拉底这种法律至上的精神在西方传统法律文化中是一脉相承的。但在传统中国，由于几千年的人治和儒家轻法治而重道德教化思想的影响，公民中缺乏对法律权威的信仰和信任，这是影响中国法治进程的一个消极因素。更为重要的是，当代中国处于"千百年未遇之大变局"，作为西方文明的舶来品，现代法律在中国的发展先天不足；作为维系国家稳定的关键力量，中国的法治建设又面临着比西方更严峻的挑战和危机。在某种意义上，我们可能缺乏的正是苏格拉底的守法精神，因此，苏格拉底的故事在这里就具有了更为关键的意义。虽然法律未必像宗教那般被信仰，也没有必要提倡每个公民对于法律都抱有苏格拉底式的法律信仰，但公民对法律的遵守，是维护社会生活的秩序性、稳定性、延续性最为关键的条件。人们对于法律权威的尊重和服从是任何一个法治社会必须必备的要素。

◈ 拓展案例

案例：2013 年广东"雷霆扫毒 12.29 专项行动"

一、基本案情

电视剧《破冰行动》正在热播，故事原型来自于发生在广东陆丰市甲村的真实事件。2013 年以前，甲村是陆丰涉毒严重的"第一大村"。这个村子宗族力量强大。《破冰行动》剧里的塔寨村，几乎都被大毒枭林耀东以及他的宗族势力控制，在他的指示下，村民甚至能够公然暴力抗法。现实中的甲村

---

〔1〕 ［苏联］涅尔谢相茨：《古希腊政治学说》，蔡拓译，商务印书馆 1991 年版，第 117～118 页。

更为夸张，数十名警员进入甲村的查毒行动都曾遭到围困。大毒枭蔡某能当上村支书，离不开自家房头背后的支持。这些法律管不住的宗族，却靠着族规，控制着村里每一个人的生活。村民们的法律意识淡薄到什么程度？当年村中竟然有"严禁乱倒制毒垃圾"的告示牌，落款是村委会。村民们甚至会持有仿制枪支、土制手雷、弓弩等杀伤性武器来阻碍执法。"塔寨是个堡垒，外人进不去"，电视剧里这句台词不是一个比喻，而是真实地指出了进入这类村社的难度。

2013 年广东警方"雷霆扫毒 12.29 专项行动"一举摧毁以陆丰籍大毒枭蔡某为首的 18 个特大制贩毒犯罪团伙。

二、法律问题

1. 在传统习俗和文化中，存在着哪些可能会阻碍法治建设的因素？

2. 在面对一些与现代法治意识相抵触却在老百姓思想中根深蒂固的传统习俗和文化时，如何才能"推动全社会树立法治意识"？

三、重点提示

据广东省土改委员会统计，中华人民共和国成立时，广东 33% 的耕地，都是宗族控制的公田。经过一轮土改，广东实现了历史上从未有过的耕地大平均，宗族的组织也大多不复存在，不少祠堂改作了小学。然而，宗族势力没有被消灭。改革开放之后，宗族开始复兴。甲村所在的粤东地区，宗族尤其强势。广东村民选举相关的一项研究发现，粤东地区村民小组长（实权职位）由家族领袖当选的比例，为广东省各地区最高。

在华南农村发展历史上，宗族组织起源于宋代北方汉人的迁徙。因此宗族的形成便来自于这些移民的两大需求：一是生产和发展的需求。为了对迁入地进行迅速开发，需要人们相互协作，水稻种植需要配套的水利设施，这不是仅仅依靠个人或者家庭可以完成的，因此也需要人们之间团结协助。二是安全需求。迁入新地，防御外敌尤其重要，分散的居住环境不能进行有效防御，因此人们选择联合统一聚居在一起。历史上，除了一起生产生活之外，宗族的一大功能就是组织战斗。对于甲村所在的粤东地区来说，明代以来自闽浙而来的海盗，都要从这里经过。普通人单枪匹马，面对成群结队的海盗毫无还手之力。想要自保，唯有团结。建立在血缘上的宗族，成了组织这场人民战争的天然力量。在海盗的影响下，宗族围寨自保变得常见。清同治年间一位知县曾论及："明末海盗纵横，民多筑围建堡以自卫。久之而乡无不寨，高墙厚栅，处处皆然。"在当时，民众就凭借这些村寨抗捕抗税，而今天如果不注重法律意识的培养和组织结构的建设，这些村寨便可能成为违法犯罪的坚固堡垒。

在中国古代，宗法精神贯穿于整个社会结构中，宗族制度与儒家思想的结合是维系社会结构的纽带。但是以宗族精神为核心的规范体系和价值体系都已经在快速崩塌之中，像甲村这样的村落中有着许多"权力的真空地带"，如果国家机器和法治精神不能填补这样的缺口，就可能出现社会失序的状态。这不仅需要我们提高村民法治意识，还需要领导干部带头尊法学法守法用法。正如中国共产党十九大报告所提出的那样："加大全民普法力度，建设社会主义法治文化，树立宪法法律至上、法律面前人人平等的法治理念。各级党组织和全体党员要带头尊法学法守法用法，任何组织和个人都不得有超越宪法法律的特权，绝不允许以言代法、以权压法、逐利违法、徇私枉法。"

📚 拓展资料

5-3　拓展阅读

| 第六章 |

法律关系

专题一　法律关系

知识概要

　　法律关系是在法律规范调整社会关系的过程中所形成的人们之间的权利和义务关系。

　　根据不同的标准，可以对法律关系作出不同的分类：按照构成法律关系内容的社会关系在整个社会关系中的性质、等级和相应的法律关系的重要程度，可以分为基本法律关系与普通法律关系；按照法律关系产生的依据、执行的职能和实现规范的内容不同，可以分为调整性法律关系和保护性法律关系；按照法律主体在法律关系中的地位不同，可以分为纵向（隶属）的法律关系和横向（平权）的法律关系；按照法律主体的多少及其权利义务是否一致，可以将法律关系分为单向法律关系、双向法律关系和多向法律关系；按照相关的法律关系作用和地位的不同，可以分为第一性法律关系（主法律关系）和第二性法律关系（从法律关系）。

　　法律关系的主体是法律关系的参加者，即在法律关系中一定权利的享有者和一定义务的承担者。在中国，能够参与法律关系的主体包括以下几类：公民（自然人）；机构和组织（法人）；国家；其他主体。

　　公民和法人要能够成为法律关系的主体，就必须具有权利能力和行为能力。权利能力，又称权利义务能力，是法律关系主体依法享有一定权利和承担一定义务的法律资格。公民的权利能力是任何人取得公民法律资格的基本条件，通常从出生时起到死亡时止，不能被任意剥夺或解除。一般而言，法人的权利能力自法人成立时产生，至法人解体时消灭。

行为能力是指法律关系主体能够通过自己的行为实际取得权利和履行义务的能力。确定公民有无行为能力，其标准有二：一是能否认识自己行为的性质、意义和后果；二是能否控制自己的行为并对自己的行为负责。世界各国的法律，一般都把本国公民划分为完全行为能力人、限制行为能力人和无行为能力人。法人组织的行为能力和权利能力却是同时产生和同时消灭的。法人一经依法成立，就同时具有权利能力和行为能力，法人一经依法撤销，其权利能力和行为能力也就同时消灭。

6-1　我国法律关于完全行为能力人、限制行为
能力人和无行为能力人的规定

法律关系的内容就是法律关系主体之间的法律权利和法律义务。法律上的权利，是指法律所允许的、权利人为了满足自己的利益而采取的、有其他人的法律义务所保证的行为（作为、不作为）。法律上的义务，是指法律所规定的义务人为满足权利人的利益而必须从事的行为（作为或不作为）。

法律关系的客体是指法律关系主体之间权利和义务所指向的对象，主要有以下几类：物；人身；精神产品；行为结果。

📑 经典案例

案例：浙江乐清女孩乘网约顺风车遇害案

一、基本案情

2018 年 8 月 24 日 17 时许，浙江乐清警方接群众报警，称当天下午，其女儿即 20 岁女孩赵某乘坐网约顺风车前往永嘉，后失联。经全力侦破，8 月 25 日上午，网约车司机犯罪嫌疑人钟某在乐清一处山上落网。到案后，钟某交代了其对赵某实施强奸，并将其杀害的犯罪事实。受害人尸体已找到。

该案关键在于，赵某失踪后好友联系该网约车平台，客服没有及时处理，使其错过了救援的最佳时机。事发当天，赵某的好友在多次联系赵某未果之后，于24日15时42分、16时、16时13分、16时28分、16时30分、16时36分、16时42分七次联系该网约车平台，平台曾表示"将有相关安全专家介入处理此事，会在1小时内回复"。随后一小时，好友多次向该网约车平台确认事情进展，该网约车平台一线客服反复回复"一线客服没有权限""在这里请您耐心等待，您的反馈我们会为您加急标红"。即使在公安部门介入之后，客服依然没能做到及时有效的处理。

而且在赵某遇害前一天，即2018年8月23日下午，另一位女乘客林某曾坐过犯罪嫌疑人的车，司机将其带至偏僻处图谋不轨，林某随后将此事投诉至该网约车平台，但截至女孩赵某受害案发都没有收到相关反馈和处理结果。

该案一经报道，舆论一片哗然，因为在距离本案发生仅仅三个月之前，济南空姐李某也是在搭乘该平台网约顺风车时遭司机强奸并被残忍杀害。在强大的舆论压力下，该公司发布了自查进展公告，宣布无限期下线顺风车、整改客服系统、免去相关责任人职务。

2018年11月6日，温州市人民检察院对被告人钟某以故意杀人罪、强奸罪、抢劫罪从快提起公诉。2019年2月1日上午，温州市中级人民法院一审以故意杀人罪、强奸罪、抢劫罪，判处顺风车司机钟某死刑，剥夺政治权利终身。

二、法律问题

1. 在本案中存在着哪些不同性质的法律关系？
2. 如何认定网约车平台公司和网约车司机之间的法律关系，有哪些可能？
3. 对于网约车平台公司和网约车司机之法律关系的不同认定，分别意味着网约车平台以及钟某要承担什么样的法律责任？

三、法理分析

如今我们正在加速迈进一个新的共享经济的时代，这种共享模式改写了传统社会的经济模式与法律规则，对原有的法学范式提出了比较大的挑战。例如，网约车的出现带来了许多新的法律难题，其中一个突出的难题便在于相关法律关系的界定，如果不能厘清主体之间法律关系的性质，便无法界定他们的权利义务关系，便无从追究他们的法律责任。单就法律关系而言，通过上述案件可以看出，网约车相关案件主体之间呈现出错综复杂的法律关系：

一方面，关于刑事问题，国家与犯罪嫌疑人钟某形成了刑事法律关系，由检察机关代表国家对犯罪嫌疑人的刑事责任进行追究，这一点比较明确。

另一方面，关于民事问题，可能涉及网约车平台公司和司机之间的法律关系、网约车平台公司和乘客之间的法律关系、司机与乘客之间的法律关系等等，其中最核心的问题是网约车平台公司和司机之间是一种什么性质的法律关系，这将决定如何确定该案中相关主体的法律责任：[1]

第一，有些人认为，网约车平台公司和司机之间具有劳动法律关系，网约车平台公司和乘客之间具有运输合同法律关系。当司机因执行平台公司交给的工作任务而导致乘客或第三人损害时，乘客或第三人可依据《侵权责任法》第34条的规定"用人单位的工作人员因执行工作任务造成他人损害的，由用人单位承担侵权责任"，直接向平台公司主张侵权损害赔偿；在司机致乘客损害的情形中，乘客还可以依据运输合同关系向平台公司主张违约赔偿，从而发生侵权责任与违约责任的竞合，选择其一进行追责。

第二，另一些人认为，网约车平台公司和司机之间具有《合同法》第424条规定的居间合同法律关系，平台公司既不与司机构成劳动或雇佣关系，也不同乘客建立运输合同关系，而是由司机与乘客之间成立运输合同法律关系。当司机在履行与乘客之间的运输合同而造成乘客或第三人损害时，乘客或第三人可依据《侵权责任法》第6条的规定"行为人因过错侵害他人民事权益，应当承担侵权责任"，直接向司机主张侵权损害赔偿。例如，北京市顺义区人民法院在（2017）京0113民初9825号民事判决中认定：被告某公司作为App运营商属于居间信息服务，刘某与某公司之间并不存在劳动或雇佣关系，刘某在接单过程中具有自主选择权，接单出车并不构成职务行为，平台公司不应承担侵权赔偿责任。

第三，也有人认为，司机与平台公司之间既不是劳动法律关系，也不构

---

〔1〕　参见蒋岩波、朱格锋："共享经济模式下网约车平台与司机法律关系的辨析与认定"，载《河南财经政法大学学报》2019年第5期。

成居间合同法律关系，而是成立民事雇佣法律关系，平台公司与乘客之间成立运输合同关系。当司机在按照平台公司要求从事劳务而导致乘客或第三人损害时，乘客或第三人可依据《最高人民法院关于审理人身损害赔偿案件适用法律若干问题的解释》第9条的规定"雇员在从事雇佣活动中致人损害的，雇主应当承担赔偿责任；雇员因故意或者重大过失致人损害的，应当与雇主承担连带赔偿责任。雇主承担连带赔偿责任的，可以向雇员追偿"，直接向平台公司主张侵权损害赔偿。司机有故意或者重大过失的，还可以要求平台公司与司机承担连带赔偿责任。在司机致乘客损害的情形，乘客也可以依据运输合同关系向平台公司主张违约赔偿，从而发生侵权责任与违约责任的竞合。例如，上海市杨浦区人民法院在（2017）沪0110民初7068号民事判决中认定：在提供运输服务的过程中，李某接受某公司制定的计费规则、收益分配规则、服务内容、标准及服务质量保障等规章制度的制约，本身并无议价权，其对运营唯一的投入是车辆，以付出的劳动获取相应报酬。故李某与某公司之间符合雇佣关系的一般特征，认定双方存在雇佣关系。李某在履行职务过程中发生交通事故造成他人人身损害，应由某公司承担相应的侵权责任。

第四，还有人认为，网约车平台公司与乘客之间是挂靠法律关系，平台公司与乘客之间成立运输合同关系。网约车平台公司是开展租车业务的经营主体，司机因不具备经营主体资格而将其名下所有的车辆挂靠到网约车平台公司，以平台公司名义进行接单和开展具体租车业务，司机和平台公司之间符合挂靠性质的法律关系特征。在属于司机一方责任的交通事故中导致乘客或第三人损害时，乘客或第三人可依据《最高人民法院关于审理道路交通事故损害赔偿案件适用法律若干问题的解释》第3条的规定："以挂靠形式从事道路运输经营活动的机动车发生交通事故造成损害，属于该机动车一方责任，当事人请求由挂靠人和被挂靠人承担连带责任的，人民法院应予支持"，要求平台公司与司机承担连带赔偿责任。例如，四川省中江县人民法院在（2018）川0623民初573号民事判决中认定：被告林某与被告某公司签订的出行网约车承揽运输协议符合挂靠性质，不符合信息服务合同，应属挂靠协议，因此，被告中某公司作为被挂靠人应当根据《最高人民法院关于审理道路交通事故损害赔偿案件适用法律若干问题的解释》第3条的规定，对被告林某承担的民事赔偿责任承担连带责任。

第五，还有人认为，平台公司与司机之间构成民法上的委托关系，平台公司是委托人，司机是受托人，平台公司与乘客之间成立运输合同关系。受托人的行为视同委托人的行为，行为结果也由委托人来承受。由于司机的接单拉客属于委托人即平台公司的履行运输合同的行为，其结果和法律责任应归属于平台公司，当司机在接受委托履行平台公司与乘客之间的运输合同而造成乘客损害时，乘客可依据《侵权责任法》第6条之规定"行为人因过错侵害他人民事权益，应当承担侵权责任"，直接向平台公司主张侵权损害赔偿。例如，杭州市上城区人民法院在其（2017）浙0102民初491号民事判决采纳了委托关系说，在该民事判决中认为：被告储某与被告某公司双方之间系委托代理关系，被告储某相应代理行为产生的民事责任应由被告某公司负担。

四、参考意见

这里需要看一下权威文件的规定。2016年7月，交通运输部、工信部等七部委联合颁布了《网络预约出租汽车经营服务管理暂行办法》（以下简称《暂行办法》）。《暂行办法》第16条规定：网约车平台公司承担承运人责任，应当保证运营安全，保障乘客合法权益。《暂行办法》第18条规定：网约车平台公司应当保证提供服务的驾驶员具有合法从业资格，按照有关法律法规规定，根据工作时长、服务频次等特点，与驾驶员签订多种形式的劳动合同或者协议，明确双方的权利和义务。因此，根据该办法规定，网约车平台公司与司机之间的法律关系并不囿于劳动关系，除可以签订多种形式的劳动合同外，双方还可签订加盟合作合同、委托合同、劳务合同等多种民事合同。例如，网约车司机作为加盟商从事网约车平台公司授权的特许经营行为的，双方可以签订加盟合作合同；网约车平台公司与乘客订立运输合同后，委托网约车司机提供运输服务的，可以签订委托合同；网约车司机已达法定退休年龄的，网约车平台公司也可以与其签订劳务合同。此办法实际上确认了网约车平台公司与乘客之间成立承运合同法律关系，也确认了网约车平台公司与司机不能成立居间合同法律关系，因为这将与网约车平台公司承担承运人责任的规定相抵触。

拓展案例

案例：许某诉李某离婚案[1]

一、基本案情

原告许某与被告李某于 1989 年登记结婚。1995 年被告离家出走，一直无音信。原告于 1999 年被电流击中，经抢救治疗，医院诊断结论为植物人状态。原告住院治疗期间，其起居生活均由其母及兄妹负责照料。随后，原告许某的母亲滑某作为其法定代理人以原告的名义向法院起诉，要求与被告离婚。被告李某未到庭应诉。本案审理中，为确定原告是否有民事行为能力，法院委托司法部司法科学技术研究所对原告的精神状态进行鉴定及行为能力评定，书面鉴定结论为：被鉴定人许某患有电击伤致植物人状态；在本案中应评定为无民事行为能力。法院认为，被告婚后热衷搓麻将且常彻夜未归，1995 年离家出走，现经本院公告查找又确无下落。原告因电流击中处于植物人状态时，被告仍未出现，根本未尽妻子义务，应认定为原、被告的夫妻感情确已破裂，准许离婚。

二、法律问题

1. 在本案中，法律关系的主体有哪些特殊情况？
2. 如果当时的法律并未作出明确的规定，那么，处于植物人状态之自然人的行为能力应该如何认定呢？
3. 自然人的民事权利能力和民事行为能力是可以分离的吗？

三、重点提示

按照当时的法律规定，关于成年人的民事行为能力，具体规定在《民法通则》和《最高人民法院关于贯彻执行〈中华人民共和国民法通则〉若干问题的意见（试行）》中。《民法通则》第 13 条规定："不能辨认自己行为的精

---

[1] 参见朱力宇主编：《法理学原理与案例教程》，中国人民大学出版社 2013 年版，第 114~115 页。

神病人是无民事行为能力人，由他的法定代理人代理民事活动。"而该意见第5条规定："精神病人（包括痴呆症人）如果没有判断能力和自我保护能力，不知其行为后果的，可以认定为不能辨认自己行为的人；对于比较复杂的事物或者比较重大的行为缺乏判断能力和自我保护能力，并且不能预见其行为后果的，可以认定为不能完全辨认自己行为的人。"因此，并没有对处于植物人状态的成年人的民事行为能力作出更为明确的规定。

随着社会的发展，植物人、脑萎缩者、脑瘫患者的民事行为能力亟待法律来规范，现行无民事行为能力人范围的规定，已不能满足现实社会生活的需要了，所以不断有人主张扩大成年的无民事行为能力人的范围，以涵盖与不能辨认自己行为的精神病人在本质上相同的植物人、脑萎缩者、脑瘫患者等。2017年通过的《民法总则》第21条规定，不能辨认自己行为的成年人为无民事行为能力人，由其法定代理人代理实施民事法律行为。这样的规定便能很好地涵盖本案的原告。

为了认定原告是否为无民事行为能力人，应对原告的精神状态进行鉴定。在本案中，原告处于植物人状态，没有意识和意志，经司法鉴定为无民事行为能力人，是符合关于自然人民事行为能力的判断标准的。

本案反映的另一方面的问题是自然人的民事权利能力和民事行为能力可以是分离的。处于植物人状态的人能够作为原告起诉离婚，表明法律赋予其参与民事法律关系的主体资格，即具有民事权利能力；但是因为他已经没有意识，无法以自己的行为享有民事权利和承担民事义务，在本案中被评定为无民事行为能力，其民事活动应由他的法定代理人代理。

拓展资料

6-2　拓展阅读

专题二　法律事实

知识概要

法律关系的形成、变更和消灭，需要具备的重要条件有二：一是法律规范；二是法律事实。法律事实是法律规范所规定的、能够引起法律关系产生、变更和消灭的客观情况或现象。

根据是否以人们的意志为转移，法律事实分为法律事件和法律行为。法律事件是法律规范规定的，不以当事人的意志为转移而引起法律关系形成、变更或消灭的客观事实。法律事件又分成社会事件和自然事件两种。前者如社会革命、战争等，后者如人的生老病死、自然灾害等。

根据法律事实的存在形式，法律事实分为肯定式法律事实与否定式法律事实。肯定式法律事实是指只有当其存在时，才能引起法律后果的法律事实。否定式法律事实是指只有当其不存在时，才能引起法律后果的法律事实。例如，直系血亲和三代以内的旁系血亲不准结婚，法官不应当是案件当事人或当事人的近亲属，等等。

按照作用时间的长短，法律事实可分为一次性起作用的法律事实和连续性起作用的法律事实即状态。绝大多数法律事实一行为、事件都是一次性起作用的，即法律规范仅仅在该具体情况下将它与法律后果相联系。状态，是长时间地、连续地或定期地存在并产生法律后果的情况，如国籍、婚姻状况、外交关系等等。

按照产生法律后果所需要法律事实的数量，法律事实可分为单一的法律事实和由足够法律事实所组成的系统，即事实构成。例如，达到法定婚龄，男女双方完全自愿，符合一夫一妻制原则，这三个法律事实都是结婚这一法律后果出现所必须具备的事实，属于事实构成。

📚 经典案例

案例：美国德克萨斯州诉约翰逊案

一、基本案情[1]

1984 年，美国共和党在达拉斯举行全国大会。约翰逊（Gregory Lee Johnson）等大约 100 名反对里根当局的示威者，在大街上游行并高呼政治口号。当示威者来到市政厅门前，约翰逊接过一面美国国旗，使之浸上煤油并开始焚烧。示威者一边焚烧，一边欢呼歌唱："美国——红、白、蓝，我们对你吐痰。"在示威者散去后，一位旁观者收集了国旗的残体，并把它埋葬在自家后院。几名目击者在审判中证实，他们受到严重冒犯，但没有人受到任何人身伤害或威胁。

此后，约翰逊因焚烧国旗而违反了德克萨斯州的有关法律，并被州法院判服 1 年监禁和 2000 美元罚款。美国德克萨斯州的刑事上诉法院以焚烧国旗属于表达行为受第一修正案保护为由推翻了该判决，判定惩罚损坏国旗的州法违反了美国宪法第一修正案。美国联邦最高法院以 5∶4 表决维持了这一判决，主张焚烧国旗属于表达性言论，受到宪法第一修正案的保护。

二、法律问题

1. 焚烧国旗的行为是否属于一种象征性的言论表达，并因此受到言论自由权的保护？

2. 支持焚烧国旗属于一种言论表达并受到言论自由权保护的理由有哪些？

3. 反对焚烧国旗的行为应受言论自由权保护的理由有哪些？

三、法理分析

按照美国宪法第一修正案（《权利法案》第 1 条）的规定："国会不得制定下列法律：涉及创建宗教或禁止宗教自由；减损言论自由或出版自由；或

---

[1]　Texas v. Johnson, 491 U. S. 397m 1989.

减损人民和平集会的权利，亦即向政府请愿的权利。"那么，通过话剧表演、焚烧国旗、游行示威之类进行的政治抗议是否属于"言论"表达的一部分而受到第一修正案的保护呢？

德克萨斯州诉约翰逊案中美国联邦最高法院给出了一个肯定的答案。布伦南大法官（Justice William Brennan）撰写了主流判决意见：

第一修正案在字面上只禁止对"言论"的剥夺，但我们长期承认它的保护并不限于口头或书面语言。尽管我们并不同意任何试图表达观念的行为都构成"言论"，但我们承认，行为可能"带有足够的交流成分而进入第一和第十四修正案的保护范围"。为了决定特定行为是否带有足够的交流成分以使第一修正案发挥作用，我们应探询"传递特定信息"的意图是否存在，且接受者是否有相当可能去理解这个信息。

和限制书面或口头语言相比，政府一般可以更自由地限制表达的行为（Expressive Conduct）。然而，它不得因其具有表达成分而禁止特定行为。（帮助决定言论限制是否有效的因素，并非言论的语言或非语言性质，而是政府的相关利益。）

总之，我们没有先例表明，一州可以通过禁止有关的表达式行为，来推进自身对国旗的观点。（我们所反对的并非州的目标，而是州的手段。不可否认，国旗在我国占据特殊地位；因此，我们并不怀疑政府具有合法利益，去努力"维护国旗作为我们国家的纯洁象征"。）然而，政府虽然具有公共利益以鼓励人们去合适对待国旗，这却不表明它可以用刑事法来惩罚那些把焚烧国旗作为政治抗议手段的人们……

事实上，我们今天的判决将加强——而非削弱——国旗在我们社团中理当受到尊敬的地位。我们的决定再次肯定了国旗本身最能反映的自由原则；我们容忍类似约翰逊在本案的批评，乃是我们力量的标志和源泉。（维护国旗之特殊地位的合适方法，并非去惩罚那些对国家事务有不同想法的人们，而是去说服他们看到自己的错误。）我们惩罚亵渎，并不能使国旗变得神圣，因为如果这么做，我们就淡化了这个令人崇敬的象征所表达的自由。

约翰逊因为从事了表达的行为而被定罪。州政府防止扰乱治安的公共利益并不支持这项定罪，因为约翰逊的行为并未威胁扰乱治安。州政府维护国旗作为民族和国家统一之象征的愿望，亦不能使他因从事政治表达而获刑事定罪获得正当化。因此，我们维持德州刑事上诉法院的判决。

　　但是，这样的观点并没有得到所有大法官的赞同，例如，史蒂文斯大法官（Justice John Stevens）的反对意见就指出：

　　被告是因其所选择对政策表达不满的方式而受到指控。维护重要国家财富的质量，乃是一项合法利益；它为［德州法律的］禁止提供了理由。自由和平等观念一直是激励历代美国领导人的不可抗拒之动力。我们的历史证明这些观念值得受到保护；因此，国旗作为这些观念的独特象征，也值得被保护免受不必要的玷污。

　　而伦奎斯特法官（Justice William Rehnquist）撰写的反对意见则强调：

　　［言论］自由当然不是绝对的。……禁止和惩罚某些受到精确定义和严格限制的言论类型，从未被认为提出过任何宪法问题。它们包括淫秽、亵渎、诽谤以及侮辱或"挑衅"言论；这些言论本身将造成危害，或易于煽动扰乱治安。这类言论并非是阐述任何观念的必要部分，并且它们对能够获得真理的社会价值而言更加微不足道，以至来自它们的任何收益，都显然被社会对秩序和道德的利益所超越。

　　主流判决意见对于焚烧国旗行为的界定在美国社会上引发了更大的争议。判决不久，就在1989年，美国国会通过了《国旗保护法》（Flag Protection Act of 1989）。老布什总统也随之提出了"国会和各州应有权禁止对美国国旗的有形亵渎"的宪法修正案，不过这次修宪的努力失败了。1990年美国最高法院在一个专门挑战《国旗保护法》的另一个焚烧国旗案中，大法官们再次以5∶4宣布该法律的有关条款违宪。这引起了1990年的第二次修宪运动，美国国会多次就国旗修正案进行表决，但终未成功。

四、参考意见

　　关于焚烧国旗的行为是不是属于言论自由并能否因此受到宪法第一修正案的保护，在美国一直是一个颇具争议的问题。从字面意思看，所谓"言论"（speech），仅仅是指通过声音表达出来的言语，但美国法学家们往往倾向于更加宽泛地理解"言论"的含义，认为它也包括思想的表达，其中包括口头言论的表达和书面文字的表达。在美国最高法院的判决中，通过话剧表演、焚烧国旗、游行示威之类的政治抗议被认为是一种"言论"表达，但在另一些保守主义者看来，侮辱国旗的行为显然并不是一种言论，或者，即使这些行为属于言论表达的一部分，即使这些表达的意图和言论是受保护的，但对于国旗的侮辱行为本身也应当被禁止。例如，2000 年国旗修正案的文字表述为"国会有权禁止对美国国旗的污辱行为"（Congress shall have power to prohibit the physical desecration of the flag of the United States），但其所强调的是国会有权禁止污辱、破坏国旗的用身体所施行的实际行为，如焚烧、撕毁国旗，而不是污辱国旗的意图和言论。即使这样，宪法修正案也没有被通过。

拓展案例

案例：马吉诉罗斯案[1]

一、基本案情

1976 年 8 月 20 日，被告开着一辆轿车，同车有他的妻子、儿子和女儿。晚上 6 点 15 分，他们在特拉华州某县 275 公路上发生车祸，6 点 40 分妻子被送到医院，被宣布死亡，死亡证明认定死者死于颅骨碎裂而发生的溢血。从发生车祸到在医院被宣布死亡，她显得根本无生还的可能。事故发生后，儿子由被告以及祖父母看管，女儿由外祖父母看管并收养。死者母亲被认定是死者的财产执行人，她对被告提起了"不当死亡"和"幸存者"的侵权行为诉讼，被告则认为原告证据不足。初审法院作出了支持被告的判决，原告上诉，此案件最后上诉到特拉华州高等法院，梯斯法官提交了法律意见书。

二、法律问题

1. 一个自然人的死亡属于何种性质的法律事实？
2. 通常情况下，一个自然人的死亡会对其法律关系带来什么样的影响？
3. 在被侵权人死亡后，其亲属或者其他幸存者可以提出侵权行为诉讼吗？

三、重点提示

死亡属于法律事件，是不以人的意志为转移的自然事件。在说到法律中

---

〔1〕 参见 Magee v. Rose, Superior Court of Delaware, 1979. 405 A. 2d 143；徐爱国：《名案中的法律智慧》，北京大学出版社 2016 年版，第 132～135 页。

自然人的法律地位的时候，通常的说法是，自然人的权利始于出生，止于死亡。关于出生，有所谓婴儿独立呼吸说，婴儿与母体脱离说；关于死亡，有所谓心脏死亡说和脑死亡说。标准不一样，法律权利也各不相同。

作为法律事实，死亡会造成法律关系的变化，例如，按照英美的早期普通法，如果一个受伤的人在法院作出判决之前死亡，那么他的诉讼权利丧失，原告死亡导致其诉讼理由的丧失；如果受伤的人仍然活着，但是被告在作出判决前死亡，那么原告的诉讼权利也丧失，也就是说，被告的死亡导致原告诉讼理由的丧失。但是，现代法律也在发生着变化。在英美普通法中，如果一个人死亡，死者就没有权利，相关人也没有权利去提起一个基于死亡原因的侵权行为诉讼。但是，后来的成文法作出了新的规定，使死亡的事实并不影响侵权行为诉讼的运作。从一个健康的人到死亡之间，存在着一个过程，也就是所谓死亡的过程。这个过程可以大体上分为"幸存期"和"死亡期"两个不同的阶段，法律上的权利也不同。前一个时期的成文法称为"幸存者"成文法，后一类法律称为"不当死亡"成文法。

在本案中，首先要解决的问题是：一个人死亡后，其死亡的事实是否能够成为确立一个诉讼的理由？也就是说，本案中的岳母是否能够因为女儿的死亡来起诉她的女婿？按照普通法原则，"一个侵权行为诉讼请求权随着那个人的死亡而消失"。这样，只要是发生了死亡，与之相关的诉讼请求和损害赔偿就得不到法律的救济。这种法律过于苛刻，因此，该案所在的特拉华州议会通过了两个成文法：幸存者法律和不当死亡法律，从而确立了不当死亡和幸存者的侵权行为诉讼。依照幸存者法律，除了名誉损害、恶意诉讼和刑法案件之外，幸存者或者不当死亡者的财产执行人可以提起损害赔偿的诉讼；依照不当死亡法律，死者的丈夫或者妻子或者其他法律代理人可以提起诉讼，寻求死亡而发生的损害赔偿。在上述的案件中，死者母亲同时提起了两种诉讼请求，但法官作出了区分，因为这两类法律的损害赔偿各不相同。总的说来，幸存者的法律权利多于死亡者的权利，因为幸存者的权利既包括幸存期间的权利，也包括死亡后的权利，而死亡者诉讼只涉及死后相关的权利。

拓展资料

6 – 3　拓展阅读

| 第七章 |

权利、义务与责任

专题一 法律权利与法律义务

◈ **知识概要**

权利和义务是法的核心内容和要素。法是以权利和义务为机制调整人的行为和社会关系的。权利和义务贯穿于法律现象中具有逻辑联系的各个环节、法律的一切部门和法律运行的全部过程。

法律权利是规定或隐含在法律规范中、实现于法律关系中的，主体以相对自由的作为或不作为的方式获得利益的一种手段。关于权利本质的学说主要有：自由说；范围说；意思说；利益说；折中说（综合意思说和利益说）；资格说；主张说；可能性说；选择说（意志论）；规范说。

法律义务是设定或隐含在法律规范中、实现于法律关系中的，主体以相对抑制的作为或不作为的方式保障权利主体获得利益的一种约束手段。

依据权利和义务的存在形态，可分为应有权利和义务、习惯权利和义务、法定权利和义务、现实权利和义务；根据权利和义务所体现的社会内容即它们在权利义务体系中的地位、功能及社会价值的差别，可分为基本权利和义务与普通权利和义务；根据权利和义务对人们的效力范围的不同，可分为一般权利义务与特殊权利和义务；根据权利之间、义务之间的因果关系，可将权利和义务划分为第一性权利和义务与第二性权利和义务；根据权利主体依法实现其意志和利益的方式，可将权利和义务划分为行动权利和消极义务与接受权利和积极义务；根据权利主体的不同，可将权利和义务划分为个体权利和义务、集体权利和义务、国家权利和义务、人类权利和义务。

法律权利与法律义务，从结构上看是紧密联系、不可分割的；从数量上看总量是相等的；从产生和发展看经历了一个从浑然一体到分裂对立再到相对一致的过程；从价值上看代表了不同的法律精神。

经典案例

案例：医师甲过失致邱某死亡案

一、基本案情[1]

2005 年 1 月 10 日凌晨，4 岁女童邱某因吵闹，遭酗酒父亲殴打头部，致邱某因头部钝挫伤致急性硬脑膜下腔出血而昏迷，送至医院急诊室发现，检伤分类为第一级应优先处理的病人。邱某入院时意识昏迷，右手右脚乏力，两侧瞳孔不等大，遂判断邱某为受有脑伤，昏迷指数为七分，急诊医师怀疑有颅内出血的情形，在安排电脑断层扫描确诊为"急性硬脑膜下出血"（acute SDH）后，"会诊"神经外科值班医师甲，甲并没有亲自到急诊室诊察邱某，也未审视电脑断层扫描的结果，且表示神经外科加护病房已无空床，为便于术后的监看及照护，建议转院治疗，经联络台北市"灾难应变指挥中心"（以下简称"EOC"）协助转床事宜，但当日台北地区无多余的神经外科加护病床可收治邱某。医师甲基于仁爱医院术后照顾设备不足，仍建议将邱某转院。嗣仁爱医院值班护士联络台北地区及桃竹苗地区各医院无果后，思及台中某医院硬设备良好，联络该医院，经该院表示有神经外科加护病床，遂由急诊医师决定将邱某转往该医院。在医师甲未同意挪床或加床的情形下，最后邱某被送往台中某医院后死亡。甲害怕舆论压力，即对外谎称以计算机 PACS 系统观看邱某之 CT 影像进行会诊后，始决定将邱某转诊云云，并对病程记录进行了篡改。

案经台北地方法院检察署检察官自动检举侦查，以"业务过失致死罪"等提起公诉。

---

[1] 参见王志嘉："论急救与建议转诊义务"，载赵秉志主编：《〈月旦法学〉刑事法判例研究汇编》，北京大学出版社 2016 年版，第 39～52 页。

二、法律问题

1. 医师甲是否有违反"刑法"上的"作为义务",如违反"亲自诊察义务"或违反"紧急救治义务"等,而造成邱某死亡的结果?

2. 若医师甲违反作为义务,是否与邱某的死亡有"因果关系"?

三、法理分析

医师甲是否构成"业务过失致死罪",关键在于他是否是一种不作为犯,而他是否是一种不作为犯,核心条件之一就在于他是否有作为义务。关于作为义务,台湾地区"刑法"第15条规定:"对于犯罪结果之发生,法律上有防止之义务,能防止而不防止者,与因积极行为发生结果者同。因自己行为致有发生犯罪结果之危险者,负防止其发生之义务。"

台湾地区学说上多数见解认为,要成立不作为犯必须要有"保证(障)人的地位",其保证人地位源自于下列情形:法令、契约、无因管理、先行行为(危险前行为)以及一般规范(如危险共同体、诚信原则等习惯或条理)等,亦即可分为"依法律规定"而生及"依一般生活经验"而生等两种情况。

也有少数见解认为,作为义务必须是"法律上"的义务,道德上或宗教上的义务,并不包括在内。通说所承认的作为义务,基于契约或事务管理所生的义务,是否包含"法律上"的义务,业已启人疑窦;习惯或条理所生的义务,实难令人接受。至于实务见解的"法律的精神"用语,在概念上极不明确,如无一定界限,是必导致极度扩张作为义务的范围,如此一来,会使法律上的义务与道德上的义务混淆不清。

虽然实务与通说向来认为,作为义务并不以法律所规定者为限,但至少就本案来讲少数说的见解似乎更为恰当,医疗行为上的作为义务认为应以法律规定者为限。医疗行为是被高度管制的行为,医疗相关法规多如牛毛,经常修法且与时俱进,殊难想象法律所未规定的义务,强加法律所未规定的义务予医师或医疗体系,实难具有期待可能性。因此,这里仅从法律义务上来看,欲探讨医师甲是否违反作为义务时,主要由两个面向出发:一是医师甲是否有违反"医师法"第11条的"医师亲自诊察义务";二是医师甲是否有违反"医师法"第 21 条或"医疗法"第 60 条的"紧急救治义务"。

关于医师的"亲自诊察义务",医师的亲自诊察原则应从"掌握病人"的观点解释,医师是否每次亲自参与并非重点,应着重在医师的专业参与及主导的角色,只要医师曾经诊察过该病人,并且在能掌握及了解病人的病情情形下,通过医师的统筹、协调与分工,指示或指导各类医事专业人员,通过医疗团队的专立分工与合作共同完成医疗行为与对病人的照护,即该当医师亲自诊察的原则。至于掌握不足的情形,则属于是否有过失或监督过失的问题,与医师是否违反亲自诊察义务无直接的关联性。

关于医师甲是否违反亲自诊察义务,法院采取了中性的见解,考虑医疗实务可能出现不同的变项,故采"阶段性论述",最后作出结论,其内涵有三:①尊重及肯认医院的内规,认为电话会诊方式并未违反医院急诊会诊的规定,但是也不能据此断定会诊不用亲自诊察病人。②不论是主治医师或会诊的医师,对于求诊的病人均有救治义务,至于医院内部的分工,自不得作为医师不予救助的借口。故医师甲所做未亲自会诊,并不影响医院对邱某救治的辩解尚难可采,但也不能遽认为医师违反亲自诊察的作为义务。③因此,会诊医师是否有义务亲自诊察,必须综合判断"会诊目的",以决定是否对病人造成影响。经法院审理后发现,该次会诊的目的,并非寻求神经外科协助判断病情,而系确认脑神经外科能否提供后续手术治疗的可能性,在此情形下,医师甲未亲自诊察并不违反医师亲自诊察的义务。

关于医师的"紧急救治义务",医师的紧急救治义务通常系指对于病人个人的生命与身体情况作出必要与紧急处置,其内容是否可延伸到医师或医疗机构具有"挪床的义务"或是"加床的义务"是本案的关键。

就挪床义务而言,法院认为检察官忽略医师甲对于已在加护病房的病人同样具有诊疗义务,且所欲保护及拟牺牲均系等价的生命法益,显然无视另一个在加护病房病人的权益,如果挪床导致被挪床的病人发生死亡的结果,医师是不是也要负业务过失致死的责任,因而认为医师挪床的义务不存在?

就加床义务而言,法院认为,若医院在客观条件下,根本无从施行此等手术并提供术后照顾,"加床"于客观上根本不可能实现即无期待可能性,自无强命医师就此不可能的事负作为义务因而认为"加床"可行,显然缺乏具体可资遵循的判断标准。

关于紧急救治义务与建议转诊义务的关系，法院认为，死亡率高及术后变成植物人的概率高的情况，医师必须充分与家属沟通了解才进行，亦要尊重家属的意愿及决定，挽回病人生命却变成植物人，未必是对病人及家属最有利的决定。若无家属可以沟通，大部分医师应以挽回生命为首要考虑，作出实时进行开颅手术的决定，但没有能力或设备不足的地方，就应该即刻转诊。

法院认为，医师甲不立即进行手术的不作为与邱某的死亡有"因果关系"。如果死亡结果可以预期，便可以排除本案被告等行为与邱某死亡结果的因果关系，那么代表延长生命的过程是否变得毫无意义，亦即若本案认定无因果关系，形同宣示，以后医师面对各种重症及绝症，选择不予医治或甚至给予错误医治，将不必负担任何责任，且医师最好选择不予医治，因为可轻易且有效规避积极治疗所需承担的风险。大部分医师并没有因为是重症或绝症就拒绝治疗，因为那将剥夺病人最后一丝丝延长生命的权利，故医师对病人脑伤严重作为无因果关系的推论，尚非可采。因此，法院认为，尽早手术有增加邱某存活的机会，虽然影响不大，终究还是有影响，依照"几乎可以完全确定"的最大可能性"拟制因果关系"，本案不立即进行手术的不作为与邱某的死亡有因果关系。

最后，法院还表示，对邱某的处境，法院甚为遗憾，法院也了解社会上的反应，法院期待每个医生皆以希波克拉提斯之誓词"准许我进入医业时，我郑重地保证自己要奉献一切为人类服务……病人的健康，应为我首要的顾念"为志，本件被告甲对于邱某整个急救过程中，欠缺理想中医师对病人应有的热忱与关怀，固系事实。然就如日剧"白色巨塔"里里见修二曾言"我认为，法庭不是谴责医师的地方，而是让医疗进步的地方，医师担心过度，就无法使医疗进步，万一发生不幸的结果，医生应坦然接受，并且追究其原因，医疗才能进步，法庭，就是这种地方"，如前述，本院既查无积极证据证明被告甲有何公诉人所指诉之业务过失致死罪行，因不能证明被告犯罪，揆诸前开说明，自应为被告均无罪之谕知。

四、参考意见

法院最终判决被告医师甲：

1. 业务登载不实文书罪成立，判刑 2 个月。

2. 业务过失致死罪无罪，其要旨如下：

（1）医师甲未立即对病人进行手术与病人的死亡有因果关系；

（2）医师甲无违反"刑法"上的作为义务，包括：无违反医师的亲自诊察义务、医师无挪床义务、医师无加床义务，以及转诊他院，并未违反医师的紧急救治义务等；

（3）医疗体系的诸多疏失，不应由医师个人承担。

拓展案例

案例：齐某诉陈某侵犯受教育权案

7－1　枣庄市中级人民法院的一审判决内容

7－2　山东省高级人民法院的终审判决内容

一、基本案情

原告齐某与被告陈某都是山东省滕州市第八中学的初中学生。1990 年齐某顺利考取了山东省济宁商业学校，录取通知书却被陈某领走。陈某冒名顶替齐某到济宁商校就读直至毕业，毕业后，陈某仍然使用齐某的姓名，在中国银行滕州支行工作。1998 年齐某发现陈某冒其姓名后，向山东省枣庄市中级人民法院提出民事诉讼。原告诉称：由于各被告共同弄虚作假，促成被告陈某冒用原告的姓名进入济宁商校学习，致使原告的姓名权、受教育权以及其他相关权益被侵犯。请求法院判令被告停止侵害、赔礼道歉，并赔偿原告经济损失 16 万元，精神损失 40 万元。

枣庄市中级人民法院作出一审判决，支持了齐某有关姓名权的救济诉求，但认为齐某是自身放弃了受教育权，因此未予支持。齐某不服，再向山东省高级人民法院提出上诉。齐某主要提出证据表明自己并未放弃受教育权，被告人确实共同侵犯了自己受教育的权利，使自己丧失了一系列相关利益。山东省高级人民法院经过最高人民法院的批复后，于2001年进行终审判决：原审判决认定被上诉人陈某等侵犯了上诉人齐某的姓名权，判决其承担相应的民事责任，是正确的。但原审判决认定齐某放弃接受委培教育，缺乏事实根据。齐某要求各被上诉人承担侵犯其受教育权的责任，理由正当，应予支持。

二、法律问题

现行的《民法典》第1012条规定：自然人享有姓名权，有权依法决定、使用、变更或者许可他人使用自己的姓名，但是不得违背公序良俗。同时，第1165条规定：行为人因过错侵害他人民事权益造成损害的，应当承担侵权责任。第179条则规定了承担民事责任的11种，即：①停止侵害；②排除妨碍；③消除危险；④返还财产；⑤恢复原状；⑥修理、重作、更换；⑦继续履行；⑧赔偿损失；⑨支付违约金；⑩消除影响、恢复名誉；⑪赔礼道歉。法律规定惩罚性赔偿的，依照其规定。本条规定的承担民事责任的方式，可以单独适用，也可以合并适用。

三、重点提示

1. 姓名权是自然人对自己姓名的专用权及设定或者变更的自由决定权。由于姓名是能够标表自然人作为存在的符号，这种符号能够同具体的人相联系，所以一般会将姓名权列为人格权的范畴。当时适用的《民法通则》第99条第1款规定："公民享有姓名权，有权决定、使用和依照规定改变自己的姓名，禁止他人干涉、盗用、假冒。"而现行的《民法典》第1012条也规定：自然人享有姓名权，有权依法决定、使用、变更或者许可他人使用自己的姓名，但是不得违背公序良俗。同时，第1165条规定：行为人因过错侵害他人民事权益造成损害的，应当承担侵权责任。第179条则规定了承担民事责任的11种，即：①停止侵害；②排除妨碍；③消除危险；④返还财产；⑤恢复原状；⑥修理、重作、更换；⑦继续履行；⑧赔偿损失；⑨支付违约金；

⑩消除影响、恢复名誉；⑪赔礼道歉。法律规定惩罚性赔偿的，依照其规定。本条规定的承担民事责任的方式，可以单独适用，也可以合并适用。

2. 受教育权在多种层面上受到了保护：宪法层面上的保护、教育法层面上的保护和民法层面的保护：

（1）《宪法》第 46 条第 1 款规定："中华人民共和国公民有受教育的权利和义务。"确认了公民有受教育的基本权利。

（2）《教育法》第 9 条确认了公民的这种权利："中华人民共和国公民有受教育的权利和义务。"《教育法》在"受教育者"这一章中详细列举了公民受教育权的内容，其中第 37 条规定："受教育者在入学、升学、就业等方面依法享有平等权利。""法律责任"一章中的第 83 条明确规定："违反本法规定，侵犯教师、受教育者、学校或者其他教育机构的合法权益，造成损失、损害的，应当依法承担民事责任。"《教育法》中的"受教育者"无疑包括了齐某这样的学生或考生，可以直接适用《教育法》寻求司法救济。

（3）虽然《民法通则》（当时应适用《民法通则》）中并没有明确规定受教育权，仍然可以适用《民法通则》中的一般原则，法院可以把受教育权解释为《民法通则》默认的权利的一种，对民事权利作扩大解释。

3. 宪法中关于公民之基本权利的规定，是基本权利理念"实证化"的结果；所谓基本权利就是那些对于人和公民不可缺少的、不可取代的、不可转让的、稳定的、具有母体性的平等的共同权利。[1]虽然这些权利一般而言都是由宪法来规定和保障的，但同时也是不可取代、不可转让的，因此，即使没有法律的明确规定，这些基本权利依然会受到保护。

📚 拓展资料

7-3 拓展阅读

---

〔1〕 徐显明："'基本权利'析"，载《中国法学》1991 年第 6 期。

专题二　法律责任

🔖 **知识概要**

法律责任是指行为主体因违法行为、违约行为或仅因法律规定而应该承担的一种不利的法律后果。在法学中，主要有三种关于法律责任本质的理论：道义责任论；社会责任论；规范责任论。[1]法律责任是由三种原因所导致的：违法行为；违约行为；法律的特别规定。

根据不同的标准可以对法律责任作不同的分类。按照承担责任的主体的不同，法律责任可以分为自然人责任、法人责任和国家责任；按照责任承担的内容的不同，法律责任可以分为财产责任和非财产责任；按照责任的承担程度，法律责任可以分为有限责任和无限责任；按照责任实现形式的不同，法律责任可以分为惩罚性责任和补偿性责任；按照引起责任的法律事实与责任人的关系的不同，法律责任可以分为直接责任、连带责任和替代责任；根据法律责任的类型不同，法律责任可以分为民事法律责任、行政法律责任、刑事法律责任和违宪责任。

法律责任的竞合是指一个法律主体的同一个法律行为导致了两种或两种以上的法律责任的产生而且这些法律责任之间是冲突的。

法律责任的归结，被简称为归责，它是指特定国家机关根据法定职权与程序对行为人应该承担的法律责任进行判断与认定。在我国，特定国家机关归结法律责任应该遵循下列原则：责任法定原则；公正原则；效益原则；责任自负原则。

法律责任的免除，被简称为免责，是指由于出现了法律上规定的条件或法律上允许的条件，责任人所应承担的法律责任被部分免除或被全部免除。根据我国的法律规定与法律实践，法律责任免除的条件主要有：①时效免责；②不诉免责；③自愿协议免责；④不可抗力、正当防卫、紧急避险免责；⑤自首、立功免责；⑥人道主义免责；等等。

---

〔1〕 参见张文显：《二十世纪方法哲学思朝研究》，法律出版社 1996 年版，第 467~468 页。

经典案例

案例：西尔克伍德诉科尔—麦克基公司案

一、基本案情[1]

卡伦·西尔克伍德（Karen Silkwood）是科尔—麦克基公司（Kerr-Mc-Gee）下属西马隆工厂的实验分析员，位于俄克拉荷马州克雷森特附近。这家工厂生产用于核电站的反应堆燃料的钚燃料棒。因此，根据美国原子能法案（42 U. S. C. § 2011 et seq. [1976 ed. and Supp. V]），该工厂要接受美国核能管理委员会（当时是美国原子能委员会）的授权和管理。钚是一种放射性化学元素，危害极大，极少的钚就可以使人致死。西尔克伍德的工作是使用手套式工作箱研磨、抛光钚燃料棒。手套式工作箱是一个防止钚向外泄露的封闭装置，它的上面有两个操作孔，附有两个密封手套，工人可以伸手进入，戴上内外封闭的手套进行工作，这样可以避免直接暴露在里面的污染物中。即使是这样，工厂还是要求工人们必须在每次伸手进箱前后都要检测是否受到了辐射。

1974年11月，西尔克伍德在西马隆工厂被钚辐射。在她按照既定程序从手套式工作箱中取出手时进行辐射检测，检测设备显示她的左手、右腕、上臂、脖子、头发和鼻孔都受到了污染。她很快被送到隔离室，并进行了净化处置。第二天，西尔克伍德到达工厂，开始在实验室里做文书工作。离开实验室后，西尔克伍德对自己进行了检测，并再次发现了辐射。她再次被进行净化处置。第三天，西尔克伍德到达工厂后再次接受检测，并被检测到高密度的污染。当天早上提交的四份尿液样本和一份粪便样本也被高度污染。该公司怀疑污染已扩散到工厂之外，于是指示一个净化小组到她的公寓。西尔克伍德的室友，该工厂的另一名员工，经检测也受到了污染，尽管辐射程度不如西尔克伍德。然后，净化小组对公寓展开了检测，发现了其中几个房间都有辐射，尤其是浴室、厨房和西尔克伍德卧室的污染程度比较高。西尔克伍德公寓中的辐射程度如此之高，她的许多个人物品不得不被销毁。她本人

---

[1] Silkwood v. Kerr-Mcgee Corp. - 464 U. S. 238, 104 S. Ct. 615 (1984).

也被送到实验室，对她重要器官的辐射程度进行检测，检测表明，她的肺部也遭到了辐射。西尔克伍德决定将这一切公之于众。但那天晚上，她在一次与本案无关的车祸中丧生。

她的父亲比尔·西尔克伍德（Bill Silkwood）以其遗产管理人的身份提起诉讼，根据俄克拉荷马州法律的普通法侵权法原则，请求对卡伦·西尔克伍德因为辐射而遭受的人身损害和财产损失进行赔偿。

审判从1979年开始，并持续了十个月，是俄克拉荷马州当时持续时间最长的一次诉讼。本案的争点主要在于：其一，关于归责原则的问题，原被告就该高度危险行业适用严格归责原则争议不大，主要的争点在于谁应当就钚如何跑出来的这一点承担证明责任，被告方提出，原告应当对此承担举证责任，而原告认为他们没有证明的义务。其二，严格责任并非绝对责任，美国法允许加害方通过证明损害是由于受害人的过错、第三人的过错以及自然原因造成了损害而减轻或免除责任。因此，科尔—麦克基公司一直在试图证明卡伦·西尔克伍德受到辐射是因为"她有意把这个东西从工厂拿出来了"。其三，关于适用惩罚性损害赔偿金的问题。原告方主张7000万美元的惩罚性损害赔偿金，以"制止那些错误的、粗劣的、蓄意的、鲁莽的、残酷的行为"，使美国工人不再"因受欺骗而失去生命"——对犯法者的惩罚有利于这个社会，但被告方提出抗辩，认为这种惩罚性损害赔偿金实在过重了，不利于美国核能工业的发展——生产的发展是美国社会所需要的。

科尔—麦克基公司承认造成这次污染的钚来自于其下属的工厂，且陪审团明确拒绝了科尔—麦克基公司的指控，即卡伦·西尔克伍德是为了使公司难堪，所以故意将钚带离了工厂。除此之外，关于这次污染的原因，没有任何更多的事实发现。在审判过程中，有证据指出科尔—麦克基公司并不总是遵守美国原子能委员会的规定，但也有证据表明科尔—麦克基公司符合大部分联邦法规的规定。

初审法院裁定，科尔—麦克基公司并没有证明这次污染是发生在西尔克伍德工作过程中的。因此，法院排除了陪审团就这次人身损害赔偿受俄克拉荷马州《工人赔偿法》的保护进行裁决，这一法案是为工作过程中遭遇到的意外人身伤害进行赔偿的唯一救济渠道。但是，法院要求陪审团根据严格责任和过失的理论对这些诉讼请求进行裁定。法院还指示陪审团就惩罚性损害赔偿金问题进行裁定。

最后陪审团给出了自己的裁定，科尔—麦克基公司承担损害赔偿金505 000美元、惩罚性损害赔偿金10 000 000美元。在联邦法院的上诉审判决中，损害赔偿金被减至5000美元，并完全撤销了惩罚性损害赔偿金。但1984年美国最高法院重新恢复了初审的裁定，并且在判决中规定"美国核能管理委员会设置安全标准的绝对权威并不能阻却对于州侵权赔偿法律的适用"。也就是说，即使科尔—麦克基公司的相关举措完全符合美国核能管理委员会设置的安全标准，也不能就此主张自己可以就俄克拉荷马州侵权赔偿免责。

1975年科尔—麦克基公司关闭了它的核燃料工厂。1994年美国能源部报告称西马隆工厂已经得到净化并退役。

二、法律问题

1. 西尔克伍德在西马隆工厂因遭遇到核辐射而受到的损失是否可以适用严格责任来要求其母公司科尔—麦克基公司进行赔偿？

2. 西马隆工厂按照美国核能管理委员会设置的安全标准采取了必要的措施，是否可以构成免责的条件？

3. 西尔克伍德的损失是否可以适用惩罚性损害赔偿金？

三、法理分析

1. 如何理解严格责任？严格责任是指当被告造成了原告的某种明显的损害，即应对该损害负责，而不管行为人主观上是否存在过错。与严格责任相对应的是过失责任，即被告造成了明显的损害，且须有故意和过失。本案所涉及的是美国法上基于异常危险行为的严格责任，是指从事对周围环境具有异常危险的行为时所承担的无过错责任，在大陆法上被称为"危险责任"，在我国《侵权责任法》中称为高度危险责任。所谓异常危险行为，在美国的司法实践中一般是指"那些在那个时间、地点和环境下被认为是不寻常、很危险的行为，不管行为人多么谨慎和小心，都不可能排除它给人或财产带来严重伤害的可能性。"根据《美国侵权行为法第三次重述（草案）》（美国法律委员会2001年公布）第20条分2款的规定，从事异常危险活动的被告对由于其所从事的异常危险活动所引起的实质性损害承担严格责任，而一项活动构成异常危险活动需要满足以下两个条件：该活动是一种可预见的、非常明显的产生实质性损害的危险，并且该危险不能通过合理的注意而予以避免；该活动不是一项经常进行的活动。[1]

2. 严格责任是否是绝对责任？可以说，绝对责任是程度最严格的责任形式，它的适用不受被告人主观上是否有罪过的限制。严格责任不是绝对责任，严格责任主要考虑的是被告的行为与损害之间的因果关系。虽然严格责任的免责条件也是严格的，但也并不是不可抗辩的。例如，《美国侵权行为法第三次重述（草案）》第25条规定，如果原告对异常危险行为实质性损害的发生也存在过失，那么由于原告的过失所造成的那部分损害，被告不用承担赔偿责任。这一条实际上确认了原告的过失为被告减轻责任的事由。

3. 惩罚性损害赔偿与补偿性损害赔偿有着什么样的区别？惩罚性赔偿，全称为惩罚性损害赔偿，是一个相对于补偿性损害赔偿的私法概念，是指由法庭所作出的赔偿数额超出实际的损害数额的赔偿。损害赔偿制度的基本要求是，必须存在损害。所谓损害，有双重含义，一是指对一项权利（法益）本身的侵害；二是指对权利的侵害的后果。以第一种损害概念为基础的损害赔偿制度，其功能不限于对受害人的补偿，而且包含伸张或维护私权之义。立足于第二种损害概念的损害赔偿制度，主要发挥补偿受害人所受损失的作用。英美法系的损害赔偿采纳第一种损害概念，并由此确立了名义性损害赔偿规则。大陆法系的损害赔偿制度一般建立在第二种损害概念之上。我国立法与学说也采用第二种损害概念。无论对损害概念作何种理解，惩罚性赔偿必须以传统损害赔偿制度的损害概念为基础，这是将惩罚权分配给私人享有的重要根据，它在法律允许的限度内因应了人类的报复观念。[2]

四、参考意见

在该案中，生产打磨钸燃料棒的活动显然构成异常危险活动，可以适用美国法上基于异常危险行为的严格责任，而且被告并没有证据证明原告在该事件中也存在过失，也没有提出其他免责要求，因此，被告的责任不应当被

---

[1] 参见赵家仪："美国法上基于异常危险行为的严格责任"，载《法商研究》2004年第2期。
[2] 参见朱广新："惩罚性赔偿制度的演进与适用"，载《中国社会科学》2014年第3期。

减轻。

要求被告承担惩罚性损害赔偿在美国侵权法中也有正当依据。美国侵权法中的"损害"指的是对一项权利（法益）本身的侵害，这种侵权损害赔偿责任的功能不限于对受害人的补偿，还有维护正义与权利的功能。鉴于核污染事件的严重性和高度危险性，在该类案件中惩罚性损害赔偿的适用可以促进核工业相关部门提高防范意识和防护标准，促进安全生产和作业。

拓展案例

案例：程某诉张某、中国人民财产保险股份有限公司南京市分公司机动车交通事故责任纠纷案

一、基本案情

被告张某通过打车软件接到网约车订单一份，驾驶其自有轿车搭载乘客途中与驾驶电动自行车的原告程某发生碰撞，致程某受伤、车辆损坏。交通警察大队以无法查清程某遵守交通信号灯的情况为由，出具道路交通事故证明。原告程某被诊断为急性闭合性重型颅脑损伤，经鉴定，构成九级伤残。被告张某驾驶的轿车行驶证上的使用性质为"非营运"，张某驾驶的轿车在被告人保南京分公司投保了交强险和商业三者险，保单上的使用性质为"家庭自用汽车"。

二、法律问题

1. 关于本次交通事故法律责任的划分问题。

2. 关于被告人保南京分公司是否应当在商业三者险内赔偿的问题。

三、重点提示

1.《道路交通安全法》第76条规定，机动车发生交通事故造成损失的，首先由保险公司在交强险责任限额内赔偿，不足部分，在机动车与非机动车驾驶人之间发生交通事故，非机动车驾驶人无过错的情况下，由机动车一方承担赔偿责任；有证据证明非机动车驾驶人有过错的，根据过错程度适当减轻机动车一方的赔偿责任。法院一审认为，被告张某驾驶机动车向右转弯，

原告程某驾驶非机动车直行，转弯应当避让直行，张某未能避让存在过错。被告不能证明原告程某存在闯红灯等过错行为，故张某应负事故全部责任，程某因本次交通事故产生的损失首先由被告人保南京分公司在交强险责任限额内赔偿，不足部分，由机动车一方赔偿。

2.《保险法》第 52 条规定："在合同有效期内，保险标的的危险程度显著增加的，被保险人应当按照合同约定及时通知保险人，保险人可以按照合同约定增加保险费或者解除合同。……被保险人未履行前款规定的通知义务的，因保险标的的危险程度显著增加而发生的保险事故，保险人不承担赔偿保险金的责任。"

在当前车辆保险领域中，保险公司根据被保险车辆的用途，将其分为家庭自用和营运车辆两种，并设置了不同的保险费率，营运车辆的保费接近家庭自用的两倍。这是因为，相较于家庭自用车辆，营运车辆的运行里程多，使用频率高，发生交通事故的概率也自然更大，这既是社会常识也是保险公司对风险的预估，车辆的危险程度与保险费是对价关系，家庭自用车辆的风险小，支付的保费低；营运车辆风险大，支付的保费高。本案中，被告张某通过打车软件接下网约车订单，其有收取费用的意图，且所载乘客与其没有特定关系，符合营运的特征。张某以家庭自用名义投保的车辆，从事营运活动，使被保险车辆危险程度显著增加，张某应当及时通知被告人保南京分公司，人保南京分公司可以增加保险费或者解除合同返还剩余保险费。由于张某未履行危险增加通知义务，且其营运行为导致了本次交通事故的发生，人保南京分公司在商业三责险内不负赔偿责任。据此，被告人保南京市分公司仅在交强险责任限额内赔偿原告程某，对交强险责任限额之外的损失，保险人不负赔偿责任。

📚 **拓展资料**

7-4　拓展阅读

第二编

法学方法论

方法是一门学科得以独立的重要理据，方法论的产生往往是学科成熟的标志。在这一意义上，法学方法论是法学知识的重要组成部分，是深入法学学科的必由之路。一般认为，"法学方法是了解、认识及运用特定国家实在法的意义及其关联的方法，因此，法学方法论探讨的是理解、解释及运用实在法的意义及其关联的特殊方式。"〔1〕可见，法学方法（论）以特定国家的实在法为基点，以实在法的意义及其关联为研究对象，以形成正当的法律决定为目标。

---

〔1〕 舒国滢、王夏昊、雷磊：《法学方法论》，中国政法大学出版社2018年版，第15页。

第八章

大、小前提的建构

　　法律判断是法律人依据法律就特定问题给出的结论性判断。对法律判断的形成过程的描述主要有推论模式和等置模式两种模式。[1]推论模式主要是指法律判断依据三段论的思维模式形成，即，以法律规范为大前提，以案件事实为小前提，法律判断经由小前提（案件事实）为大前提（法律规范）所涵摄而完成。在这一思维模式下，只要大、小前提确定，得出的结论就是唯一且确定的，它把法律判断的形成过程理解为一个简单、确定，具有必然性的过程。推论模式只看到了在大、小前提确定之后，法律判断的形成过程。但事实上，真正对法律判断的产生具有决定影响的却是大、小前提的准备过程，因为一旦大、小前提确定，除了法定的自由裁量空间之外，结论通常都是必然的。因此，推论模式的缺陷有二：一是没有考虑大前提的建构过程，没有考虑法律规范的选取、规范冲突的解决、规范漏洞的填补，甚至是规范含义的确定等过程，对大前提的内容和正确性缺乏反思；二是没有考虑小前提的建构过程，没有考虑案件与案件事实间的根本差别，没有充分认识到小前提的人为特征。

　　与推论模式不同，等置模式并不认为法律判断是大、小前提一拍即合的结果，而是一个目光在事实与规范之间不断往返顾盼的过程。[2]与传统的推论模式相比，等置模式的意义在于其关注并强调事实与规范不断接近、相互影响的过程。规范与事实的互动并不限于最终的"涵摄"形成的结论，而是贯穿在大、小前提的形成过程中。等置模式是本书探讨大、小前提的建构，思考各种法学方法之适用的思维框架。

---

　　〔1〕　参见郑永流："法律判断形成的模式"，载《法学研究》2004 年第 1 期。
　　〔2〕　参见［德］卡尔·拉伦茨：《法学方法论》，陈爱娥译，商务印书馆 2003 年版，第 13 ~ 14 页。

专题一　大前提的建构

📖 知识概要

　　大前提的建构就是指准备好可予适用的法律规范，它不止包括发现法律规范、选择法律规范、确定规范含义等多项工作，还涉及解决法律冲突、填补法律漏洞等工作。在有多个法律规范可予适用的情形下，法律人需要仔细甄别应予适用的规范，并就规范冲突提出解决方案。在法律应予规定而未予规定的情形下，应运用类推等方法对法律漏洞进行填补。在确定了法律规范之后，法律人还应对规范的含义进行解释，使其能与具体的案件事实相对应。总体而言，大前提的建构也可以说是一个法律发现的过程。

📖 经典案例

案例：于欢故意伤害案

8-1　本案完整案情与审理经过

一、基本案情

　　于欢的母亲苏某在山东省冠县工业园区经营山东源大工贸有限公司（以下简称源大公司），于欢系该公司员工。2014 年 7 月 28 日，苏某及其丈夫于某 1 向吴某、赵某 1 借款 100 万元，双方口头约定月息 10%。至 2015 年 10 月 20 日，苏某共计还款 154 万元。其间，吴某、赵某 1 因苏某还款不及时，曾指使被害人郭某 1 等人采取在源大公司车棚内驻扎、在办公楼前支锅做饭等方式催债。2015 年 11 月 1 日，苏某、于某 1 再向吴某、赵某 1 借款 35 万元。其中 10 万元，双方口头约定月息 10%；另外 25 万元，通过签订房屋买卖合同，用于某 1 名下的一套住房作为抵押，双方约定如逾期还款，则将该住房过户给赵某1。2015年11月2日至2016年1月6日，苏某共计向赵某1还款29.8万元。吴某、赵某1认为该29.8万元属于偿还第一笔100万元借款的利息，而苏某夫妇认为是用于偿还第二笔借款。吴某、赵某1多次催促苏某夫妇继续还款或办理住房过户手续，但苏某夫妇未再还款，也未办理住房过户。

　　4月14日16时许，赵某1纠集郭某2、郭某1、苗某、张某3到源大公司讨债。为找到于某1、苏某，郭某1报警称源大公司私刻财务章。民警到达源大公司后，苏某与赵某1等人因还款纠纷发生争吵。民警告知双方协商解决或到法院起诉后离开。李某3接赵某1电话后，伙同么某、张某2和被害人严某、程某到达源大公司。赵某1等人先后在办公楼前呼喊，在财务室内、餐厅外盯守，在办公楼门厅外烧烤、饮酒，催促苏某还款。其间，赵某1、苗某离开。20时许，杜某2、杜某7赶到源大公司，与李某3等人一起饮酒。20时48分，苏某按郭某1要求到办公楼一楼接待室，于欢及公司员工张某1、马某陪同。21时53分，杜某2等人进入接待室讨债，将苏某、于欢的手机收走放在办公桌上。杜某2用污秽言语辱骂苏某、于欢及其家人，将烟头弹到苏某胸前衣服上，将裤子褪至大腿处裸露下体，朝坐在沙发上的苏某等人左右转动身体。在马某、李某3劝阻下，杜某2穿好裤子，又脱下于欢的鞋让苏某闻，被苏某打掉。杜某2还用手拍打于欢面颊，其他讨债人员实施了揪抓于欢头发或按压于欢肩部不准其起身等行为。22时07分，公司员工刘某打电话报警。22时17分，民警朱某带领辅警宋某、郭某到达源大公司接待室了解情况，苏某和于欢指认杜某2殴打于欢，杜某2等人否认并称系讨债。22时22分，朱某警告双方不能打架，然后带领辅警到院内寻找报警人，并给值班民警徐某打电话通报警情。于欢、苏某想随民警离开接待室，杜某2等人阻拦，并强迫于欢坐下，于欢拒绝。杜某2等人卡于欢颈部，将于欢推拉至接待室东南角。于欢持刃长15.3厘米的单刃尖刀，警告杜某2等人不要靠近。杜某2出言挑衅并逼近于欢，于欢遂捅刺杜某2腹部一刀，又捅刺围逼在其身边的程某胸部、严某腹部、郭某1背部各一刀。22时26分，辅警闻声返回接待室。经辅警连续责令，于欢交出尖刀。杜某2等四人受伤后，被杜某7等人驾车送至冠县人民医院救治。次日2时18分，杜某2经抢救无效，因腹部损伤造成肝固有动脉裂伤及肝右叶创伤导致失血性休克死亡。严某、郭某1的损伤均构成重伤二级，程某的损伤构成轻伤二级。

二、法律问题

1. 应当如何理解《刑法》第 20 条第 1 款规定的"不法侵害"？

2. 应当如何理解《刑法》第 20 条第 2 款规定的"明显超过必要限度造成重大损害"？

3. 应当如何理解《刑法》第 20 条第 3 款规定的"严重危及人身安全的暴力犯罪"？

三、法理分析

《刑法》第 20 条关于正当防卫的规定是最为人熟知的刑法条款之一。但"于欢故意伤人案"、"于海明正当防卫案"等案件发生后，《刑法》第 20 条的表述显得不足以为这些案件提供具体的指引。这些案例反映出，即使是最强调明确性的刑法，即使是尽人皆知的法律条文，在面对形形色色的社会现实时，也会显得含义不清。究其根源，由文字加以表述的法律规则也始终受制于文字，文字的多义性、含糊性等特点使得规则有时含义不明。如哈特所指出，尽管语词的核心含义清楚，但它的边缘含义往往并不清楚，这些都需要廓清。除此之外，如何选取适切的法律规范，如何填补法律的漏洞，如何解决法律规范的冲突等问题都需要法官慎重思考。

这些问题的解决需要法律人具备扎实的专业知识基础，养成良好的专业素养，能够熟练地运用各种形成法律决定的方法并进行法律论证。扎实的专业基础主要指对现行法律规定有着全面、准确地掌握，面对特定案件时，能够迅速、准确找出可供适用的法律规范。不至于出现适用法律错误，或者在未穷尽法律规则的情形下直接适用法律原则的情形。良好的专业素养是指法律人不仅知道法律如何规定，而且明白法律为何如此规定，即，有一定的理论素养。当面对法律条文含义不清，或法律没有明文规定的情形时，能够根据理论知识及时补充、澄清。

就本案而言，法官们面对的挑战是特殊的案件事实对正当防卫制度尤其是特殊防卫提出的疑问：其一，正在进行的非法限制他人人身自由的行为是否构成正当防卫制度里的不法侵害？其二，非法限制他人人身自由并伴有侮辱、轻微殴打的行为是否构成严重危及人身安全的暴力犯罪？其三，对非法限制他人人身自由并伴有侮辱、轻微殴打，且并不十分紧迫的不法侵害，进行防卫致人死亡或重伤的，是否构成"明显超过必要限度造成重大损害"？其四，被害人实施的严重贬损他人人格或亵渎人伦的不法侵害，是否是防卫过当案件量刑应予考虑的因素？

上述这些问题不仅关系到于欢的定罪、量刑，还涉及正当防卫制度的塑造。在回应于欢案的特殊案情对正当防卫制度提出的挑战时，尽管法官们的思考是从个案出发，从个案的特殊性入手，但思考得出的结论却将产生普遍意义。可以说，大前提的建构不仅决定特定案件的走向，还决定着同类案件的走向。基于这一普遍意义，法官们必须就法的目的、法的作用、法律与情感、法律与伦理、法律与社会等一系列基础问题进行深入思考，完善正当防卫制度。

必须指出的是，大前提的建构是一项永无止境的工作，并不会随着立法的不断完善、判例的日益丰富就消失。法律的一般性、滞后性、语义模糊性、有限理性等局限性决定了作出法律判断时往往需要对大前提进行建构。譬如，法律当中存在大量的不确定的法律概念，如"情节严重""影响恶劣""公共利益"等。这些概念指向不明，但它们正是凭借其不确定性发挥作用，可以化解、缓和法律与现实相龃龉的情形。因此，法律的一般性、滞后性、语义模糊性、有限理性等局限性往往是它与生俱来、不可克服的缺陷，只要这些缺陷不能根除，大前提的建构就始终必要。

由此，大前提的建构往往是一个从个案出发，补充、完善具有普遍性的规范的过程。在这一过程中，法官的目光不仅是在事实与规范之间往返流转，还在规范与理论、理论与现实之间往返顾盼。大前提的建构是一个依循法律方法，综合运用各种素材的过程。在于欢案中，法官对"辱母"情节的考量就充分体现了这一建构过程。

四、参考意见

于欢持刀捅刺杜某2等四人，属于制止正在进行的不法侵害，其行为具有防卫性质；其防卫行为造成一人死亡、二人重伤、一人轻伤的严重后果，明显超过必要限度造成重大损害，构成故意伤害罪，依法应负刑事责任。鉴于于欢的行为属于防卫过当，于欢归案后如实供述主要罪行，且被害方有以恶劣手段侮辱于欢之母的严重过错等情节，对于欢依法应当减轻处罚。

拓展案例

案例一：河南省汝阳县种子公司与河南省伊川县种子公司
玉米种子代繁合同纠纷[1]

一、基本案情

2001 年 5 月 22 日，河南省汝阳县种子公司（以下简称汝阳公司）与河南省伊川县种子公司（以下简称伊川公司）签订合同，约定由伊川公司为其代繁玉米种子。合同规定：汝阳公司给伊川公司提供亲本种子 2437.5 公斤，伊川公司为汝阳公司代繁农大 108 玉米杂交种子 10 万公斤。合同履行期限至 2002 年 10 月 31 日止。按合同约定，汝阳公司接收种子的价格为基地收购价加代繁费，基地种子收购价的确定按收购种子时当地市场商品玉米单价的 2.2 ~ 2.5 倍计算。之后，伊川公司没有履行合同约定，将所育种子改卖他人以赚取更大利润。2003 年年初，汝阳公司将伊川公司诉至洛阳市中级人民法院，请求法院判令伊川公司违约并对汝阳公司作出经济赔偿。

伊川公司同意作出赔偿，但在赔偿损失的计算方法上与汝阳公司存在争议。汝阳公司认为，依据《中华人民共和国种子法》（以下简称《种子法》）的立法精神，赔偿损失的计算方法应按市场价格定，伊川公司之所以将为其培育的种子转卖他人，也是因为当时种子市场价格较高。汝阳公司按市场利润 3.4 ~ 3.9 元一公斤价格计算，扣除其他因素后的损失为 70 余万元。而伊川公司认为，赔偿应当依据《河南省农作物种子管理条例》（以下简称《种子条例》）及省物价局、农业厅据此制定的《河南省主要农作物种子价格管理办法的通知》（以下简称《通知》）即政府指导价来确定赔偿数额，因为按此计算，伊川公司只需赔偿 2 万元左右。

2003 年 5 月 27 日，洛阳市中级人民法院作出判决。负责审理本案的李某娟法官在判决书中写道，自《种子法》实施后，玉米种子的价格已由市场调节，《种子条例》作为法律阶位较低的地方性法规，其与《种子法》相冲突

---

[1] 一审判决书：河南省洛阳市中级人民法院（2003）洛民初字第 26 号。

的条款"自然无效"，而河南省物价局、农业厅联合下发的《通知》又是依据该条例制定的一般性规范性文件，其与《种子法》相冲突的条款亦为"无效"条款，遂判令伊川公司按市场价格赔偿汝阳公司经济损失 59.7 万余元。

二、法律问题

1. 《河南省农作物种子管理条例》的相关条款是否有效？
2. 如何解决法律规范的冲突？

三、重点提示

1. 《立法法》第 96 条第 2 项的规定。
2. 《立法法》第 97、99 条的规定。

案例二：张某英诉蒋某芳给付受赠遗产案

一、基本案情

被告蒋某芳与遗赠人黄某彬系夫妻关系，因婚后未生育，收养一子黄某（已成年）。1990 年 7 月，蒋某芳继承父母遗产取得泸州市市中区顺城街 67 号房屋所有权。1995 年，该房被拆迁，由拆迁单位将位于泸州市江阳区新马路 6—2—8—2 号的 77.2 平方米住房一套作为还房安置给蒋某芳，并以其名义办理了房屋产权手续。1996 年，黄某彬与原告张某英相识后便在外租房同居生活。2000 年 9 月，黄某彬与蒋某芳将继承所得的房产以 8 万元的价格卖与他人，并将其中的 3 万元赠与儿子黄某。2001 年初，黄某彬因患肝癌住院，期间一直由蒋某芳及其家属护理。2001 年 4 月 20 日，黄某彬立下书面遗嘱，将其所得的住房公积金、住房补贴金、抚恤金，以及出售房屋的一半价款 4 万元及所用的手机一部赠与张某英，泸州市纳溪区公证处对该遗嘱出具了（2001）泸纳证字第 148 号公证书。同月 22 日，黄某彬去世。张某英即持遗嘱要求蒋某芳交付遗赠财产，双方发生纠纷。

张某英向泸州市纳溪区人民法院提起诉讼，称：其与被告蒋某芳之夫黄某彬是朋友关系。黄某彬在 2001 年 4 月 18 日立下遗嘱，将其 6 万元的财产遗赠给我，该遗赠已经过公证。现黄某彬因病死亡，遗嘱生效。但被告拒不给付遗嘱中遗赠给张某英的财产。请求法院判令被告给付其受遗赠的价值6万元的财产。

法院认为，遗赠属一种民事法律行为，民事行为是当事人实现自己权利，处分自己权益的意思自治行为。当事人的意思表示一旦作出即成立，但遗赠人行使遗赠权不得违背法律的规定。且根据《民法通则》第7条的规定，民事行为不得违反公共秩序和社会公德，违反者其行为无效。本案中遗赠人黄某彬与被告蒋某芳系结婚多年的夫妻，无论从社会道德角度，还是从《婚姻法》的规定来讲，均应相互扶助、互相忠实、互相尊重。但在本案中遗赠人自1996年认识原告张某英以后，长期与其非法同居，其行为违反了《婚姻法》第2条规定的一夫一妻的婚姻制度和第3条禁止有配偶者与他人同居以及第4条夫妻应当互相忠实、互相尊重的法律规定，是一种违法行为。遗赠人黄某彬基于与原告张某英有非法同居关系而立下遗嘱，将其遗产和属被告所有的财产赠与原告张某英，是一种违反公共秩序、社会公德和违反法律的行为。而本案被告蒋某芳忠实于夫妻感情，且在遗赠人黄某彬患肝癌病晚期住院直至去世期间，一直对其护理照顾，履行了夫妻扶助的义务，遗赠人黄某彬却无视法律规定，违反社会公德，漠视其结发夫妻的忠实与扶助，侵犯了蒋某芳的合法权益，对蒋某芳造成精神上的损害，在分割处理夫妻共同财产时，本应对蒋某芳进行损害赔偿，却将财产赠与其非法同居的原告张某英，实质上损害了被告蒋某芳依法享有的合法的财产继承权，违反了公序良俗，破坏了社会风气。原告张某英明知黄某彬有配偶而与其长期同居生活，其行为系法律禁止，社会公德和伦理道德所不允许的，侵犯了蒋某芳的合法权益，于法于理不符，法院不予支持。综上所述，遗赠人黄某彬的遗赠行为违反了法律规定和公序良俗，损害了社会公德，破坏了公共秩序，应属无效行为。依据《民法通则》第7条的规定，该院判决驳回张某英的诉讼请求。

张某英不服，提起上诉。二审法院同样认为，遗赠人黄某彬的遗赠行为虽系其真实意思表示，但其内容和目的违反了法律规定和公序良俗，损害了社会公德，破坏了公共秩序，应属无效民事行为。因此，裁定驳回上诉，维持原判。

二、法律问题

1. 法律原则可否用于否定法律规则？

2. 法律原则应当如何适用？

三、重点提示

1. 法律原则的适用条件：①穷尽法律规则，方得适用法律原则；②法律原则不得径行适用，除非旨在实现个案正义；③若无更强理由，不适用法律原则。

2. 法律原则的适用方式：整体而言，适用法律原则的过程就是将法律原则具体化的过程。在法律原则具体化的过程中，法官需要对每一步认定给出充分理由以进行论证。

◈ **拓展资料**

8 - 2 拓展阅读

专题二 小前提的建构

◈ **知识概要**

作为小前提的案件事实不同于案件本身。案件事实的本质是一种陈述，它可以反映案件情况，但无法完整再现整个案件。同一个案件可以产生不同的法律事实。鉴于案件事实的陈述是一种程序性活动。司法程序的设计已经预设不同主体的陈述义务，我们可以将案件事实划分为再现事实、证据事实与裁判事实三个层次。再现事实是所有参与诉讼的主体对案件事实的陈述，至少需要满足语义学上的客观性要求。证据事实是以证据为依据再现的事实，追求的是形而上学意义上的客观。裁判事实是依据法律对证据事实作出的评价，可以分为程序性裁判事实与实体性裁判事实，追求的是逻辑学上的客观和论证学上的证成。这三个层次的事实在司法活动中具有不同的位次、属性，对应不同的义务。各层次事实间可能存在沟通，但不能混乱顺序，尤其是证据事实与裁判事实的次序必须坚持，否则可能造成先入为主的裁判事实对证据事实的误导。

小前提的建构主要是指形成能与法律规范相对应的裁判事实的过程。一方面，要求小前提成为具有法律意义的事实，而不停留在对于简单的案件事实描述；另一方面，要求该裁判事实达到与法律规范相适应的程度，具体而言，要求裁判事实能与法律规范中的行为模式要素相对应。

经典案例

案例：王某林等六人刑讯逼供案（赵某海案）

8-3 本案判决书

一、基本案情

1999 年 5 月 8 日，河南省柘城县老王集乡赵楼村村民在淘井时打捞出一具无头、无四肢的男尸。因怀疑死者是该村失踪一年多的村民赵某裳，故警方于当天下午将涉嫌故意杀害赵某裳的该村村民赵某海控制在柘城县公安局老王集派出所。1999 年 5 月 9 日，经被告人丁某秋签字同意，对赵某海采取刑事拘留措施。1999 年 5 月 9 日上午，被告人丁某秋在老王集派出所召开会议，丁某秋要求办案民警坚定信心，加大审讯力度，争取早日突破赵某海。时任柘城县公安局刑警大队队长的被告人罗某珠根据丁某秋的要求，将审讯组分成三个组，分别由时任柘城县公安局刑警大队副队长的王某林、司某兴、李某领（另案处理）担任审讯组长，组员为被告人周某晗、郭某海等人，并安排每组几个小时不间断讯问。三组审讯人员采取不让赵某海休息、吃饭、个别人员还采取木棍敲头、手枪砸头等刑讯逼供手段对赵某海进行轮流审讯。1999 年 5 月 10 日上午，赵某海在王某林、郭某海、周某晗审讯时第一次作了杀害赵某裳并碎尸的有罪供述。1999 年 5 月 8 日至 1999 年 6 月 10 日，赵某海先后被控制在柘城县老王集乡派出所和柘城县公安局刑警队，被铐在连椅上、床腿上、桌子腿上或摩托车后轮上，办案人员分班轮流审讯和看守，持续长达 33 天。

1999 年 6 月 18 日，柘城县检察院对赵某海作出逮捕决定。8 月，该县公安机关以故意杀人罪将该案移交柘城县检察院起诉，案件报送商丘市检察院起诉处审查。由于证据存在重大缺陷，无名男尸没有确定身份，被告人在检察机关推翻原来供词，检察院要求柘城县公安局补充侦查。第二次，案件又送到检察院。尸体身份依然没有解决，检察院再次要求公安机关补充侦查。1999 年 12 月 9 日，检察机关最后一次退卷，再未受理。

2001 年，刑案清理超期积压专项检查活动在全国展开，柘城县公安机关再次把赵某海案的移送提上日程。2001 年 7 月，该案联席会议召开，认定该案尸源问题没有确定，仍不具备审查起诉条件，不受理。2002 年 8、9 月份，公安机关在清理超期羁押专项检查活动中，将该案提交商丘市政法委研究。政法委组织专题研究会，经过会议集体研究，结论是案件具备了起诉条件。

2002 年 12 月 5 日，商丘市中级人民法院以故意杀人罪判处赵某海死刑，缓期两年执行，剥夺政治权利终身。2010 年 4 月 30 日，赵某裳从外地返乡。2010 年 5 月 8 日，赵某海被河南省高级人民法院宣告无罪释放。2010 年 5 月 21 日，经商丘市人民检察院法医学鉴定，赵某海的头部瘢痕损伤程度构成轻伤。

法院认为，本案被告人在办案过程中对赵某海组织、实施了刑讯逼供，导致赵某海被错定为杀人凶犯的严重后果，其行为已构成刑讯逼供罪，公诉机关指控其犯罪的罪名成立，法院予以采纳。对赵某海的侦破方案是一个整体行为，六被告人共同故意犯罪，属共同犯罪。被告人周某晗、司某兴在刑讯逼供犯罪中起次要作用，属从犯。对被告人的辩护人关于本案已超过追诉时效的辩护意见，因赵某海在其被指控故意杀人一案审理过程中已经辩解被侦查机关刑讯逼供，其被错误判决构成故意杀人罪也是十年以后才发现，故本案不超过追诉时效，对辩护人的此项辩护意见不予采纳。被告人王某林、丁某秋、罗某珠、司某兴投案自首，依法从轻处罚。被告人周某晗、司某兴系从犯，依法从轻处罚。6 名被告人认罪、悔罪态度较好，酌定从轻处罚。

二、法律问题

1. 如何理解《刑事诉讼法》第 56 条至第 60 条关于非法证据排除的规定？

2. 排除非法证据对于小前提的确定有何意义？

三、法理分析

本案是曾经备受关注的赵某海案的后续。在佘某林、赵某海等案出现后，此类冤假错案的成因受到人们密切关注。从法律方法的角度看，这些冤狱形成的根本原因在于小前提的建构出现了严重错误，主要问题出现在证据事实的建构中。

证据事实是人们基于证据作出的关于案件的陈述，准确地说，系由对证据的描述出发经由合理推导形成的对事实的陈述。依据司法程序的设计，证据事实本应是由律师、检察官等陈述的案件事实，其建构要求不同于法官陈述的裁判事实。它与一般再现事实的区别在于它以证据为依据；它与裁判事实的区别则在于，它重描述轻评价，尤其是尽量避免法律评价。但在实践中，由于裁判事实是判决的事实依据，导致律师、检察官甚至侦查人员竞相模仿法官的陈述方式。尽管这种以裁判事实为蓝本的叙述方式可能提高司法效率，但它没有充分正视证据事实的独特性以及证据事实之于裁判事实的独立价值。

就司法过程而言，证据事实在案件事实的建构过程中具有基石作用。一般主体陈述的案件事实只有以证据为媒介才能参与证据事实的建构，进而影响裁判事实的形成；而裁判事实的建构更多是以证据事实为基础进行的评价工作，裁判事实必须立足于证据事实，如果说裁判事实是屋宇，那么证据事实至少是地基。没有证据事实，就没有裁判事实。证据事实是裁判事实产生的前提，也是型塑裁判事实的原材料。如果证据事实建构不当，裁判事实很难独善其身。

证据事实应当具有两个特性：描述性与可验证性。就描述性而言，证据事实应当以对证据的外显信息的描述为主。描述证据的外显信息意味着描述证据的命题与证据之间没有任何假设。证据事实的叙述应当接近白描，尽可能避免评价。就可验证性而言，由于陈述案件事实的语言是记述式的，"'陈述'的任务只能是'描述'某种事态，或者'陈述某个事实'，而这种'描述'与'陈述'必定要么为真，要么为假"。[1]"（事实的）陈述应是'可

---

〔1〕 See J. L. Austin, *How to Do Things with Words*, Foreign Language Teaching and Research Press & Oxford University Press, 2002, p. 1.

证实的'。"[1]关于证据事实的陈述应当可以被还原为"基始陈述"，这些陈述通过与证据对应来验证。能与证据的外显信息直接相符的即确定为真。

具体而言，除了坚持以合法取得的证据为依据之外，证据事实的建构还应遵循以下准则：

第一，可还原至基始陈述。证据不会自己说话，证据只能借助人的语言参与证据事实的建构。强调证据事实的可还原性是对"以证据为依据"的要求的重申与贯彻，它要求构成证据事实的命题最终都应能被还原为基始陈述命题。

第二，有限的推理。推理不可避免，但需要受到限制。我们的思考最终总是要依赖一些无法得到验证的假设。在这一意义上，证据事实不可能只是对证据的描述，它往往需要就证据与证据之间的意义关联进行推理。如果说证据是一根根原木，那么显然，仅仅堆放原木不能建立证据事实的木屋。如果说证据是一颗颗散落的珍珠，那么，证据事实就是由这些珍珠串成的项链。可以说，推理是铆起原木的铁钉，是串起珍珠的丝线；但是，这些推理必须受到常识、经验、逻辑等认知要素的限制。我们推理所依据的假设必须能为公众普遍接受。

第三，克制、避免价值判断尤其是法律评价。在证据事实的建构过程中，如果评价多于描述、评价先于描述，极易导致案件侦查人员对案件产生先入为主的认识，并在先在的偏见的指引下制造冤假错案。重评价而轻描述是法官以外的法律人对自己所负的陈述义务的错误理解，是司法过程中的越俎代庖。在实践中，裁判事实的指挥棒效用不可避免。案件侦查人员必然是按意向的案由收集证据，但在这一过程中应始终保持开放、中立的心态，不拒绝因意外证据的出现而导致的思路变化。取证过程中的臆测不应进入证据事实的建构过程，意向的案由及其构成要件更不能成为建构证据事实的隐形框架。

在赵某海故意杀人案的定罪过程中，公安机关、检察机关、审判机关均没有遵守相关的法律规定。首先是公安机关不应该刑讯逼供，以暴力手段逼

---

〔1〕 See J. L. Austin, *How to Do Things with Words*, Foreign Language Teaching and Research Press & Oxford University Press, 2002, p. 2.

迫犯罪嫌疑人认罪；其次是检察机关不应该在证据存在重大缺陷的情况下提起诉讼；最后是审判机关不应在证据不足的情况下，违背疑罪从无的基本原则，判定赵某海故意杀人罪。

四、参考意见

1. 本案被告通过刑讯逼供取得的非法证据直接导致赵某海被错定为杀人犯并蒙冤入狱十余年的严重后果。

2. 排除非法证据可以防范冤假错案的发生。

拓展案例

案例：吴某集资诈骗案

8-4　本案裁定书

一、基本案情

吴某于 2003 年 8 月在浙江省东阳市开办东阳吴宁贵族美容美体沙龙；2005 年开办东阳吴宁喜来登俱乐部、东阳市千足堂理发休闲屋、东阳韩品服饰店；2006 年 4 月成立东阳市本色商贸有限公司，后注资人民币 5000 万元（下均为人民币）成立本色控股集团有限公司，同年成立多家子公司，并于 10 月组建本色控股集团。公司股东工商登记为吴某及其妹吴某玲，但吴某玲并未实际出资和参与经营。

自 2005 年 3 月开始，吴某就以合伙或投资等为名，向徐某兰、俞某素、唐某琴、夏瑶琴等人高息集资。至 2006 年 4 月本色集团成立前，吴某已负债 1400 余万元。为能继续集资，吴某用集资款先后注册了众多公司，成立后大都未实际经营或亏损经营。2005 年 5 月至 2007 年 2 月间，吴某以投资、借款、资金周转等名义，先后从林某平、杨某凌、杨某昂等 11 人处集资 7339.5 万元，用于偿还集资款本息、购买房产及个人挥霍等，至案发尚有 38 426.5

万元无法归还。

此外，吴某还用集资所得购买的房产于 2006 年 11 月至 2007 年 1 月向王某镯、宋某俊、卢某丰、王某厚、陈某秀抵押借款共计 6619 万元，尚欠 5619 万元。因公司装修、进货、发售洗衣卡等，由相关单位和个人向公安机关申报债权总计 2034 万余元。2006 年 10 月，吴某以做珠宝生意为名从方某波处购进标价 12 037 万元的珠宝，支付货款 2381 万元，其中大部分被吴某直接送人或抵押借款。

案发后，公安机关依法查封和冻结了吴某及相关公司和人员名下的财产，总计价值 17 164 万元。

一审法院根据上述事实和相关法律，以集资诈骗罪，判处吴某死刑，剥夺政治权利终身，并处没收个人全部财产；对吴某违法所得予以追缴，返还给被害人。吴某上诉称，其没有非法占有的目的，主观上没有诈骗故意，所借资金大部分用于经营，没有肆意挥霍；客观上没有实施欺诈行为，没有用虚假宣传欺骗债权人；本案债权人不属社会公众，自己也不是向社会非法集资；本色集团合法注册，非为犯罪成立，也不是以犯罪为主要活动，本案是单位借款行为，而非个人行为，要求宣告无罪。吴某在法院二审开庭审理中又称自己的行为已构成非法吸收公众存款罪。

二、法律问题

1. 集资诈骗罪与非法吸收公众存款罪的主要区别是什么？
2. 结合本案，如何确定吴某是否有非法占有的目的？

三、重点提示

1. 两罪在犯罪构成和量刑上存在区别。就犯罪构成而言，集资诈骗须以非法占有为目的，而非法吸收公众存款没有这一目的。在吴某案审理之时，集资诈骗罪的最高刑为死刑，而非法吸收公众存款罪的最高刑则为无期徒刑。鉴于吴某案涉案金额巨大、影响广泛，如何重构吴某的犯罪事实直接影响最终的量刑。

2. 为了确认吴某构成非法集资诈骗罪，检察院和法院必须确认吴某集资是以非法占有为目的。为了确认存在这一目的，控方需要对吴某的许多行为进行解读，例如，吴某将大量珠宝赠人是随意挥霍而不是商业营销，吴某注册许多公司是编造名目、虚假注册而不是商业布局。

拓展资料

8−5　拓展阅读

| 第九章 |

法律解释

　　法律解释是指对法律的内容和含义进行说明。在法律方法产生初期，法律解释一度被认为是法律方法的全部。直至今日，法律解释仍然被认为是最为重要的法律方法。有学者甚至认为，所有的法律适用问题几乎都可以归结为解释问题。

　　一般而言，法律解释的必要性源自法律规则的一般性和语词含义的不确定性。从语言学的角度看，语言的使用离不开解释。只要法律仍借助语言来表达，法律解释就不可避免。从诠释学的角度看，人类的交流活动都可以视作一种解释活动。因此，在法律活动中，法律解释不可避免。二者的相同认识归结于，人类的沟通必须借助语言，而语言又总是需要解释，因此，来源于社会实践又旨在规范社会实践的法律离不开解释。

　　此外，法律解释的主体没有限制，所有人都可以对法律进行解释，但解释效力却存在差别。立法机关就其制定的法律法规所作出的解释为立法解释，该解释与其制定的法律法规具有同等效力；司法机关根据法律在具体适用过程中出现的问题进行的解释为司法解释，该解释对司法机关的司法活动具有约束力；行政机关在其职权范围内可以就法律法规的具体运用进行解释，但该解释仅在其管辖区域内有约束力；其余单位、个人就法律所作的解释则无上述约束力。

专题一　文义解释

📚 知识概要

　　文义解释是指依照语法规则分析法律中运用的语词的含义，并通过分析法律的语法结构、文字排列和标点符号等，准确诠释法律条文的真正含义的方法。由此也可以看到，文义解释是一种基础的方法。从尊重立法，保持法律的确定性等角度考虑，文义解释应当是最基础、最重要的解释方法，是法律解释过程中应首先予以考虑的方法。事实上，它也已成为最常用的解释方法。

同时，文义解释不是一种独立的方法。在对法律条文的意义进行解释时，单纯的字法、词法和语法有时并不足以确定法律条文的确切含义，还需要借助对立法目的或立法者原意的认识。

🍂 经典案例

案例：林某清与戴某明等公司解散纠纷上诉案

9-1 本案判决书

一、基本案情

常熟市凯莱实业有限公司（简称凯莱公司）成立于 2002 年 1 月，林某清与戴某明系该公司股东，各占 50% 的股份，戴某明任公司法定代表人及执行董事，林某清任公司总经理兼公司监事。公司章程明确规定：股东会决议须经代表 1/2 以上表决权的股东通过，但对公司增加或减少注册资本、合并、解散、变更公司形式、修改公司章程作出决议时，必须经代表 2/3 以上表决权的股东通过。股东会会议由股东按照出资比例行使表决权。公司章程载明监事行使下列权利：①检查公司财务；②对执行董事、经理执行公司职务时违反法律、法规或者公司章程的行为进行监督；③当董事和经理的行为损害公司的利益时，要求董事和经理予以纠正；④提议召开临时股东会。

2006 年起，林戴二人之间的矛盾逐渐显现。2006 年 5 月 9 日，林某清提议并通知召开股东会，由于戴某明认为其没有召集会议的权利，会议未能召开。2006 年，林某清四次委托律师向凯莱公司和戴某明发函称，因股东权益受到严重侵害，林某清作为享有公司股东会 1/2 表决权的股东，已按公司章程规定的程序表决并通过了解散凯莱公司的决议，要求戴某明提供凯莱公司的财务账册等资料，并对凯莱公司进行清算。2006 年戴某明三次回函称，林某清作出的股东会决议没有合法依据，不同意解散公司，并要求林某清交出公司财务资料。2006 年 11 月 15 日、25 日，林某清再次向凯莱公司和戴某明发函，要求凯莱公司和戴某明提供公司财务账册等供其查阅、分配公司收入、解散公司。从 2006 年 6 月 1 日至今，凯莱公司未召开过股东会。服装城管委会调解委员会于 2009 年两次组织双方进行调解，但均未成功。

原告林某清遂向苏州市中级人民法院提起诉讼称，凯莱公司经营管理发生严重困难，陷入公司僵局且无法通过其他方法解决，其权益遭受重大损害，请求解散凯莱公司。被告凯莱公司及戴某明辩称：凯莱公司及其下属分公司运营状态良好，不符合公司解散的条件，戴某明与林某清的矛盾有其他解决途径，不应通过司法程序强制解散公司。

江苏省苏州市中级人民法院于 2009 年 12 月 8 日以（2006）苏中民二初字第 0277 号民事判决，驳回林某清的诉讼请求。林某清提起上诉。

江苏省高级人民法院认为，首先，凯莱公司的经营管理已发生严重困难。根据公司法相关规定，判断公司的经营管理是否出现严重困难，应当从公司的股东会、董事会或执行董事及监事会或监事的运行现状进行综合分析。"公司经营管理发生严重困难"的侧重点在于公司管理方面存有严重内部障碍，不应片面理解为公司资金缺乏、严重亏损等经营性困难。本案中，凯莱公司仅有 2 名股东，各占 50% 的股份，根据凯莱公司章程，只要 2 名股东的意见存有分歧、互不配合，就无法形成有效表决，显然影响公司的运营。凯莱公司已持续 4 年未召开股东会，无法形成有效股东会决议，股东会机制已经失灵。执行董事戴某明作为互有矛盾的 2 名股东之一，其管理公司的行为，已无法贯彻股东会的决议。林某清作为公司监事不能正常行使监事职权，无法发挥监督作用。由于凯莱公司的内部机制已无法正常运行，即使尚未处于亏损状况，也不能改变该公司的经营管理已发生严重困难的事实。

其次，由于凯莱公司的内部运营机制早已失灵，林某清的权利处于无法行使的状态，其投资凯莱公司的目的无法实现，利益受到重大损失，且凯莱公司的僵局通过其他途径长期无法解决。《公司法解释（二）》第 5 条明确规定了"当事人不能协商一致使公司存续的,人民法院应当及时判决"。本案中,林某清在提起公司解散诉讼之前,已通过其他途径试图化解与戴某明之间的矛盾,但双方仍不能达成一致意见。两审法院积极进行调解,但均未成功。

此外,林某清持有凯莱公司50%的股份,也符合公司法关于提起公司解散诉讼的股东须持有公司10%以上股份的条件。终审判决撤销一审判决,依法改判解散凯莱公司。

二、法律问题

《公司法》第182条规定的"公司经营管理发生严重困难"应当如何理解?

三、法理分析

我国现行《公司法》一共218条,自2006年1月1日起实施。自2006年以来,全国人大常委会已对该法进行两次修正,最高人民法院已就该法的适用发布了五个司法解释。这都是立法和司法机关对《公司法》在实施过程中遇到的问题作出的回应。事实上,几乎每一项重大法律在实施过程中都会出台相应的司法解释,这是因为法律的一般性规定在面对丰富多样的社会现实时往往不能为法律实践提供明确、具体的指引。

以本案为例,法官们的困惑在于,原告林某清是否可以依据《公司法》第182条规定请求人民法院解散公司。根据《公司法》第182条规定:"公司经营管理发生严重困难,继续存续会使股东利益受到重大损失,通过其他途径不能解决的,持有公司全部股东表决权10%以上的股东,可以请求人民法院解散公司。"毫无疑问,林某清因持有凯莱公司50%的股份而具备本条规定的主体资格。但凯莱公司的情况是否属于经营管理发生严重困难,则未予明确。第182条高度概括的表述与凯莱公司个案情况之间的适应性无从确定,法官们往往无所适从。此案最终得以裁判并成为最高人民法院指导案例就在于它成功地运用了《最高人民法院关于适用〈中华人民共和国公司法〉若干问题的规定(二)》(简称《公司法解释(二)》)。

根据最高人民法院于2008年发布的《公司法解释(二)》,"公司经营管理发生严重困难"可以具体化为四种情形:①公司持续两年以上无法召开股东会或者股东大会,公司经营管理发生严重困难的;②股东表决时无法达到法定或者公司章程规定的比例，持续 2 年以上不能作出有效的股东会或者股东大会决议，公司经营管理发生严重困难的；③公司董事长期冲突，且无法通过股东会或者股东大会解决，公司经营管理发生严重困难的；④经营管理发生其他严重困难，公司继续存续会使股东利益受到重大损失的情形。如果将本案情形与《公司法解释（二）》对照，之前的困惑就不复存在。可见，法律解释可以起到将一般性的概括规定具体化，从而为法律实践提供明确指引的作用。

就该项解释而言，它是基于《公司法》第 182 条的文字表述，以举例的方式对"公司经营管理发生严重困难"进行细化，因此属于文义解释。根据释出的字义与字面含义对比的结果，文义解释可以分为平义解释、限制解释和扩大解释。《公司法解释（二）》第 1 条的规定没有超出《公司法》第 182 条的字面含义。依据《公司法解释（二）》第 1 条第 1 款第 4 项中的"其他"一词，该解释并非穷尽式列举，因此也没有限缩"公司经营管理发生严重困难"的含义。

在判断是否要扩大或限制解释法律时，立法者的意图以及立法的客观目的往往起到决定性作用。例如，在台湾地区著名的"诽韩案"中，韩愈的第三十九代孙韩某道将一篇文章的作者告上法庭，该文作者声称韩愈死于"风流病"，但据史料记载，"风流病"自明代以后才在中国出现。依据台湾地区现行"刑事诉讼法"第 234 条的规定，被诽谤的死者的直系血亲享有诉权。由于台湾地区的刑事法律并没有关于何为直系血亲的规定，主审"法官"参考了民法上给出的定义，认为直系血亲就是指"己身所从出，或从己身所出之血亲"。由于台湾地区的"民法"没有规定年份或代数限制，因此，台北地区法院的法官认定作为韩愈第三十九代孙的韩某道享有诉权。"自诉人以其祖先韩愈之道德文章，素为世人尊敬，被告竟以涉于私德而与公益无关之事，无中生有，对韩愈自应成立诽谤罪。自诉人为韩氏子孙，因先人名誉受侮，而提出自诉，自属正当。"[1]

该案判决一出，台湾地区社会一片哗然。钱穆、柏杨、萨孟武等知名学者纷纷撰文批判，称该案几乎就是现代版的"文字狱"。此即台湾地区社会知

---

〔1〕 本案相关信息可参见俞飞："奇特的'诽谤韩愈'案"，载《方圆》2013 年第 12 期；杨仁寿：《法学方法论》，中国政法大学出版社 1999 年版，第 3~8 页。

名的"诽韩案"。该案引起社会普遍不满的原因在于法官对法律条文的解释过于死板,具体而言,对于台湾地区"刑事诉讼法"中的"直系血亲"进行了僵化理解。

对本案判决持批评态度的学者都认为应当对享有诽谤死者罪诉权的"直系血亲"进行限制性理解。首先,从立法的目的来看,该法条是为了保护死者亲属对死者的尊重之心与缅怀之情。换言之,该法条旨在保护死者直系血亲的情感,这些情感以血缘为纽带。但随着时间的推移,这种情感会趋于淡薄,以至无可保护利益可言。对于从未见面的百千年前的先人,这种情感很难达到需要受法律保护的强度。其次,从中华法系的传统旧制来看,我国对于"血亲"的认定,素有"九族"的限制。即,以己身为准,上、下各推及四世。唐宋以来的法律都认为法律上的直系血亲仅限于九族。最后,从他国立法来看,法国、西班牙、墨西哥等国都认为直系血亲限于六代以内血亲。德国《刑法典》第 188 条把诽谤死者罪的诉权明确赋予了死者的父母与子女。瑞士《刑法典》则将起诉"诽谤死者罪"的年限定为死者死后 30 年内。可见,古今中外的立法都有限制"直系血亲"的立法意图。

因此,诽韩案的"法官"在认定诽谤死者罪的"直系血亲"范围时应基于立法目的进行限制性解释,该案判决的错误在于,把本应进行限制解释的条文进行了平义解释。可见,文义解释是否运用得当还取决于对于法律目的或立法意图的正确理解。

四、参考意见

本案事实与《公司法解释(二)》第 1 条第 1 款规定的前两种情形相符,故可以适用《公司法》第 182 条之规定。

📚 拓展案例

案例:四川省高级人民法院诉范某房屋租赁纠纷案

一、基本案情

1997 年 11 月 21 日,被告范某以大陆美发(即成都市金牛区青羊北路生活品服务部大陆美容院,该美容院负责人为黄某)的名义与四川省高级人民法院签订了一份房屋租赁合同，该合同的主要内容为：①甲方（省高院）将在成都市正府街 108 号综合楼南面 1 间 10 号房屋（面积为 25 平方米）出租给乙方（大陆美发）作为营业房使用，出租期限为 1998 年元月 1 日至 1998 年 12 月 30 日；②房屋租金为每月每平方米 120 元共计 3000 元，乙方在每季度第一个月前 10 日内交纳，若超过期限，则从超过的第二日起，每天按本次应交租金的 5‰交滞纳金；③范某在租赁期间使用水电费按照有关部门的收费标准向省高院支付；④乙方不得擅自将该房屋转租。合同签订后，省高院按照约定向范某交付了该房屋。1998 年 5 月 31 日，未经省高院同意，范某与案外人周某达成协议，由范某将该房屋使用权与其他财产转给周某。从 1998 年 10 月起范某没有按照约定向省高院支付房租。1999 年 1 月 25 日，省高院书面通知范某交付租金。1999 年 3 月 12 日，周某将该房钥匙寄回省高院。

由于范某拒不按合同约定交纳所欠租金，省高院遂向范某住所所在地的成都市高新产业技术开发区（以下简称高新区）人民法院提起诉讼，要求判令范某支付所欠租金、水电费及违约金共计 23 940.7 元。范某收到起诉书副本后，向高新区人民法院提出管辖权异议，认为：诉争房屋位于成都市青羊区，按《民事诉讼法》第 33 条的规定，"因不动产纠纷提起的诉讼，由不动产所在地人民法院管辖"，本案属专属管辖，因此高新区人民法院对本案无管辖权。在高新区人民法院裁定驳回异议后，范某不服，向成都市中级人民法院提起上诉。成都市中级人民法院经审查，认为范某上诉有理，本案属专属管辖，应由诉争房屋所在地的青羊区人民法院管辖，即裁定撤销高新区人民法院的驳回异议裁定，指定青羊区人民法院管辖。

成都市青羊区人民法院经审理认为，《民法通则》第 84 条、第 85 条、第 106 条、第 134 条第 1 款第 7、8 项、《最高人民法院关于适用〈中华人民共和国合同法〉若干问题的解释（一）》第 3 条、第 4 条之规定，判决如下：范某于本判决发生法律效力之日起 15 日内向四川省高级人民法院给付租金 9000 元、赔偿租金损失 6000 元、违约金和滞纳金 7815 元，共计 22 815 元。宣判后，原审被告范某不服，向成都市中级人民法院提起上诉。二审法院认为原判认定事实清楚，适用法律正确。裁定驳回上诉，维持原判。

二、法律问题

1.《民事诉讼法》第33条规定的"不动产纠纷"是否包括所有与不动产有关的纠纷?

2. 本案中成都市中级人民法院将不动产租赁纠纷归为不动产纠纷是否合理?为什么?

三、重点提示

1. 字义解释的结果可以分为平义解释、扩大解释和限缩解释。

2.《民事诉讼法》第33条的立法意图是什么?《民事诉讼法》的体系精神是什么?

拓展资料

9-2 拓展阅读

专题二 体系解释

知识概要

体系解释是指根据某一法律规范与其他法律规范的联系,以及它在整个法律体系或某一法律部门中的地位与作用,并与其他规范相联系来说明规范的内容和含义。体系解释方法强调的是把法律条文视作某一个法律文件、法律部门或法律体系的一个部分,从整体的角度来理解部分。这一解释方法,能够保证法律体系的一致性与融贯性,防止法律体系内部出现矛盾。当文义解释将导致对体系精神的悖反时,应当采用体系解释方法。

⬛ **经典案例**

案例：曹某侠诉江苏省邳州市烟草专卖局行政强制案

9 – 3　本案判决书

一、基本案情

　　江苏省邳州市烟草专卖局依举报线索及数日监控，在掌握原告曹某侠住宅及商店均存有大量非法卷烟的情况下，于 2002 年 4 月 12 日 9 时许，持烟草管理行政执法证及检查证，在原告婆婆在场的情况下，从其家中查获假烟25.7 条。其间，被告另一组工作人员，持证对原告商店进行检查，查获假烟12.2 条，遂也予以扣押。由于现场嘈杂，10 时半，原告从商店被带至被告处接受调查。原告于 2002 年 8 月 29 日对邳州市烟草专卖局提起了诉讼，诉请确认被告上述行为的违法性。

　　一审法院认为，本案中无可争议的事实是原告住宅已经不仅是居住之地，同时也成了卷烟存储之所。原告的行为有碍正常有序的烟草专卖品的生产和经营。烟草专卖行政主管部门根据 1997 年《中华人民共和国烟草专卖法实施条例》（以下简称《烟草专卖条例》）第 49 条第 2 项、2001 年《江苏省烟草专卖管理办法》（以下简称《江苏烟草办法》）第 7 条第 2 项的授权，依法享有对违法案件当事人经营和存储卷烟场所的检查权。本案被告依举报及监控，掌握了原告的违法事实，在原告成年家人在场的情况下，持证对原告存储非法卷烟的住宅进行检查，于法有据。被告将原告带至办公室接受调查，应属执法工作的常规范畴，且原告亦无证据证明其间被告存在逼供行为，因而被告的行为不构成非法限制人身自由强制措施。江苏省邳州市人民法院依照《最高人民法院关于执行〈中华人民共和国行政诉讼法〉若干问题的解释》第 56 条第 4 项的规定，判决驳回原告曹某侠的诉讼请求。

　　曹某侠不服，提起上诉称：法律、法规并未赋予被上诉人检查住宅的权力，也未赋予被上诉人传唤的权力。被上诉人的行为已构成非法限制人身自由强制措施。被上诉人（原审被告）辩称：上诉人住宅存储大量假烟，事实清楚。被上诉人将上诉人从环境嘈杂的现场带回办公室接受调查并未侵犯其合法权益。

二审认定的事实和证据与一审认定相同。江苏省徐州市中级人民法院认为，被上诉人在上诉人家人在场的情况下，持执法证件对上诉人存储卷烟的住宅进行检查并无不当。为保证调查工作顺利进行，而将上诉人带至办公室进行询问，并未违反相关法律。江苏省徐州市中级人民法院依照 1989 年《中华人民共和国行政诉讼法》第 61 条第 1 项的规定，裁定驳回上诉，维持原判。

二、法律问题

1. 依据我国法律，住宅可否成为烟草专卖法规定的存储场所？

2. 在探究烟草专卖法是否赋予主管部门进入住宅进行检查的权力时，应结合哪些法律对《烟草专卖条例》第 49 条第 2 项及《江苏烟草办法》第 7 条第 2 项中的存储场所进行解释？

三、法理分析

本案中，邳州市烟草专卖局所引用的《烟草专卖条例》第 49 条第 2 项、《江苏烟草办法》第 7 条第 2 项赋予了烟草专卖局检查生产、销售、储存烟草产品的经营场所的权利。两审法院也依据这两项法规肯定了某市烟草专卖局搜查曹某侠住宅的行为。然而这一判决却受到了不少学者的质疑。

从体系解释的角度来看，我国现有关于住宅权利的法律规范主要有 4 项，其中最根本、最重要的是《宪法》第 39 条的规定，"中华人民共和国公民的住宅不受侵犯。禁止非法搜查或者非法侵入公民的住宅。"《刑法》第 245 条也规定，"非法搜查他人身体、住宅，或者非法侵入他人住宅的，处 3 年以下有期徒刑或者拘役。"这是对宪法原则的进一步确认。据此，除非是法律明确授权，否则不得搜查或侵入公民住宅。目前，有关搜查住所的法律规定只有两项，一是《刑事诉讼法》第 136 条的规定，"为了收集犯罪证据、查获犯罪人，侦查人员可以对犯罪嫌疑人以及可能隐藏罪犯或者犯罪证据的人的身体、物品、住处和其他有关的地方进行搜查。"二是《民事诉讼法》第248条的规定，"被执行人不履行法律文书确定的义务，并隐匿财产的，人民法院有权发出搜查令，对被执行人及其住所或者财产隐匿地进行搜查。"从这些法律规定可以看出，我国法律奉行公民住宅不受侵犯的基本原则，该原则仅以《刑事诉讼法》和《民事诉讼法》这两项基本法律规定的特殊情形为例外。因此，其他法律法规不得擅自赋予执法机构搜查公民住宅的权力，更不能赋予执法机关将住宅扩大解释为经营场所的权力。

本案的核心争议是住宅可否视为存储非法卷烟的场所？就字面看，非法卷烟的存储场所可以是存放非法卷烟的任何地方，住宅也不应例外。但如果以非法卷烟的存储场所作为搜查对象，就涉及如何界定住宅、如何理解住宅权利的问题。由于涉及公民的基本权利，对于这一问题的思考不能局限于烟草法相关文件，而必须将我国法律作为一个整体来探讨该体系的精神。在运用体系解释方法时，准确地确定作为参考文本的法律规范的范围，是形成正确的体系解释的前提。解释者应当根据涉及的议题的法律意义及相关性，确定是否将参考文本限定为拟解释条文的上下文，或是该条文所在的法律文件所属的法律部门、或是整个现行法律体系。

四、参考意见

1. 公民住宅不可侵犯是宪法原则，是我国法律体系的精神之一。

2. 根据现行法律，对公民住宅权利的限制必须以法律的形式明文规定。目前我国仅有《刑事诉讼法》《民事诉讼法》赋予侦查人员和法院相应权力，结合《刑法》第245条对非法侵入他人住宅作出的否定性评价可以看出，其他公民和机构无权进入公民住宅。

🗂 拓展案例

案例：杜某萍、陈某焕诉拱北海关行政处罚上诉案

一、基本案情

杜某萍、陈某焕（一审原告、二审被上诉人）于1998年9月23日搭乘澳门注册的"T—1716—M"送人艇至由澳门驶往珠海市湾仔海面的"珠海

04162"号渔船，登上渔船不久后，又搭乘"T—1716—M"送人艇往澳门方向行驶，途经珠海市湾仔海面时被拱北海关（一审被告、二审上诉人）缉私艇截查。拱北海关从送人艇上查获陈某焕丢进艇仓内的美金4万元，从杜某萍手提袋中查获美金4万元及港币9万元，并从杜某萍腰部查出美金29万元，从陈某焕腰部查获美金25.6万元（其中100元为假币）。因杜某萍、陈某焕在查获当时未能提供任何足以证明其合法的有效证明材料，拱北海关于当天分别向二人开具《海关扣留凭单》，扣留上述美金和港币。并于同年12月3日向二人送达《行政处罚告知单》，告知其行政处罚决定的事实理由和依据，及其所享有的权利等。经二人申请，拱北海关于1998年12月23日举行听证会，并于1999年4月27日作出拱北海关［0998］010188号处罚决定，认定："……经查，当事人杜某萍运带美金××元，港币××元，当事人陈某焕运带美金××元……均无合法证明"，决定对杜某萍、陈某焕分别进行没收上述美金和港币并罚款的处罚。杜陈二人均不服，申请行政复议。拱北海关作出的复议决定除将原处罚决定书认定的"运带"改为"运输"外，余均维持原处罚决定。二人不服，提起行政诉讼。

一审法院认为，运输是指人和物的载运，原告与送人艇艇主之间形成运输法律关系。艇主是运输人，原告是乘客，即运输的对象。原告携带外币搭乘送人艇，通过送人艇的运输使外币从一个地方移到另一个地方，该位移实际是由送人艇艇主的驾驶行为所致，因此，原告不是外币的运输人，外币运输的行为人同样是艇主。被告在复议决定中，认定两原告运输外币，缺乏事实根据，属主要证据不足。同时，被告在行政处罚决定中，依据《海关法处罚细则》第4条第2项规定："在内海、领海运输、收购、贩卖国家禁止进出境的物品的，或者运输、收购、贩卖国家限制进出口的货物、物品，没有合法证明的"，按走私论处，对两原告予以行政处罚。而原告不具备上述第4条第2项的法定条件，故被告依据该项规定对原告处罚，属适用法律错误。被告复议决定维持原处罚显属不当。因此，被告的复议决定应予撤销……"

拱北海关上诉称，一审判决对"运输"的理解是片面的，一审判决不应将人力（人工）运输排除在运输的范畴之外。《海关法处罚细则》第4条第2项所述的行为，其中"运输"所涉及的对象，明显是指物、物品，而不是人。依据《最高人民法院关于执行〈全国人民代表大会常务委员会关于禁毒的决定〉

若干问题的解释》规定，"运输毒品，是指明知是毒品而采用携带、邮寄、利用他人或者使用交通工具等方法非法运送毒品的行为。"因此，本案的运输应包括"携带"行为在内。上诉人复议决定认定事实清楚，适用法律、法规正确。

杜某萍、陈某焕答辩认为，假设"人力运输"的概念在海关法上成立，将使海关法上有关旅客"携带"行李物品出境的规定成为不必要，海关总署制定携带外汇出境的规定更属多余。上诉人在上诉状中认为《中华人民共和国海关法行政处罚实施细则》的"运输"包括人，显然是错误地理解了《中华人民共和国海关法行政处罚实施细则》。答辩人不是《中华人民共和国海关法行政处罚实施细则》设定的行政义务主体。

广东省高级人民法院通过考察现行海关法律法规的用词来确定海关法上"携带"与"运输"两词的关系。广东省高院援引了《海关法》第28条、第47条、第48条、第57条以及《中华人民共和国海关法行政处罚实施细则》第3条的规定。认定"携带"和"运输"在海关法上是两个独立的概念，不能混同。因此，在海关法及其行政处罚实施细则中，"携带"物品与"运输"货物是两个不同的法律概念，对违法"携带"物品行为和违法"运输"货物行为，应分别按相关的法律规范处理。本案上诉人的复议决定将两被上诉人携带外币的行为认定为"运输"外币行为，并依据相关法律法规进行行政处罚，属认定事实不清，适用法律错误，依法应予撤销。故裁定驳回上诉，维持原判。

二、法律问题

1. 《最高人民法院关于执行〈全国人民代表大会常务委员会关于禁毒的决定〉若干问题的解释〉的规定》中明确，"运输物品，是指明知是毒品而采用携带、邮寄、利用他人或者使用交通工具等方法非法运送毒品的行为。"可否依据该规定，认为海关法上的运输包括携带？

2. 在运用体系解释的方法时，如何运用相关性准则来确定参考的法律规范的范围？

三、重点提示

确定某一法律规范的具体含义时也应适用最密切相关的原则，首先查看该条文所处的法律文件的其他法律规范；其次查看同一法律部门中，与该法律文件密切相关的其他法律文件的规定；最后查看整个现行法律体系中的其他相关规定。

拓展资料

9-4　拓展阅读

专题三　历史解释

知识概要

历史解释是指从法律制定的历史背景、制定过程来阐明法律的含义。历史解释的基本原理是依循立法者的原意确定法律条文的含义。因此，最能体现立法者原意的解释莫过于立法者本人作出的解释。例如，我国自 1991 年 5 月 1 日起实施的《中华人民共和国铁路法》（以下简称《铁路法》）第 13 条规定，"铁路运输企业应当采取有效措施做好旅客运输服务工作，做到文明礼貌、热情周到，保持车站和车厢内的清洁卫生，提供饮用开水，做好列车上的饮食供应工作。"在该法实施后不久，山西太原铁路局决定在其辖内的列车上有偿供应白开水，每杯白开水收费两毛钱。这一做法引起了许多争议。山西铁路局认为，《铁路法》只规定了列车应当提供饮用开水，但没提列车应当无偿提供饮用开水。从文义解释的角度，山西铁路局的解读并无问题。该纠纷最后由《铁路法》的起草者——铁道部专门撰文解决。铁道部针对第 13 条的规定发布了一个文件，指出《铁路法》从起草开始，直到最后通过，"提供饮用开水"的含义始终都是"无偿提供"饮用开水，并没有有偿提供的意思。这份文件由法案的起草者出具，直接说明了立法者的原意，因此是对《铁路法》第 13 条的权威解释。

然而，随着时间的推移，对于许多实行数十年、上百年的法律而言，要再请出立法者澄清原意已无可能。即使立法者在世，确定立法者原意也面临许多问题：其一，谁是立法者？是立法机构还是法案的起草机构？其二，谁能代表立法机构或起草机构？是其中的一位或几位成员，还是全体成员？如果是两位以上的成员，如何确定他们的共同意志？如果立法人员已不在人世，确定立法者原意的问题又会增加：哪些文件能体现立法者原意？哪些文件应当纳入考虑范围？如何就这些文件之间的差异进行合理解释？

经典案例

案例：王某民等人遗弃其所在精神病福利院的病人案

9-5 本案完整案情与审理经过

一、基本案情

1996 年至 1999 年 8 月间，被告人刘某新、田某莲、沙某、于某枝，在乌鲁木齐精神病福利院院长王某民的指派下，安排该院工作人员将精神病福利院的 28 名"三无"公费病人遗弃在甘肃省及新疆昌吉附近。经四病区科主任被告人刘某新的认可和护士长田某莲的参与，送走"三无"公费病人 4 次，病人 19 名。其中，1996 年 6 月由该院工作人员王某、王某茂乘火车将病人王某鹏、周某、荣某、沙某山遗弃在甘肃省境内；1999 年 5 月由被告人刘某新、田某莲将张某堂、努某、里某遗弃在新疆昌吉附近；1999 年 7 月由王某乘火车将病人刘某生、单某义、郑某忠、王某、杜某新、无名等 6 人遗弃在甘肃境内。经五病区科主任被告人沙某的认可和护士长于某枝的参与，送走"三无"公费病人 4 次，病人 9 名。其中，1999 年 4 月被告人沙某与张某玲大夫将病人罗某珍遗弃在乌鲁木齐市红山附近；1999 年 5 月被告人于某枝与张某玲大夫将病人沙某 1 遗弃在新疆昌吉附近；1999 年 8 月被告人沙某将磕某、库某、马某清、吴某珍、吴某遗弃在新疆昌吉附近；1999 年 11 月被告人沙某、于某枝将病人曹某、哑女遗弃在新疆昌吉附近。以上被遗弃的"三无"公费病人中，只有杜某新已安全回到家中，其他 27 名被遗弃的病人均下落不明。

一审新市区人民法院认为，被告人王某民、刘某新、田某莲、沙某、于某枝身为福利院的工作人员，对依赖于福利院生存、救助的"无家可归、无依可靠、无生活来源"的公费病人，负有特定扶养义务，应当积极履行监管、扶养义务。被告人王某民、刘某新、田某莲、沙某、于某枝的行为均已触犯我国刑法中关于"对于年老、年幼、患病或者其他没有独立生活能力的人，负有扶养义务而拒绝扶养，情节恶劣的处 5 年以下有期徒刑拘役或者管制"的规定，构成了遗弃罪，应予惩处。公诉机关的指控事实及指控的罪名成立，予以采纳。现有被告人刘某新、沙某的供述以及证人的证言，证实被告人王某民安排四病区、五病区对尚无自理能力的病人进行遗弃，并在事前、事后积极作为，有证据予以印证，应予采信。而被告人王某民及辩护人主张的意见缺乏证据印证，且与查证属实的事实不符，法院不予采纳。本案中的被告人依据国家法律、行政法规，担负着对精神病福利院公费病人的监护、扶养的义务，与病人之间已形成了监护、扶养与被监护、扶养的关系，具备特定的扶养义务主体资格。同时，被告人的遗弃行为，在社会上造成了恶劣的影响，具有严重的社会危害性和刑事违法性，理应受到刑事处罚，因此对辩护人的辩护意见，不予采纳。被告人王某民、刘某新、田某莲、沙某、于某枝对病人的遗弃，符合共同犯罪的特征，系共同犯罪。被告人王某民起主要作用，系主犯；被告人刘某新、田某莲、沙某、于某枝起次要辅助作用，系从犯，应当从轻、减轻处罚。

乌鲁木齐新市区人民法院依照《刑法》第 261 条、第 72 条第 1 款、第 73 第 2 款、第 3 款、第 25 条、第 26 条第 1 款、第 27 条的规定，判决被告犯遗弃罪并处以相应刑罚。

二、法律问题

1. 福利院工作人员可否成为遗弃罪的犯罪主体？
2. 法院对遗弃罪主体所作的解释采用的是哪种法律方法？

三、法理分析[1]

遗弃罪出自我国《刑法》第 261 条的规定，"对于年老、年幼、患病或者其他没有独立生活能力的人，负有扶养义务而拒绝扶养，情节恶劣的，处五年以下有期徒刑、拘役或者管制。"遗弃罪属于典型的不作为犯罪，根据我国刑法规定，遗弃罪的犯罪主体是负有扶养义务的人。然而，法律并没有明文规定何为负有扶养义务之人。本案的争议也正源于此。

一般而言，不作为犯罪的义务有三个来源：①法律明文规定的义务；②工作或职务产生的义务；③在先行为引起的义务。按照这一通说，本案被告系精神病福利院的工作人员，而该精神病福利院是当地人民政府为救助"三无人员"而专门设立的机构，因此本案中的被告依职责对收治的病人负有救助义务，符合主体条件。这些被告在有条件履行义务的情况下拒不履行，造成了 27 名被遗弃人员下落不明的严重后果，因此构成了遗弃罪。

陈兴良教授对法院的解释方法提出了疑义，认为这与立法者的原意相悖。陈兴良教授通过梳理遗弃罪的演进过程，认为遗弃罪的主体仅限于家庭成员。例如，在 1956 年 11 月 12 日的《中华人民共和国刑法草案》（第 13 次稿）中，在侵犯公民人身权利罪之外另设妨害婚姻、家庭罪专章，并在第 260 条中对遗弃罪作出以下规定："（第 1 款）对于年老、年幼、疾病或者其他没有自救能力的人，负有扶养义务而遗弃的，处 3 年以下有期徒刑、拘役或者管制。"将本罪放入婚姻、家庭一章，表明本罪的主体应限于家庭成员。在 1957 年 6 月 27 日的《中华人民共和国刑法草案》（第 21 次稿）第 182 条对遗弃罪作了以下规定："（第 1 款）对于年老、年幼、疾病或者其他没有独立生活能力的人，负有抚养义务而拒付赡养费、扶养费的，处 3 年以下有期徒刑或者拘役。"这一规定把遗弃行为描述为"拒付赡养费、扶养费"，更表明这是一种家庭成员间的遗弃。1962 年 12 月的第 27 次稿又把"拒付赡养费、扶养费"修改为"拒绝扶养"，但该罪仍然属于妨害婚姻、家庭罪，其家庭成员间遗弃的性质并未改变。1979 年 7 月 1 日通过的《中华人民共和国刑法》第 183 条

---

〔1〕　有关遗弃罪主体的讨论详情可参见陈兴良："非家庭成员间遗弃行为之定性研究"，载《法学评论》2005 年第 4 期。

对遗弃罪的规定最终定稿为："对于年老、年幼、患病或者其他没有生活能力的人，负有扶养义务而拒绝扶养，情节恶劣的，处5年以下有期徒刑、拘役或者管制。"此后，一般认为我国刑法中的遗弃罪是家庭成员间的遗弃，扶养通常包括夫妻之间的扶养、父母对子女的抚养和子女对父母的赡养。

在1997年修订刑法的过程中，有学者基于结构平衡的考虑，提出将妨碍婚姻家庭罪全部移入侵犯公民人身权利、民主权利一章。该观点最终被立法机关所采纳，遂成为现行体例。也是从这一角度，陈兴良教授认为，不能仅凭"遗弃罪"列在侵犯人身权利、公民权利一章就认为该罪主体扩大化，因为这些条款的位移只是出于结构平衡的考虑，并没有扩大犯罪主体的意图。考虑到遗弃罪的历史沿革以及1997年变更章节名称的原因，将遗弃罪的主体限定为家庭成员应该是合理的。

由此，如何解释遗弃罪的主体，取决于如何看待1997年的《刑法》修订？当时的立法者究竟为什么将遗弃罪列入侵犯人身权利、公民权利一章？进一步的问题是，解释者如何能证明他的解释的合理性与正当性？这些问题的回答需要结合有关法律论证的内容。

四、参考意见

1. 依据法的确定性原则，文义解释优于体系解释优于历史解释。如果解释者要进行历史解释，必须有充分的理由推翻文义解释、体系解释。

2. 就解释依据而言，学者所提出的将遗弃罪主体限定为家庭成员的解释只是学者提出的一种说法，该学者并未就1997年修订刑法时针对遗弃罪所作出的变动提供充分论据，并未证明当时的变动不存在扩大犯罪主体的意图。

拓展案例

案例：刘某臣等诉新疆生产建设兵团农四师电力公司财产损害赔偿案

一、基本案情

上诉人（农四师电力公司）的下属单位六十一团供电所负责管理使用其营区前的引水渠、引水闸和调节闸。2000年7月16日凌晨2时许，当地突降暴雨，该所在引水闸、调节闸处的值班室无人值班。暴雨引起山洪后，上诉人单位的工作人员赶往现场，提起了调节闸，后发现六十一团水管所管理的退水闸未提起，遂立即派人从距约六百米处的水管所取来闸门摇把子，但由于水势凶猛，加之沙石阻塞，退水闸40分钟后才被提起。事后查明，正是因为先提起调节闸的行为导致退水闸没能及时打开。此间洪水已漫过调节渠外，冲入营区，致使二被上诉人（均系上诉人单位的职工）房屋及院墙倒塌，造成被上诉人孙某胜与刘某臣经济损失分别为5497元和4187元。事件发生后，二被上诉人要求上诉人赔偿，双方多次协商，但由于在责任承担、补偿金额上存在争议，故被上诉人诉至原审法院。

原审判决上诉人承担责任：①赔偿被上诉人刘某臣损失4187元，赔偿被上诉人孙某胜损失5497元；②上诉人给付被上诉人评估费用491元；③案件受理费及其他支出2021元，被上诉人承担1010元，上诉人承担1011元。宣判后，上诉人不服，提起上诉。上诉人认为，下暴雨时引水渠内只有少量的水，在山洪到来后引水渠和调节渠才被山坡和草滩上下泻的洪水积满，由于洪水来势过猛，其夹带的泥沙石将水渠中部和调节渠下端堵死，洪水翻出渠道冲入营区，因此被上诉人损失实属不可抗力的自然灾害造成，现请求二审法院撤销原判，驳回被上诉人的诉讼请求。被上诉人答辩称，退水闸的设立就是防止营区被水淹，如果调节闸打开之前就把退水闸打开，水就无法进入营区，因此原审认定事实正确，但除房屋及院墙损失外，被上诉人的其他财产损失，上诉人也应给予赔偿。

二审法院认为，上诉人与被上诉人所在地深夜突降暴雨，导致山洪暴发，引水渠与调节渠被洪水注满，同时又因渠道被山洪冲下的泥沙石阻塞，致使渠水无法顺渠向下游自然排泄，因此上诉人在山洪暴发时虽采取了积极措施防治洪水，但终因洪水流量过大，流速过快，短时间内无法避免渠水外溢，故被上诉人的房屋倒塌系自然灾害造成，非上诉人的人为责任所致。综上，上诉人请求认定事故系不可抗力的自然灾害所致的理由成立，法院予以认定。事件发生后，上诉人给被上诉人安置了临时住房的做法应予肯定，现二被上诉人房屋被毁后需重建家园，上诉人应本着对其职工灾后妥善安置的原则，对被上诉人建房给予适当补偿，上诉人对此不表示异议。综上，原审法院认定部分事实不清，适用法律不当，应予纠正。

二、法律问题

试从历史解释的角度分析本案判决是否合理。

三、重点提示

在《侵权责任法》出台之前，不可抗力是否可以作为高危作业的免责事由并不明确。有学者研究发现，高危作业立法的历史沿革过程大致是：《民法通则》第123条出自1982年的民法草案第四稿第432条，该条仿自苏联1964年《民法典》第454条，而后者又出自苏俄1922年《民法典》第404条。通过查阅这些法条的内容发现，苏俄1922年《民法典》第404条规定的免责事由有三个：不可抗力、受害人故意、受害人有重大过失。苏俄1964年《民法典》第454条规定的免责事由变成两个，仅限于不可抗力和受害人故意。我国的民法草案第四稿第432条所规定的免责事由与苏俄1964年民法典完全相同，仅限于不可抗力和受害人故意，而《民法通则》第123条规定的免责事由只剩下一个，即受害人故意。不可抗力被有意删除。从这一过程可以看出，民法在规定高危作业的免责事由时存在明显的限缩倾向。从最初的三个到后来的两个再到现在的一个，这一递减过程绝非偶然。可见，将"不可抗力"排除出免责事由应当是立法者有意为之。因此，从事高危作业的一方不得将不可抗力作为免除责任的抗辩理由。但随着《侵权责任法》的出台以及《民法典》的生效，我国法律已经明确将不可抗力作为"高空、高压、地下挖掘活动或者使用高速轨道运输工具"等高危作业的免责事由。换言之，立法以明文规定的方式否定了以往运用历史解释方法得出的释义。

 拓展资料

9-6　拓展阅读

专题四 目的解释

◈ 知识概要

目的解释是指以立法目的作为根据，以解释法律的一种方法。在法律解释领域，一直存在基本解释依据之争，即，究竟是以立法者的原意为依据还是以法律的客观目的为依据？主张遵守立法者原意的学者认为，法律体现的是立法者而不是用法者的意志，如果违背立法者的原意来解释法律就会使立法权遭到事实上的削弱与废弃。主张遵循法律的客观目的的学者则认为，现实生活变动不拘，而立法者的认识能力终究是有限的，为了使法律能够更好地为社会生活提供指引，应当以法律的客观目的为依据。可以说，两种观点各有利弊。坚守立法者原意的一方，固然能够保持法律体系的一致性，但有时会因为立法者的局限性而被蒙蔽。在他们看来，"……时代会遮蔽我们对某些真理的认识，后世的人会看到曾经以为必要而正确的法事实上只会被用于压制。当宪法存续，每一代人都能援引宪法原则来寻求属于他们的更多的自由。"[1] 因此，有许多学者认为应当以法律的客观目的为出发点，结合时代的发展变化来确定法律的具体含义。

◈ 经典案例

案例：福建省三明市建筑工程公司海南分公司与三亚滨海实业开发公司、中国农业银行三亚分行工程承包合同纠纷案

9-7 本案判决书

---

〔1〕 539 U. S. 558（2003），at 579.

一、基本案情

1993 年 3 月 27 日，三明市建筑工程公司（以下简称三明公司）与三亚滨海实业开发公司签订了《建筑安装工程承包合同》，约定三亚滨海实业开发公司将滨海公寓楼工程以包工包料的形式交由三明公司承建，建筑面积约 1950 平方米，工程造价约 150 万元，工期从 1993 年 3 月 28 日至 1993 年 10 月 18 日；合同签订后三天内三亚滨海实业开发公司支付工程总价款的 20% 给三明公司作为工程备料款，以后按工程进度付款。合同签订后，三明公司依约进行施工，后由于三亚滨海实业开发公司资金紧缺，经双方商定，工程由三明公司垫资兴建，待工程完工后付清工程款给三明公司。该工程土建部分于 1994 年 2 月完工，因三明公司资金方面的原因，该工程水电安装部分停工。双方于 1997 年 10 月 6 日对工程土建部分进行结算，工程造价为 1 781 433 元。后水电部分至 2004 年 1 月基本完工，于 2004 年 1 月 16 日进行决算，总价款为 348 657.66 元。除三亚滨海实业开发公司已向三明公司支付 30 万元工程款外，三亚滨海实业开发公司尚欠三明公司工程款 1 830 090.66 元。三亚滨海实业开发公司于 1994 年 12 月 6 日办理了"滨海公寓"楼的房屋产权登记。1998 年 8 月，三亚海利实业有限公司向三亚农行贷款 500 万元，三亚滨海实业开发公司以该楼为其中的 380 万元的贷款抵押担保，并办理了该项权利登记。

一审法院认为：《建筑安装工程承包合同》为有效合同。三明公司要求三亚滨海实业开发公司支付拖欠的工程款，理由充分，应予以支持。由于本案工程于 2004 年 1 月完工，于《合同法》施行前即 1998 年已设定抵押，因此三明公司工程价款优先权不得对抗农行已设定的抵押权。据此，原审法院判决：①三亚滨海实业开发公司应于本判决生效之日起十日内一次性向三明公司支付工程款 1 830 090.66 元，并从 2004 年 1 月 16 日起，按中国人民银行同期同类贷款利率计付利息至还清欠款之日止。②三明公司对三亚滨海实业开发公司位于三亚市港门上村的"滨海公寓楼"（房产证号：三集房字第 232 号）折价或拍卖所得价款在拖欠工程款 1 830 090.66 元范围内享有优先受偿权，但其享有的优先权不得对抗第三人三亚农行的抵押权。

上诉人三明公司不服原审判决向法院上诉称：①本案应适用《合同法》，

我司的优先受偿权应优于三亚农行的抵押权。②讼争之工程建设在先，抵用权设立在后，现判决用我司垫资兴建的工程去偿还三亚农行的借款，有悖公平原则。本案讼争的建设工程因含有大部分民工工资，法院判定抵押权优先，既不符合法律规定，也违反中央相关规定，可能会激化矛盾，造成社会不稳定因素产生。③三亚农行对"滨海公寓楼"享有抵押权，应在当初设立抵押所确立的期限之内，即1998年8月14日至2000年8月14日，而我司起诉是在2004年。根据原审内容，讼争标的物抵押期间，三亚农行从未向三亚滨海实业开发公司主张权利，可以认为三亚其抵押权已经消灭，原判保护已经消灭的抵押权与法律相悖。④原判认定三亚农行的抵押权在《合同法》实施前就已设定，因此，《合同法》生效后的工程款优先受偿权不能对抗该法生效前的抵押权，无法律依据。因此，请求二审法院依法撤销一审民事判决书第二项，依法改判。一、二审诉讼费由三亚滨海实业开发公司、三亚农行承担。

被上诉人三亚农行辩称：原判适用法律正确，不存在曲解法律的问题。

经二审审理查明：一审法院查明的事实属实。二审法院认为：本案争议焦点是工程款优先受偿权能否对抗三亚农行抵押权的问题。本案中三亚农行作为第三人未对其抵押权提出诉求、主张权利，故一审法院无须对抵押权有关问题进行审查。而一审法院判决违反了不诉不理的原则，应予纠正。三明公司主张工程款优先受偿权，未超过6个月，况且三亚农行亦未就此提起上诉，故三明公司的优先受偿权并未丧失。

二、法律问题

试从《合同法》第286条的立法目的的角度分析建筑承包商的优先受偿权。

三、法理分析

本案反映的是建筑承包商就建设工程享有的权利的性质问题。我国《合同法》第286条规定，"发包人未按照约定支付价款的，承包人可以催告发包人在合理期限内支付价款。发包人逾期不支付的，除按照建设工程的性质不宜折价、拍卖的以外，承包人可以与发包人协议将该工程折价，也可以申请人民法院将该工程依法拍卖。建设工程的价款就该工程折价或者拍卖的价款优先受偿。"[1]有关该条究竟赋予建筑承包商什么性质的权利，建筑承包商的优先受偿权究竟是优先于何者的权利等问题，理论界与实务界争论不已。

我们不妨结合该条款的立法目的来回答上述问题。在《合同法》起草阶段，建筑工程行业的普遍风险已经引起全社会的关注。据统计，1990 年全国范围内遭遇拖欠的工程款就达 36 亿元，1992 年为 200 亿元，1993 年为 308 亿元，1995 年为 600 亿元，2001 年为 1000 亿元，已严重威胁建筑企业、建筑行业的生存。鉴于这一情况，《合同法》的起草者试图通过规定承包人的优先受偿权，以补救承包人的不利地位，谋求在发包人与承包人之间达到某种平衡。同时，考虑到建设工程价款一般不超过整个建设工程价值的 20%，而银行贷款一般不会超过建设工程价值的 80%，因此，规定建筑承包商的权利优先于银行的债权甚至抵押权的行使也不会造成对银行的损害[2]。同时，正如本案中三明公司在上诉中提出的，拖欠工程款的行为还损害了广大农民工的合法权益。赋予建筑承包商优先权也是为了保障农民工的权益。但另一方面，对于建筑承包商的保护不能以侵害消费者的权益为代价。因为，与开发商相比，建筑承包商处于弱势地位；而与建筑承包商相比，购买商品房的消费者则处于弱势地位。因此，最高人民法院在 2002 年发布司法解释——《关于建设工程价款优先受偿权问题的批复》法释（2002）16 号规定，"法院在审理房地产纠纷案件和办理执行案件中，应当依照《中华人民共和国合同法》第 286 条的规定，认定建筑工程的承包人的优先受偿权优于抵押权和其他债权。"同时规定，"消费者交付购买商品房的全部或者大部分款项后，承包人就该商品房享有的工程价款优先受偿权不得对抗买受人。"由上面的分析可以看出，该司法解释与立法者在拟定《合同法》第 286 条时的目的相符。

然而，立法者的目的并不能等同于立法的客观目的。立法出台的历史背景只是我们确定立法的客观目的的依据之一。一般而言，我们可以下列依据确定法律的客观目的。

第一，依法律明文确定。在成文法国家，立法者往往开宗明义，在文件开篇即指出该法的立法目的。例如，我国《消费者权益保护法》在第 1 条中

---

[1] 现为《民法典》第 807 条，表述不变。
[2] 参见梁慧星：《裁判的方法》，法律出版社 2003 年版，第 134 页。

即指出该法是为了保护消费者的合法权益；《劳动合同法》第 1 条亦明确该法是为了保护劳动者的合法权益。这两部法律都在消费者与经营者、劳动者与用人单位的矛盾关系中作出了取舍，有着明确的立法导向。因此，如果在法律适用过程中出现两种以上分别有利于各方的解释，应当依照立法目的，选择有利于消费者、劳动者的解释。

第二，依涉争法律所调整的关系的性质及相关法律确定。如依照《民法典》对宣告失踪与宣告死亡制度的不同设计，确定两项制度具有不同的立法目的。同时通过参考与宣告死亡相关的法律制度，确定该制度拟保护的利益范围。

第三，依涉争法律的立法背景确定。如本案例所示，赋予建筑承包商优先受偿权是针对 90 年代普遍出现的拖欠工程款的现象，是为了对处于弱势地位的建筑承包商及其雇佣的农民工给予有效救济。如果承认其他抵押债权的优先地位，将使这一立法目的落空，因此，最高人民法院的司法解释确定了建筑承包商的权利优先于其他抵押权。

第四，依现行法律体系的基本原则确定。在解释特定的法律规范时，还需要综合现行法律体系的基本原则进行考虑。如保护消费者的合法权益是我国的一项基本原则，该原则早在《合同法》实施之前就已经以法律的形式得到确认。而且，优先保护弱势群体的合法权益始终是我国立法的一项基本原则。因此，在对建筑承包商的优先权进行解释时，将该权利置于消费者的权益之后。

四、参考意见

1. 建筑工程价款优先受偿权是为了补救承包人的不利地位，为了保障农民工的权益。

2. 《合同法》的起草者基本沿着法定抵押权的思路设计建筑工程价款优先受偿权。

📖 拓展案例

案例：曹某芝申请宣告曹某艳死亡案

一、基本案情

申请人曹某芝和被申请人曹某艳系父女关系。1991 年曹某艳与新沂市瓦窑镇街集村一组村民张甲结婚，1992年4月25日生一女张小甲，1994年3月25日双方在新沂市瓦窑镇人民政府补办结婚登记手续。后夫妻感情不和，曹某艳于1996年1月离家出走，经申请人多方查找未有任何线索。2005年4月12日，申请人曹某芝向新沂市人民法院申请要求宣告曹某艳死亡。法院受理此案后征求了曹某艳配偶张甲的意见，张甲表示既不愿申请宣告曹某艳死亡，也不反对曹某芝申请宣告曹某艳死亡。法院根据1991年《民事诉讼法》第168条第1款的规定，于2005年5月23日在《人民法院报》上发出寻找曹某艳的公告，公告期间为一年。期限届满后，曹某艳仍无下落。

新沂市人民法院经审理认为，公民下落不明满4年，利害关系人可以向人民法院申请宣告其死亡。作为有权申请宣告曹某艳死亡的第一顺序利害关系人，张甲明确表示既不愿申请宣告曹某艳死亡，也不反对曹某芝申请宣告曹某艳死亡。本案被申请人曹某艳离家出走，下落不明已满4年，其父曹某芝可以向法院申请宣告其死亡。在法院发出寻找曹某艳公告期限届满后，曹某艳仍无下落。据此，依照1991年《民事诉讼法》第167条、第168条和《民法通则》第23条之规定，判决宣告被申请人曹某艳死亡。

二、法律问题

1. 宣告失踪制度与宣告死亡制度的立法目的有何不同？
2. 宣告死亡的申请人是否受顺位限制？为什么？

三、重点提示

《最高人民法院关于贯彻执行〈中华人民共和国民法通则〉若干问题的意见（试行）》第25条规定："申请宣告死亡的利害关系人的顺序是：①配偶；②父母、子女；③兄弟姐妹、祖父母、外祖父母、孙子女、外孙子女；④其他有民事权利义务关系的人。申请撤销死亡宣告不受上列顺序限制。"该条规定尽管列出了申请人的顺序，但亦没有明确这一顺序的限制作用，没有明确回答，如果第一顺位的利害关系人不申请宣告死亡，后一顺位的申请人是否可以提出申请的问题。

对于这一问题，学界存在两种声音，一种持否定论，即坚持申请宣告死亡的顺序，如果在先顺位的利害关系人不申请，后位利害关系人不得申请；

一种持肯定论，即认为这一顺序只是一种参考，如果在先顺位的利害关系人不申请，后位利害关系人则可以申请。有意思的是，两派观点都是从立法目的的角度来解释该规范性条文。前者是为了保护利害关系人的利益，而后者则是为了保护失踪者的利益。在此，解决双方争议的要点在于确定立法者制定宣告死亡制度的目的是优先保护配偶的利益还是保护全体利害关系人的利益。

拓展资料

9-8 拓展阅读

| 第十章 |

法律推理

　　法律推理是法律人在法律实践中，根据已知的法律和事实等形成新的论断的思维活动。法律推理能够将法律规范导入社会现实，形成法律结论，进而解决纠纷并使人们能够预判法律决定。法律推理的特点如下：

　　第一，以法律为依据进行推理。这是法律推理与其他推理形式最大的不同之处。法律规则是法律推理不可缺省的要素。

　　第二，法律推理具有实践性。法律推理旨在就现实问题形成结论，其思维过程以现实问题为导向，以实践理性为框架。换言之，法律推理总是结合案件事实及其所处的社会现实环境来判断结论的适当与否，而不只是纯粹形而上的逻辑推理。

　　第三，法律推理具有创造性。所有的法律推理都是从已知推出未知的过程，因此可以说，法律推理都具有创造性，都创造了新的命题。

　　第四，大多数法律推理具有或然性。虽然演绎推理的结论具有必然性和确定性，但可以直接适用演绎推理的案件十分少见。在大部分推理形式中，法律人的价值偏好都难免会对结论的形成产生影响。

专题一　演绎推理

📚 知识概要

　　演绎推理又称三段论推理，是由两个前提和一个结论组成，大前提是一般原理（规律），小前提则是具体事实。在法律推理过程中，演绎推理的大前提是法律规范，小前提则是个案事实。通过这一推理过程，法律人将完成从普遍准则到具体判断的转变。如果一个演绎推理的形式结构是正确的，则这一推理就是逻辑上有效的。

📚 经典案例

案例：上海好记星数码科技有限公司诉广州市氧易康电器有限公司合作合同纠纷案

10－1 本案判决书

一、基本案情

原告好记星数码科技有限公司（甲方）与被告氧易康电器有限公司（乙方）签订《合作开发协议书》，其中约定：双方共同开发新的电子制氧机系列产品，为此达成如下协议：乙方负责电子制氧机的研制、设计、试验工作；乙方保证于 2010 年底前完成研制并投产两款电子制氧机，新制氧机系列产品的要求为：①解决 A3000 固有漏液问题，②氧气指标分别为 330ml，99% 和 550ml，99%……2010 年 9 月 16 日，原告通过银行汇款方式向被告支付人民币 2 000 000 元，同年 11 月 2 日，被告开具了一张金额为人民币 2 000 000 元的普通发票。

2011 年初，原告多次要求被告提供新研发的制氧机样品，被告均无回应，已经违反了合同约定，导致合同目的不能实现。故原告诉至法院，请求依法判令：①解除合同；②被告返还原告已支付的研发费用，并按照同期银行贷款利率 6.31% 计算，支付前述款项的利息；③被告赔偿原告经济损失人民币 1 万元；④本案诉讼费由被告承担。

被告辩称：自 2009 年初与原告隶属的橡果集团开展合作，橡果集团作为独家经销商销售被告生产的电子制氧机产品。2009 年 8 月，双方开始就合作开发新型制氧机达成合作意向。2010 年 9 月，橡果公司指派原告与被告签订了合作开发协议书，被告收到原告支付的 200 万元开发费。2010 年 10 月橡果公司医保部总经理吕某向被告提出暂缓六片机的生产进度。2010 年 12 月 15 日，被告在北京向吕某做了样机功能的展示；次日又在橡果集团医保部办公室向有关负责人展示了样机并将其交给医保部邢某。2011 年 1 月初，被告应刘某要求，再次向其提供了 5 台新产品样机。2011 年 1 月 18 日和 27 日，被告将新产品三片机分别送广州市质量监督所和中国科学院广州测试中心检测产品性能指标。2011 年 1 月开始，被告多次电话邮件催促对方尽快给予新产品的订单，同时被告一直进行六片机新产品的研发工作；但原告一直没有给予新产品的订单，因为原告是被告的独家客户，所以致使被告陷入极度的经营困境。被告对两款产品投入的研发费用已达到 4 933 452.76 元，自己垫资 293 345.76 元，已陷入经营困境。因此请求法院驳回原告的所有诉讼请求。

就合同的履行情况，被告表示其答辩意见已详细介绍了双方合作开发情况。被告就其陈述提交了购销合同、电子邮件打印件、开发图纸、费用票据等证据。就被告在答辩意见中提及的吕某表示暂缓开发六片机的问题，被告提交了双方往来的电子邮件打印件，但其中并无暂缓开发的内容，被告除此之外未能提交其他书面证据；就样机交付问题，被告表示已经按照约定于 2010 年 12 月 15 日将三片机的样机交付给邢某，交付时虽未办理书面交付手续，但提交的机票和住宿费发票可以佐证，另外被告还曾经以快递方式邮寄过五台样机给刘某，并提供了一份其自行制作的支付证明单和一张运费收据，收据上没有写明货物的内容、数量和名称。

原告否认被告的上述陈述及举证，表示：原告和橡果贸易（上海）有限公司是"橡果国际"在中国的全资子公司。吕某曾是橡果信息科技（上海）有限公司的员工，已于 2011 年 4 月 29 日离职；邢某曾是橡果贸易（上海）有限公司的员工，已于 2012 年 1 月 31 日离职；刘某和李某是珠海橡果电子科技有限公司的员工。吕某和邢某曾是"橡果集团医保部"的负责人，涉案合同具体是由邢某和刘某负责实施。吕某未向被告作出暂缓开发的意思表示，邢某和刘某也未收到过被告的样机，被告称以快递方式邮寄过样机，但只有其自行出具的一张支付证明单，未提交快递单、签收回执等证据，原告不予认可。原告并表示，其在 2010 年底没有收到被告样机的情况下，曾以电话方式催促过被告。

法院认为：原告与被告签订《合作开发协议》，约定原告向被告支付研制经费，被告研制开发新产品并向原告交付该科技成果，且双方还将就科技成果的转化进一步进行合作，因此，从合同内容上看，双方签订的上述《合作开发协议》属于技术合作开发合同。该合同是双方经协商一致达成的合意，内容并无违反法律、行政法规的强制性规定，因而合法有效，双方均应依约履行。

根据该合同约定，原告须向被告支付 2 000 000 元研制费用，被告应在 2010 年底前完成并交付研发成果。本案的争议焦点即在于被告有无依约完成样机的研制工作并交付给原告。根据《最高人民法院关于民事诉讼证据的若干规定》第五条第二款规定，对合同是否履行发生争议的，由负有履行义务的当事人承担举证责任。因此，被告应就其履行情况承担举证责任。审查被告提交的开发图纸、费用单据等材料，被告意图证明其开展了研发工作并花费了巨额费用，但被告如何进行研发以及花费多少，均属于被告的内部经营事务，与原告无直接关联。就其提及的原告曾表示暂缓六片机的研发和向原告交付样机这两个关键事实，被告未能提交充分证据证实。被告提交的电子邮件中并未提及有关暂缓研发一事。被告也没有交付足以证实其履行了交付义务的凭证，仅凭被告提交的机票和住宿费发票，只能证明被告曾前往北京和住宿的事实，尚不足以证实交付的事实。而被告自行出具的支付证明单和一张未明确货物内容、数量和名称的运费收据，也不足以证实其向原告交付样机的陈述。综上，被告的证据不足以证实其已履行合同义务的陈述，应承担举证不能的不利后果。因被告的违约行为导致原告的合同目的无法实现，现原告请求解除合同并要求被告返还研制费用并支付相应利息的诉讼请求本院予以支持。

二、法律问题

试分析本案中演绎推理方法的运用。

三、法理分析

法律推理可以分为形式法律推理与实质法律推理。形式法律推理是按照确定的形式结构进行的。从前提推出结论的过程中，推理者的主观判断不会对推理产生影响。形式法律推理的典型形式是演绎推理。与此相对应，实质法律推理是在法律适用过程中，根据对法律或案件事实的实质内容的分析、评价，以一定的价值理由为依据而进行的推理。区分形式法律推理与实质法律推理的标准在于，推理过程中是否融入了推导者的主观价值判断。实质法律推理虽以某一确定的法律条款为推导依据，但总是以一定的价值理由作为隐含的或者显现的附加依据进行推理。

与实质法律推理相比，作为形式法律推理的演绎推理的特点在于，它的结论具有必然性、确定性。形式推理结论的可靠性与推理的形式结构有关，与内容无关。演绎推理过程中的关键一步就是"涵摄（subsumption）"。涵摄是指将一个概念置于另一概念之下的过程。例如，将"苏格拉底"置于"人"这一概念之下。假设以《宪法》第36条"中华人民共和国公民有宗教信仰自由"为大前提，以"李明是中华人民共和国公民"为小前提，可以看到，在该小前提中，"李明"被置于"中华人民共和国公民"这一概念之下，从而可以代入大前提中的主词，结论自然是且必须是，"李明有宗教信仰自由"。在这一过程中，大前提所建立的命题结构确定不变，我们是通过小前提的涵摄完成了大前提中主词的置换，从而形成结论。

由上可以看出，演绎推理的突出特点是以确定的结构为依托，不问实质内容的正确与否。仍以"中华人民共和国公民有宗教信仰自由"为例，如果小前提换成"机器猫是中华人民共和国公民"，那么结论必然是"机器猫有宗教信仰自由"。在这一推理过程中，结论的得出完全是基于固定的推理结构，并不追究前提的正确与否，因此，结论的形成只是形式的产物。

本案法官的判决思路充分体现了演绎推理在法律判断形成过程中的运用。判决形成过程大概经历了以下6段演绎推理：①大前提：合同法关于合同生效的规定；小前提：涉案合同是双方经协商一致达成的合意，内容并无违反法律、行政法规的强制性规定；结论：涉案合同合法有效。②大前提：合同法关于确定权利义务的法律规定；小前提：双方签订的HJX100044号《合作开发协议书》的内容及甲方已支付2 000 000元制作费的事实；结论：乙方负有履行义务。③大前提：《证据规定》第5条第2款规定，对合同是否履行发生争议的，由负有履行义务的当事人承担举证责任；小前提：乙方负有履行义务；结论：乙方负有举证责任。④大前提：证据法关于举证失利的规定；小前提：乙方没有证明自己的主张；结论：乙方应承担举证失利的后果。⑤大前提：不能证明履行了合同约定的视为违约；小前提：乙方没有证明自己履行合同约定；结论：乙方被视为违约。⑥大前提：合同法关于合同履行的相关规定；小前提：乙方违约；结论：乙方承担违约后果。这6段推理形成了一个推理链条，前一段三段论的推理结论是后一段推理的小前提，此6段推理由此层层推进。在这些推理过程中，一旦某一前提发生变化，结论就会发生变化。例如，如果第②段推理的结论是乙方不负有履行义务，那么第③段推理的小前提就不会成立，也就不会有"乙方负有举证责任"的结论。之后的系列小前提都发生变化，最终结论也会截然不同。

如前所述，只要在形式上，小前提的主词能为大前提的主词所涵摄，结论就必然是小前提的主词与大前提的谓词的组合。这一推理形式最大的优势在于结论的必然性，因此，只要演绎推理中的大、小前提本身无误，结论就必然正确。在仅由三段论组成的推理链条中，不论链条有多长，结论都和前提一样坚实有力。

这样的思维优势无与伦比，这也是三段论成为基本的思维形式的重要原因。在实践中，许多推理都以貌似演绎推理的形式进行，以期获得牢不可破的结论。然而，如果细察这些推理的大、小前提会发现，它们其实无法得出牢不可破的结论。原因要么是大前提本身错误或不周延，例如宣称"所有白人的智商都高于黑人"；要么是小前提本身有误，例如宣称"奥巴马是白人"。而当我们深究大、小前提的问题时又会发现，大、小前提的问题往往源自词义的不确定性，究竟什么样的肤色算白人，什么样的肤色算黑人？究竟什么是智商？智商应当如何测定？定义的困难导致严格意义的演绎推理实际很少应用。许多学者认为，只有涉及数字问题时（例如关于年龄、酒精含量、赃物数量、行驶速度等数字方面的规定），才有严格意义的演绎推理。

四、参考意见

本案的推理过程几乎均由演绎推理组成，极大地保障了结论的可靠性。

拓展案例

案例：何某某危险驾驶案

一、基本案情[1]

2012 年 8 月 30 日，被告人何某某酒后驾驶浙 HJ8285 号轻型普通货车由衢州市区驶往衢江区全旺镇方向。21 时 10 分许，当车辆行驶至衢江区东迹大道樟潭收费站路段时，刮碰到站在道路上的行人杨某某，造成杨某某受伤（经鉴定，杨某某系轻伤），车辆损坏的交通事故。事故发生后，何某某立即抢救杨某某，并委托杨某某父亲打电话报警。民警到现场后，经对何某某酒精呼气测试，测试数值为 182mg/100ml。经鉴定，何某某血液中乙醇含量为 178mg/100ml。经衢州市公安局交通警察支队衢江大队认定，被告人何某某负事故的主要责任，杨某某负事故次要责任。案发后，何某某就民事赔偿与杨某某达成了调解协议并已履行完毕，杨某某表示予以谅解。

何某某醉酒后在道路上驾驶机动车，并发生交通事故致一人轻伤等事实，有经原审庭审举证、质证的接受刑事案件登记表、血液提取登记表、呼气酒精含量测量单、查获经过，证人何某某、姜某、樊某某、杨某的证言，被害人杨某某的陈述，血液检验报告意见书、司法鉴定意见书，道路交通事故认定书，视听资料，现场勘查笔录及照片，户籍证明、驾驶证、行驶证复印件、协议书、谅解书等证据予以证实，上诉人何某某亦有相关供述在案。

一审以危险驾驶罪判处被告人何某某拘役 4 个月，并处罚金 8000 元。

何某某提起上诉认为，原审量刑过重。其系初犯，有自首情节，已主动对受害人进行赔偿并取得谅解，请求二审对其从轻、减轻处罚。

二审法院认为，上诉人何某某醉酒后在道路上驾驶机动车，其行为已构成危险驾驶罪。案发后，其委托他人报警，救治伤者，归案后如实供述自己的罪行，属自首，可以从轻处罚。其积极赔偿被害人的经济损失，得到被害人的谅解，可酌情从轻处罚。原判根据何某某的犯罪情节及悔罪表现等对其所处刑罚并无不当。何某某相关上诉意见依据不足，不予采纳。原判认定事

---

[1] 一审判决书：浙江省衢州市中级人民法院（2013）浙衢刑终字第 65 号。

实和适用法律正确，量刑适当，审判程序合法。据此，依照《刑法》第133条第1款、第67条第1款、第52条、第53条，《刑事诉讼法》第225条第1款第1项之规定，裁定驳回上诉，维持原判。

二、法律问题

试分析本案中演绎推理方法的运用。

三、重点提示

1. 国家质量监督检验检疫局发布的《车辆驾驶人员血液、呼气酒精含量阈值与检验》（GB19522—2010）中规定，驾驶人员每100毫升血液酒精含量大于或等于20毫克，并每100毫升血液酒精含量小于80毫克为饮酒后驾车；每100毫升血液酒精含量大于或等于80毫克为醉酒驾车。本案中何某某的测试数值为182mg/100ml。

2.《刑法》第133条第2款关于危险驾驶罪的规定，在道路上驾驶机动车追逐竞驶，情节恶劣的，或者在道路上醉酒驾驶机动车的，处拘役，并处罚金。小前提：何某某醉酒驾车。结论：何某某构成危险驾驶罪。在本案的推理过程中，数值的比较成为推理的关键步骤。

◈ **拓展资料**

10 – 2　拓展阅读

专题二　归纳推理

◈ **知识概要**

与演绎推理相对，归纳推理是从个别、具体知识的前提推导出一般性的认识结论，即由若干普遍性程度较低的命题导引出普遍性程度较高的命题的推理，是一种"由特殊到普遍"的推理。归纳推理的思维模式是，F1 导致了结果 S，F2 导致了结果 S，F3 导致了结果 S……Fn 导致了结果 S，而且 F1，F2，F3……Fn 又具有共同的特征 F，因此，可以总结出一个普遍性的规则：F 导致结果 S。在这一总结的过程中，F1 – Fn 的共同特性究竟是什么，即 F 的具体含义对于最终的普遍性规则的形成具有重要意义。

总体而言，归纳推理主要有两大特点：

第一，归纳推理主要用于大前提的建构。在以判例法为主要法律渊源的英美法国家，归纳推理是最为普遍的推理形式。但需要注意的是，即使在英美法国家，归纳推理也主要用于大前提的建构。以下文关于危险品制造责任的规则为例，在裁判美国产品责任法史上的标志性案件 MacPherson v. Buick 案时，卡多佐法官就是先总结出前述规则，然后将"汽车"置于"危险物"的概念之下，从而判定别克厂商的制造者责任。可见，最终结论的形成还是需要经过演绎推理（涵摄）得出。

第二，归纳推理的结论具有或然性。这一或然性来自两个方面：一方面，如下文关于危险品责任的案例所示，在归纳过程中，归纳者个人的解读会影响总结出的结论。以"守株待兔"为例，故事里的主人公根据一只兔子撞桩而死的事实总结了其他兔子也会撞桩而死的规律，但其他人对于一只兔子撞桩而死的事实却不会有如此总结；另一方面，归纳推理是从有限的已知的前提总结出普遍适用于未知对象的规则，结论的范围超出了前提的范围，其前提的真实性并不能保障结论的真实性。如果有 100 只兔子跑来，即使前面 99 只兔子都撞桩而死，观察者也不能确保第 100 只兔子也会撞桩而死，从而也不能确保"所有的兔子都会撞桩而死"这一结论的正确性。

经典案例

案例：MacPherson v. Buick Motor Co. 案

一、基本案情

原告麦克弗森在驾车途中，因车轮有瑕疵而翻车，原告受重伤。汽车是由被告别克汽车公司售与分销商，再由分销商售与原告的，而那只有瑕疵的车轮系由车轮公司售与被告别克汽车公司。法官们在审理此案时试图从历史上的相似案例中总结出裁判规则，虽然美国历史上出现了多起与危险品生产相关的案例，但法官们对于什么是危险品可能会有不同的认识，由此产生了不同的危险品责任规则。这些案例主要有：

1.1816 年，Dixon v. Bell 案，原告的女仆在拨弄枪支的过程中走火击中了原告的儿子，致其失去右眼和两颗牙。法官认为原告可以要求损害赔偿，但该案一开始便被类型化为与可因不慎而酿成事故的商品有关；

2.1837 年，Langridge v. Levy 案，原告指控被告向原告的父亲出售了一支有瑕疵的枪以供原告及原告的儿子们使用，结果这支枪在原告手中爆炸。法院允许赔偿，但明显是以被告明知枪支有瑕疵而谎称枪支安全，以及明知枪支将由原告使用但却向原告之父售枪为依据。法院拒绝了被告律师提出的对危险品进行分类的观点。

3.1842 年，Winterbottom v. Wright 案，被告提供了一辆有瑕疵的马车，致使原告在驾车途中因车辆突然断裂而被抛出座位以致终身残疾。法院拒绝讨论有瑕疵的马车是否可以算做危险品的问题，认为将被告的责任扩展到原告主张的程度将导致"荒谬及不可想象的后果"。

4.1851 年，Longmeid v. Holliday 案，Longmeid 先生从 Holliday 处购买了一盏"Holliday 专利灯"，Longmeid 夫人在准备开灯时，该灯发生爆炸，溅出的石脑油将其烧伤。但因为原告没有证据表明被告事先知道这是一盏坏灯或担保这是一盏好灯，而灯就其自身性质并不具备危险性，因此，法院不支持原告向被告索赔。

5.1852 年，Thomas v. Winchester 案，被告 Winchester 的雇员将一瓶颠茄误标为蒲公英药，导致原告在服用后中毒。法院支持了原告的索赔请求，认为被告的过失致使"人命处于迫在眉睫的紧急危险之中"，而在 Winterbottom 案中则不存在类似危险。

6.1869 年，George v. Skivington 案，一位配制了秘方洗发水的药剂师被判向受伤的购买者妻子赔偿。法院认为有瑕疵的洗发水就像有瑕疵的枪一样。

7.1882 年，Devlin v. Smith 案，一名油漆工因脚手架横木塌陷而坠落身亡。搭建这一脚手架的建筑商被判向油漆工的继承人赔偿。法院认为有瑕疵的脚手架可以归入紧急危险的类别。

8. 1908 年，Torgesen v. Schultz 案，因汽水瓶爆炸而致原告变盲。法院认为，如果涉案物品像枪一样危险，或者该物品的危险并不一定因使用而产生，而又无事先警告，那么过失将产生责任。

9. 1909 年，Statler v. Ray 案，一个有瑕疵的咖啡炉发生爆炸，致一人死亡，该咖啡炉被视为危险品。法院认为，在物品属于本质危险的情况下，如果制造者在构造过程中的过失辅以该物的本质属性将使该物由本质危险变为紧急危险，那么制造者要对过失构造负责。[1]

二、法律问题

以往的相关案例中可以总结出什么样的危险品责任规则？

三、法理分析

归纳是依据事物的相似性，从特殊的个案中推理出一般性规则的推理方式。如本案所示，在这一过程中，如何总结事物的相似性十分关键。它往往取决于归纳者的主观判断，在麦克弗森案之前及之后，法官们对相似判例作出了不同总结。

以上九个案件是卡多佐法官在审理麦克弗森案时参考的判例，我们看到同样是因产品问题导致的事故并没有得到相同处理，有些赔，有些不赔，赔或不赔的理由也是各不相同。这里蕴藏着什么样的规则？我们从法官们的不同总结中就能看出归纳推理潜在的风险。1915 年，美国联邦第二巡回上诉法院的总结是，"毒品、炸药、弹药、鱼雷、汽水瓶以及诸如此类的本质危险品的制造商，除非他就所制造物品已尽合理注意……，否则应对这些物品所伤害的第三人负侵权之责。但在另一方面，如果制造的是桌子、椅子、挂在墙上的画或镜子、马车、汽车以及诸如此类的除非在制造或安装时有瑕疵才会产生危险的物品，则制造商不对它们所伤害的第三人负责，除非存在刻意的侵害或欺诈。"[2] 但卡多佐法官却作了不同总结。他在 MacPherson v. Buick 案

---

〔1〕 〔美〕艾德华·H. 列维：《法律推理引论》，庄重译，中国政法大学出版社 2002 年版，第 24~36 页。

〔2〕 〔美〕艾德华·H. 列维：《法律推理引论》，庄重译，中国政法大学出版社 2002 年版，第 38~39 页。

的判决中指出，汽水瓶本身并不是本质危险品，它是因为存在制造过失才变得危险，咖啡炉和脚手架也同样如此。由此，他进一步认为，如果对危险的预期在合理的程度上是确定的，那就有警惕的义务，而无论这一危险是本质的还是紧急的。他最终将规则总结为，如果某物的性质决定了如果在制造它的过程中存在过失就可以合理地认为它肯定会陷生命与身体于危险之中，那么该物就是危险物。

尽管麦克弗森诉别克汽车案是美国法律史上的标志性案件，它突破了契约责任制，确立了过失侵权责任，标志着现代意义的产品责任的确立，但这一案件所确立的规则既不是显而易见地包含在前述九个案件中，也没有清晰、确定的表述，它只是法官基于自己的价值判断对以往案件的审理做出的总结。这一总结具有合理性但没有必然性，它只是对以往判决的一种可能的总结。正因为如此，卡多佐法官确定的本质危险规则在之后也不断因法官们的重新归纳而消解。例如，1919 年，美国联邦第二巡回上诉法院在审理 Johnson v. Cadillac 时宣称"我们无法相信汽车制造商的责任与桌子、椅子、挂在墙上的画或镜子有任何可比性。相反，汽车制造商的责任类似于有害食品或毒药制造商的责任。"此后，还有法院拒绝将一辆车门把手有瑕疵的汽车归入危险品。这个车门把手脱落后导致一个车门开启，原告被甩出车外。[1]

四、参考意见

在归纳推理的过程中，法律人个人的见解会对结论的形成产生重要影响。这与形式法律推理依附于固定的结构，不受个人主观见解的影响不同。

拓展案例

案例：汪某某诉赵某某离婚纠纷案

一、基本案情

2005 年原告汪某某与被告赵某某经人介绍确立恋爱关系，2006 年 4 月 3

---

〔1〕〔美〕艾德华·H. 列维：《法律推理引论》，庄重译，中国政法大学出版社 2002 年版，第 47 页。

日登记结婚。婚后赵某某到男方汪某某家生活，未生育子女。2008 年 9 月被告赵某某患精神疾病被送往当阳市疾控中心住院治疗一个月。后于 2009 年 3 月、2010 年 1 月再次病发，先后在宜昌市优抚医院住院治疗二次，住院时间均达一个月，目前疾病并未治愈，需每日服用药物控制病情。经宜昌市优抚医院诊断，被告赵某某系精神分裂症，目前每月医药费支出 306 元。赵某某在指定医院住院治疗的费用在合作医疗报销后可以在民政部门按比例进行救助。2011 年 9 月，汪某某将赵某某送回其娘家生活至今。远安县茅坪场镇八角村村委会同意赵某某父亲赵某作为其法定代理人出庭应诉，依法维护其合法权益。汪某某与父母未分家，家庭共同财产包括：隆鑫三轮摩托车一辆、554 福田雷沃拖拉机一台、两轮摩托车一台、香菌筒子 15 000 袋、稻谷 700 公斤、50 公斤左右猪两头。家庭共同债务 2 万元，无共同债权。汪某某母亲系残疾人无劳动能力，家庭经济主要靠汪某某父子从事农业劳作支持，全家享受国家农村低保救助。

法院认为，原被告于 2006 年结婚，初期夫妻感情尚可。被告于 2008 年患精神分裂症后，原告积极治疗，但被告至今仍未痊愈，严重影响了原被告夫妻感情的维系。并且被告发病后经多次住院治疗未愈，符合《人民法院关于审理离婚案件认定夫妻感情破裂的若干具体意见》中认定夫妻感情确已破裂的条件。法院认为原被告夫妻感情确已破裂，夫妻关系可以解除。婚姻法规定离婚后一方生活较为困难的，另一方应当提供一定的经济帮助。赵某某患病无劳动收入，治病每月需花 306 元医药费，若发病仍需住院治疗。离婚后生活较为困难，汪某某应当提供一定的经济帮助。经过多次协商，原告与被告赵某某法定代理人赵某就经济帮助款及财产分割达成协议，原告汪某某给付赵某某 5 万元经济帮助款，被告放弃分割夫妻共同财产。综合考虑汪某某的家庭经济承受能力及赵某某基础治疗支出，法院对双方达成的经济帮助协议予以认可。根据《婚姻法》第 32 条第 2 款第 5 项、第 39 条、第 41 条、第 42 条、《最高人民法院关于适用〈中华人民共和国婚姻法〉若干问题的解释（一）》第 27 条、《最高人民法院关于人民法院审理离婚案件如何认定夫妻感情破裂的若干具体意见》第 3 条之规定，判决如下：①准予原告汪某某与被告赵某某离婚。②原告汪某某给付被告赵某某经济帮助款 50 000 元。首次一次性支付 20 000 元，定于 2012 年 8 月 1 日之前给付（已支付）。剩余

30 000 元自 2013 年起每年给付 10 000 元，定于每年的 8 月 1 日前支付。③夫妻共同财产归原告汪某某所有。无共同债权，债务由原告汪某某承担。

二、法律问题

《最高人民法院关于人民法院审理离婚案件如何认定夫妻感情确已破裂的若干具体意见》的制定如何运用归纳推理？

三、重点提示

为了指导审判实践，最高人民法院于 1989 年 11 月 21 日发布了《最高人民法院关于人民法院审理离婚案件如何认定夫妻感情确已破裂的若干具体意见》。该意见明确列举了"婚前缺乏了解，草率结婚，婚后未建立起夫妻感情，难以共同生活"等 13 种可以认定感情破裂的情形。这些情形本身是对各种各样的婚姻状态及其审判结果的总结。

🔖 拓展资料

10 - 3　拓展阅读

专题三　类比推理

🔖 知识概要

类比推理就是根据两个（或两类）对象在某些属性上相同或相似，而且已知其中的一个（或一类）对象还具有其他特定属性，从而推出另一个（或另一类）对象也具有该特定属性的结论的推理。根据推理结构的不同，类推还可以分为两种类型，一是依据事物本身所具有的相似性质而进行的类推；二是依据事物间的关系所具有的相似性而进行的类推。第一种类推是指当已知 A、B 两事物具有共同的性质 P1、P2、P4、P5 等，同时又知 A 还具有另一性质 P3，那么我们可以依据 A、B 都具有上述性质这一事实合理地推出 B 也具有性质 P3。第二种类推则是指如果已知 A 与 C 相似，B 与 D 相似，且 AB 之间存在关系 R，那么可以推定 CD 之间也存在关系 R。

经典案例

案例：李某某与北京北极冰科技发展有限公司娱乐服务合同纠纷上诉案

10 - 4　本案判决书

一、基本案情

"红月"系一大型多人在线收费网络游戏，北极冰科技发展有限公司（以下简称游戏公司）是该游戏的经营者。玩家通过账号注册首次进入游戏，之后通过购买游戏公司发行的游戏时间卡并为账号充值后获得游戏时间进行游戏活动。在游戏过程中，玩家通过购买游戏公司发行的游戏卡或游戏命令等方式，可获得游戏中的多种虚拟装备。2002 年初，红月游戏服务器内注册有账号"RAINBOW90"和"RAINBOW99"，对应角色名称分别是"国家主席"和"冰雪凝霜"。该两个账号注册时填写的"姓名"分别为"phoenix"和"李小华"。

2003 年 2 月 17 日，玩家李某某发现自己在红月游戏服务器的 ID"国家主席"内所有的装备丢失，随即向游戏公司反映并要求处理，游戏公司提供的号码查询结果为，2 月 17 日中午 12：50 左右，这些装备被邮寄给"shuiliu0011"，然后转移到"花雪风""文静女孩"，最后都在"bwbin"处。李某某要求进一步处理，提供有关玩家资料，遭到游戏公司拒绝。2003 年 3 月 14 日，李某某在游戏公司处就上述问题进行了登记。事后与游戏公司联系，该公司查询装备的流向是寄给玩家"shuiliu0011"。李某某向公司索要盗号者的具体情况被游戏公司以"玩家资料属个人隐私不能提供"为由拒绝。游戏公司还称，玩家账号应由玩家自己保管与维护，账号盗用期间所发生损失由玩家自行负责，玩家装备丢失与公司无关。2003 年 6 月 10 日，游戏公司未作通知即对李某某的 ID "冰雪凝霜"进行了使用限制，次日，要求李某某停止游戏中的物品交易。6 月 20 日，游戏公司以装备系复制品为由，将上述受限制的账号及另一个未受限制的 ID "国家主席"中的所有装备予以删除。双方为此发生纠纷，李某某诉至原审法院。

李某某认为，①游戏公司对连线游戏的连线质量和数据的完整性不予保障并对相关损失不负责任的声明是侵犯消费者知情权及人身、财产安全保障权的无效行为，故要求游戏公司承担损失赔偿责任。②被红月删除的装备均是李某某在游戏中获得，游戏公司将虚拟装备作为商品出售给玩家，即承认为玩家的财产，又以数量不正常为由将玩家的装备任意删除，却不对复制原因进行调查并出示证据，其处罚没有依据。原告不要求恢复，只要求赔偿，按 6：1 的标准换取生命水或给予 841 元人民币的赔偿。③游戏公司的行为不仅造成了原告的财产损失，更是对原告精神的极大打击，因此要求游戏公司赔偿精神损失 10 000 元，并承担原告处理事故往返北京的路费 1000 元。在物品丢失和装备删除时，原告已练级到 934 级，由于游戏公司的原因没有达到 1000 级，而使其不能享有 1000 级玩家本应享有的待遇，故要求游戏公司给予原告 1000 级玩家享有的待遇。此外，原告的证人出庭产生路费 100 元、住宿费 240 元，要求这些费用由游戏公司负担。

游戏公司认为，①公司已尽力采取安全防范措施，尽到了安全保护义务，并达到同行业的较好水平。且根据公司与玩家签定的服务协议，"玩家账号应由玩家自己妥善保管与维护"，"玩家账号被盗用期间发生之损失由玩家自行负责"。②根据网络游戏的特殊技术属性，第三者盗取玩家物品的前提是玩家自己使用了不良的程序或自身出现了其他的疏漏。因这类原因导致的物品被盗的过程，从头到尾不与经营者的服务器发生任何关系。装备被盗完全是由于玩家自身安全意识薄弱或者贪图便宜导致。而且，《消费者权益保护法》规定的经营者保障消费者财产安全义务应有一个合理限度范围，而不是无限的。本案中游戏公司已尽到合理的保护义务，偷盗是一种突发偶然事件，已不属于经营者的义务范围，因此不应由游戏公司承担责任。③玩家对网络游戏中的物是否具有所有权、虚拟物品的价值如何认定、虚拟物品的具体赔偿标准是什么等问题，目前均没有明确的法律依据。网络游戏中的内容无论装备、分级还是称号，均没有在现实生活中构成实际意义，实质上只是一组数据，本身并不存在。因此要求游戏公司为不存在的东西负责，是没有法律依据的。

法院认为，虽然虚拟装备是无形的，且存在于特殊的网络游戏环境中，但并不影响虚拟物品作为一种无形财产获得法律上的适当评价和救济。玩家参与游戏需支付费用，可获得游戏时间和装备的游戏卡均需以货币购买，这些事实均反映出作为游戏主要产品之一的虚拟装备具有价值含量。

二、法律问题

1. 试从物权说、债权说和知识产权说的观点分析虚拟财产的属性。
2. 上述学说对虚拟财产定性出现分歧的原因是什么？

三、法理分析

本案被称为"虚拟财产第一案"，曾引起法律界的热烈讨论。关于虚拟财产的属性，学界大体存在物权说、债权说和知识产权说三种观点。这些学说的论证实质是就虚拟财产的属性与物权、债权、知识产权的属性进行类比。

物权说的支持者认为，网络装备等虚拟财产符合"物"的特性。①虚拟财产真实存在，是一种无形物。支持者认为，虚拟财产虽然只存在于网络世界，但它并不是虚无，也不是仅在个人头脑里出现的主观构造，其实质是在网络世界中，依托电子技术而真实存在的电子数据。简言之，它虽然是虚拟的，但是是真实存在的，虚拟财产的所有者可以通过特定的账号直接进行支配。反对者则认为，虚拟财产不具备真实性。虚拟财产的持有人必须借助网络运营商的经营才能对虚拟财产进行处置，可见虚拟财产并不具备独立的可支配性，不符合"物"的特征。②虚拟财产具有价值性。支持者认为，虚拟财产或是由玩家通过投入时间、智力等获得，或是由运营商经营创造，具有一定的价值。而且，虚拟财产因能给玩家带来使用的愉悦感而具有使用价值；因能用现金直接购买，或用其他具有现金价值的物品与网友交换而具有交换价值。反对者则认为，游戏玩家的投入并非创造性的劳动，游戏运营商的创造劳动也仅限于设计游戏的过程。因此，所有这些虚拟财产的价值都只存在于虚拟世界，在真实的世界里这些虚拟财产不具有任何效用，分文不值。③虚拟财产具有稀缺性。支持者认为，游戏运营商为了保持游戏的可玩性，通常都会限制虚拟财产的数量和获取途径，这使得在特定的游戏当中，虚拟财产往往都是稀缺资源。反对者则认为，虚拟财产本质只是一些电子数据，只要运营商愿意，完全可以无限量复制，因而不具有稀缺性。

债权说的支持者认为，虚拟财产是玩家基于与游戏运营商的合同而获得的要求运营商提供特定服务的权利。虚拟财产是玩家要求运营商提供特定服务的债权凭证。反对者则认为，债权说与刑法实践中将盗窃虚拟财产认定为盗窃罪的做法相悖。

知识产权说的支持者认为，虚拟财产实际是玩家通过玩游戏获得的著作权。反对者则认为，首先，玩家的"玩"不具备创造性，虚拟财产实质是游戏开发商设计的产物；其次，著作权的保护存在期间限制，但虚拟财产的存续却没有时间限制。只要运营商继续经营，该虚拟财产就能持续存在；最后，著作权作为一种知识产权通常具有地域性，但虚拟财产所存在的网络世界不受地域限制。

由上，各种关于虚拟财产定性的学说的分歧在于，它们就虚拟财产的属性，以及物权、债权、知识产权的属性给出了各不相同的判断。各种学说的支持者之所以坚持某种主张，是基于对虚拟财产权与物权、债权或知识产权的相似性的确信。同样也是基于对这些相似性的否定，有学者提出不能将虚拟财产归为物权或债权，而应视为一种新型权益。[1]例如，其认为虚拟财产虚拟财产首先不具备物权法上所要求的物应具有独立性这一基本要求。虚拟财产无法脱离电脑和网络等载体而存在。其次，虚拟财产缺乏民法上的"物"须具备确定性或特定性这一基本性质。

有关虚拟财产定性的讨论充分表明，判定事物之间是否具有相似性或相异性的关节点至关重要，它直接决定了类推的方向。而判断何者为关节点的标准具有高度的情境依赖性，它由讨论的论题决定，与论题最具相关性者即为关节点。拉德布鲁赫曾说："相同性不是一种既定事实，所有的人和事都不尽相同，相同性只是在某一视角下对给定的不同性进行的抽象。"[2]从什么角度进行抽象决定了事物在何种程度上具有相似性。由上可见，事物之间的相

---

〔1〕　梅夏英："虚拟财产的范畴界定和民法保护模式"，载《华东政法大学学报》2017 年第 5 期。

〔2〕　〔德〕古斯塔夫·拉德布鲁赫：《法哲学》，王朴译，法律出版社 2005 年版，第 122 页。

似性具有相对性，并不是永恒不变的。

以上讨论还体现了类比推理的创造性与扩张性特征。不论是经典案例中将虚拟财产类比为物权、债权、知识产权，还是界定为数据操作权，其实质都是创造了至少法律没有明文加以规定的规则。事实上，类比推理的一个重要价值就在于它能开创新的意义，推进思想。相较于严格的演绎推理，类比推理的最大特点便是具有扩张性，能够修正或扩充概念。

四、参考意见

1. 虚拟财产的保护是网络时代必须面对并回应的问题。充分了解网络、数据、信息等的基本特性是准确定性虚拟财产的前提。

2. 以往关于虚拟财产属性的探讨，包括本案法官的审理思路都以传统理论为框架，通过与经典的物权、债权理论对比，寻找其中最相似者。

🔖 拓展案例

案例：朱某某故意毁坏财物案

一、基本案情[1]

被告人朱某某于 2002 年 4 月 29 日至 5 月 10 日期间，利用事先查获的被害人陆某某、赵某某夫妇在国泰证券上海营业部的资金账号和股票交易账户密码，非法侵入并篡改了股票交易账户密码，然后将陆、赵夫妇的股票、基金全部抛出，买进其他股票，并多次进行买进卖出的股票交易。2002 年 5 月 16 日，当被告人朱某某再次侵入陆某某的股票交易账户时，被发现抓获，朱某某如实供认了全部的犯罪事实。案发时陆、赵夫妇账户内的股票市值为 225.51 万元，而陆、赵夫妇 4 月 26 日账户内的股票、基金如果不交易，保持到 5 月 16 日市值应为 245.48 万元，由于被告人的恶意交易共造成陆、赵夫妇资金损失达人民币19.7 万余元。案发后朱某某赔偿了陆、赵夫妇的经济损失。另外，被告人供述他在炒股时认识被害人陆某某，开始时关系尚好，后因为二人在股票价格走势分析时产生分歧，陆某某有轻视侮辱朱的言语，因此对陆某某有意见，为泄愤

---

〔1〕 游伟、尚爱国："朱建勇故意毁坏财物案"，载《判例与研究》2003 年第 5 期。

报复，使陆某某经济上有损失，他趁陆一段时间不到证券营业部炒股的机会，利用在炒股时趁陆不注意窃取到的陆某某的资金账号和股票交易账户密码而实施了上述行为。

上海市静安区人民法院审理认为，刑法意义上的财物，既包括有体物，也包括无体物，只要它具有一定经济价值，能成为权利主体依法享有的权益，就可以成为故意毁坏财物罪的犯罪对象。股票所代表的财产权利，也可以成为故意毁坏财物罪的犯罪对象。

二、法律问题

股票与普通财物有何相似性？

三、重点提示

1. 本案法官将股票与电力、煤气、天然气等无形财产进行类比，得出股票可以成为故意毁坏财物罪对象的结论。

2. 有学者认为，在高买低卖股票使他人财产受到损失的情况下，能否定故意毁坏财物罪，其法律问题并不在于股票能否成为故意毁坏财物罪的对象，还恰恰在于：高买低卖的行为是否属于毁坏。该学者对此的论证是从结果推及行为，其关键性的一句话是：只要能使财物的价值或者使用价值得以降低或丧失，都可以视为毁坏行为。按照这句话的逻辑，毁坏行为的含义不是由行为方式本身决定的，而是由结果决定的。这样，就使故意毁坏财物罪演变成为故意使他人财产受损失罪，其实行行为的定型性就会荡然无存。[1]

📚 拓展资料

10 - 5　拓展阅读

---

〔1〕　陈兴良："故意毁坏财物行为之定性研究——以朱某某案和孙静案为线索的分析"，载《国家检察官学院学报》2009 年第 1 期。

专题四　后果推理

◈ 知识概要

后果推理就是依据法律决定可能导致的后果进行的推理。后果推理中的后果既可以是对现实世界产生的影响也可以是对法律规范产生的影响。当一个案件可以依据其他方法产生两种以上的结论，并且这些结论都有较为充分的、难分高下的理由支持时，法律人可以依据判决可能造成的不同后果进行选择。由此可以看出，后果推理与本章介绍的其他推理形式最大的不同在于，其他几种推理是从前提得出结论，而后果推理则是依据结论可能导致的后果选择结论，进而选择前提。如果说其他几种推理形式是一种正向推理，那么后果推理更像一种逆向推理。在成文法国家，基于社会效果的考虑而进行的后果推理较为多见；在判例法国家，由于案例具有规范性，因此法官们常常会基于判决可能产生的规范性影响进行后果推理。

◈ 经典案例

案例：台湾地区某甲等伪造有价证券案

一、基本案情[1]

2003 年 7 月间，壬某与丙某共同谋议伪造人民币，再运送到祖国大陆销售牟利。之后，壬某另邀来甲某、己某、辛某三人共同参与，丙某则邀来癸某共同出资参与。此六人基于共同的犯罪故意进行联络，由壬某居中负责筹措资金、购买机器设备、寻找适当地点设置工厂、购买印制假币所需的纸张并联系各方参与人员；癸某及己某分别负责提供资金 90 万台币及 75 万台币，用于购买伪造人民币所需的机器、原料；丙某因有维修印钞机器方面之技术，负责机器之维修事宜；辛某因精通照相、制版技术，负责制作、修改人民币

---

〔1〕　中国台北地方法院 2004 年易字第 1965 号。

所需的底片、模版；甲某则于 2003 年 11 月 1 日负责出面向不知情的林文隆承租位于台中县大里市某路 46 巷 56 号的房屋，作为印制假币的工厂，并负责后续印制之相关事宜。在其他人准备好印制假币所需的制版机、电脑裁纸机、双色印刷机、单色印刷机等大型机具设备之后，于 2003 年 11 月 1 日开始陆续搬入承租的房屋。之后，又很快添购印制假币所需的原色漆、纸张等原料。同时，辛某也陆续完成印制面额一百元人民币所需之底片、模版。待一切就绪后，甲某即自 2003 年 12 月下旬起，雇用戊某负责在承租房屋内擦拭印刷机及处理杂务，并开始印制面额一百元之人民币纸钞。不过，还没来得及制成成品，就于 2003 年 12 月 30 日被台湾地区警方在现场查获。

　　台北地方法院认为，人民币在中国台湾地区虽然不具有强制购买力，但它在大陆及国际上均能表彰一定的价值，并有流通性，因此在性质上属于有价证券。被告等人虽已着手印制人民币假币，但尚未裁切成为成品，即遭查获。所以该行为又不同于伪造已经在市面流通的有价证券。考虑到台湾地区现行"刑法"第 201 条第 1 项规定的伪造有价证券罪并不处罚未遂犯，认定被告壬某、丙某、癸某、甲某、己某、辛某等人的行为构成了台湾地区的"刑法"第 204 条第 1 项所规定的意图供伪造有价证券而制造、收受各项器械、原料罪。被告六人出于共同的犯罪故意，并以分工合作方式共同实施犯罪行为，均为共同正犯。

二、法律问题

　　试从后果推理的角度分析台湾地区法院为何将人民币认定为有价证券。

三、法理分析

　　在讨论本案判决的后果之前，类似案件至少存在两种可以适用的推理方法：演绎推理和类比推理。如果采用演绎推理的方法，从我国台湾地区关于有价证券的规定出发，伪造人民币之人将因人民币不符合有价证券的定义而不被治罪。如果采用类比推理的方法，人民币可以类比为有价证券，因为它能与美元自由兑换，从而也能换算为台币，因而具有价值。如此一来，伪造人民币的行为可以认定为伪造有价证券。这两种推理方法并无高下之分，如何选择就取决于法律人对于后果的评价。

1991 年，我国台湾地区高雄地方法院曾审理了一起刑事案件，7 名被告因伪造人民币被检察机关以伪造有价证券罪提起公诉。高雄法院审理后认为 7 名被告无罪，当庭予以释放。判决一经作出，即遭到台湾地区社会的强烈反对。反对者主要是基于这一判决的后果进行批判。反对者认为，如果伪造人民币而不问罪就会面临以下后果：首先，此类行为在台湾地区得不到禁止，会造成台湾地区假币泛滥。这些假钞经由我国台湾地区同胞带回祖国大陆使用或投资时，必定会被大陆警方查获问罪。其次，如果此类行为在台湾地区不被治罪，那么大陆也可以依此纵容伪造台币的行为，未来就会有大量伪造的台币进入我国台湾地区；最后，两岸经济、文化交流日益向好发展，伪造货币的行为会严重破坏正在改善的经济贸易秩序。基于这些考虑，台湾地区有关部门召开紧急会议讨论此案，最后认定人民币属于有价证券。自此，在台湾地区伪造人民币的行为都将被追究刑事责任。

四、参考意见

本案中，我国台湾地区有关部门正是从裁判后果出发，在分析了不将伪造人民币的行为定罪可能带来的不利后果后，将伪造人民币的行为界定为伪造有价证券从而进行处罚，充分体现出后果推理在司法裁判中的重要作用。

拓展案例

案例：Queen v. Dudley and Stephens

一、基本案情

19 世纪的英国曾发生过一起闻名世界的"水手吃人案"。Dudley 和 Stephens 是遇难船只上的水手，他们在船只遇难后一直在救生艇上漂流，在断食 8 天、断水 6 天的情况下，他们杀死了船上的侍者从而保存了自己的性命。辩护律师试图确立这样一个原则，即在必要的情况下人们可以通过杀死他人来拯救自己性命，从而证明这两名水手的行为是正当的。但这一辩护理由没有被法官接受。

二、法律问题

试从后果推理的角度分析为何法官会否认这一辩护理由。

三、重点提示

大法官 Coleridge 认为，"如果接受这样的原则，那么谁能判断是否存在杀人的必要性？又应当依据什么标准来衡量各个生命的价值？……显然，这个原则将把是否存在必要性这一问题交由获益方来决定，这可以证明杀人者杀人的正当性。显而易见，一旦采用这样的原则，就无疑为放纵的激情犯罪和残暴犯罪提供了法律的保护伞"。[1]在这一论证过程中，对水手作出无罪判决可能造成的可怕后果直接导致了辩护律师的论证体系被拒绝，进而作出水手有罪的判决。

📚 拓展资料

10-6　拓展阅读

〔1〕　Neil MacCormick, *Rhetoric and the Rule of Law: A Theory of Legal Reasoning*, Oxford University Press, 2005, p. 105.

| 第十一章 |

法的续造

专题一　法律漏洞的认定

知识概要

　　法律漏洞通常是指法律应当予以规定而未予规定的情形。一般认为，法律漏洞是以整个现行法律秩序为标准确定的，存在于法律秩序中的"违背计划的非完整性"，[1]或者说，"漏洞是在一个整体内部的一个令人不满意的不完整性"。[2]准确地识别法律漏洞是正确填补法律漏洞的前提。

　　依据法律漏洞的表现形式和形成原因等标准，法律漏洞可以划分为多种类型。首先，法律漏洞可以分为原生漏洞和继发漏洞。原生漏洞是指在法律制定之初就已存在的漏洞。继发的漏洞是指在法律制定和实施后，因社会的变化而产生了新问题，这些新问题因未被立法者预见而没有纳入法律的调整范围。其次，法律漏洞还可以分为显见的漏洞与隐藏的漏洞。显见的漏洞指法律应对某问题明文规定却未予规定。隐藏的漏洞是指法律对某一问题虽有一般规定，但缺少对该问题的特殊情形的规定，以致消极地呈现为一定的欠缺，这种情况实指有一般规范而无个别规范。

---

〔1〕［德］伯恩·魏德士：《法理学》，丁小春等译，法律出版社2003年版，第362页。

〔2〕［德］卡尔·恩吉施：《法律思维导论》，郑永流译，法律出版社2004年版，第168页。

🔖 经典案例

案例：李某某诉柳南区民政局民政行政登记纠纷案

11 – 1 本案判决书

一、基本案情

2010 年 5 月 12 日，李某某与宋某某向柳州市柳南区民政局提交了结婚证、离婚协议书、申请离婚登记声明书等材料申请办理离婚登记。柳南区民政局经审查后，于 2010 年 5 月 12 日为李某某与宋某某办理了离婚登记，并颁发桂柳南离字 20100373 号《离婚证》。2011 年 5 月 11 日，李某某向法院提起行政诉讼，称其本人并未亲自与宋某某办理结婚登记，结婚证是由宋某某的亲属通过不正当手段办理的，违反了我国婚姻法的规定。在此基础上，离婚证同样违反我国婚姻法的有关规定，柳南区民政局未经认真审核就颁发离婚证，因此要求撤销桂柳南离字 20100373 号《离婚证》。

一审法院认为：本案中李某某与宋某某按照《婚姻登记条例》第 11 条规定主动到婚姻登记机关申请离婚，提交了户口簿、身份证、结婚证、离婚协议书等证件及证明材料，并在婚姻登记机关签署了《申请离婚登记声明书》，证明离婚是双方当事人的真实意思表示，并且没有《婚姻登记条例》第 12 条规定的不予受理离婚登记的情形。婚姻登记机关经审查后当场予以登记并发给离婚证的行为，其实体和程序均不违法。李某某诉称结婚证是由宋某某的亲属通过不正当手段办理的，违反了我国婚姻法的规定，因此离婚证同样违反我国婚姻法的有关规定，柳南区民政局未经认真审核就颁发离婚证并要求撤销该证的意见，没有事实和法律依据，不予采纳。综上所述，一审法院判决：驳回李某某的诉讼请求。

李某某不服一审判决上诉称：根据《婚姻法》的规定，被上诉人颁发的《离婚证》应当建立在双方当事人婚姻关系合法有效的基础上。本案中，经查实，上诉人与原审第三人并未亲自到婚姻登记机关办理结婚登记，违反了我国《婚姻法》的规定。因此，被上诉人为上诉人和原审第三人颁发桂柳南离字20100373号离婚证，同样违反了我国《婚姻法》的有关规定。请求二审法院撤销一审判决，撤销被上诉人颁发的《离婚证》。

被上诉人柳南区民政局答辩称，上诉人和原审第三人双方亲自到本局申请离婚，本局根据其双方的申请，为其办理了离婚登记，该行政行为事实清楚，证据充分，颁证程序合法，符合《婚姻登记条例》第13条的规定，一审法院判决驳回李某某的诉讼请求是正确的。上诉人主张原审第三人是通过不正当的手段取得的《结婚证》，被上诉人没有严格审查，以此为上诉人和原审第三人办理离婚登记行为违法。被上诉人认为，该主张没有充分证据证实，被上诉人为其办理的离婚登记合法有效，请求二审法院依法维持原判。

二审法院认为，本案中，上诉人李某某与原审第三人宋某某持户口簿、身份证、结婚证、离婚协议书等相关材料，亲自前往被上诉人柳州市柳南区民政局申请离婚，双方还在被上诉人处填写了《申请离婚登记声明书》。被上诉人经审查，认为符合离婚的法定条件，于是为其办理了离婚登记，该具体行政行为事实清楚，证据充分，处理程序合法，依法应予维持。上诉人上诉称，没有合法有效的婚姻关系，就不存在办理离婚登记的问题。被上诉人为上诉人和原审第三人办理离婚登记的行为无效，依法应予撤销。法院认为，上诉人与原审第三人自愿申请离婚，并就子女抚养、财产分割等达成一致意见，被上诉人经审查后，依法为其办理离婚登记手续并无不当。至于上诉人提出的结婚登记时间与颁发的《结婚证》时间不一致的问题，法院认为，虽然上诉人与原审第三人的《结婚证》存在一定的瑕疵，但上诉人与原审第三人从结婚至纠纷发生时逾十五年从未对该证的合法有效性提出过异议，该证在未被有权机关依法撤销或确认无效之前，上诉人和第三人据此缔结的婚姻关系仍应认定为有效。综上，上诉人以结婚无效为由要求撤销被上诉人颁发的《离婚证》的请求理由不充分，依照《行政诉讼法》第61条第1项的规定，判决驳回上诉，维持原判。

二、法律问题

本案及相关案例反映出的法律漏洞是什么？

三、法理分析

近年来，实践当中屡屡出现"被结婚""被离婚"案件，各地法院对此判决不一。先请再参考两例案件：

1. 原告姜甲与案外第三人姜乙是姐妹。因两人相貌相似，未到法定结婚年龄的姜乙便用姜甲的身份证以姜甲的名义与曹某登记结婚。民政局的工作人员没有看出姐妹俩人的区别，故给二人颁发了结婚证，结婚证上的名字是姜甲与曹某，但结婚证上的照片却是姜乙与曹某。2007年底，准备结婚的姜甲在办理结婚证时才发现自己属于已婚状态。姜甲要求民政局撤销该结婚登记，被以没有法律依据为由拒绝。于是，姜甲向法院请求撤销某民政局于2006年11月15日做出的婚姻登记行为及颁发的《结婚证》。民政局认为，其登记行为符合法定程序，履行了法定审查义务。北京市昌平区人民法院经过审理认为，被告经审查确认双方出具的证件和证明材料符合法定的形式和要求，应当认定被告已尽到了法定的审查义务。由于姜乙与曹某在办理结婚登记时共同欺骗了被告婚姻登记处的工作人员，因此对被告在这种情形下办理结婚登记并颁发结婚证的行为，应予纠正。故判决确认被告的登记行为无效。[1]

2. 2003年12月9日，封某在其妻子张某某出国期间，请他人冒充其妻张某某前往某区民政局办理了离婚登记。两人向民政局提供了结婚证、身份证及户口簿等证件的原件。登记机关在审查了申请离婚登记申明书、离婚协议书和有关证件的真实性后，同意为其办理离婚登记，发出苏宁玄字第865号离婚证，并在封某、张某某的结婚证上加盖了"双方已离婚，证件已作废"的印章。张某某得知后，将某区民政局告上法庭，要求撤销该离婚登记。南京市玄武区人民法院经审理后认为，被告在张某某未能与第三人封某共同到被告区民政局申请办理离婚登记的情况下，办理了原告张某某与第三人封某的离婚登记，发出离婚证，不符合《婚姻法》第31条的规定，[2]也不符合《婚姻登记条例》第12条第1项的规定。被告办理的离婚登记和发出的苏宁

---

〔1〕 "身份证被用于他人结婚 状告民政局确认登记无效"，载 http://www.lawtime.cn/info/minshi/dongtai/2010111910877.html，最后访问日期：2019年5月30日。

〔2〕 对应现行《民法典》第1076条：夫妻双方自愿离婚的，应当签订书面离婚协议，并亲自到婚姻登记机关申请离婚登记。

玄字第 865 号离婚证无效。[1]

尽管这两则案例的判决结果都是涉案证件无效，但判决理由却不相同。北京市昌平区人民法院认为民政部门仅负有形式审查义务，其婚姻登记行为之所以被判定无效是因为该行为系被欺骗做出。南京市玄武区人民法院只是概括地援引《婚姻法》第 31 条、《婚姻登记条例》第 12 条第 1 项，认为"被离婚"的一方没有到场，双方没有达成协议，故而判决涉案离婚证无效。这些案件留下的问题是，如何证明民政部门在登记时受到欺骗？怎么证明当时办理登记的第三人不是本人？如果当事人不能就自己的主张提出充分证据，是否就只能接受"被结婚""被离婚"的不利事实？

此类案件的实质争议在于，民政局对于婚姻登记究竟负有什么样的审查义务，是实质审查还是形式审查？依据《婚姻登记条例》第 7 条、第 13 条的规定，婚姻登记机关需对结（离）婚登记当事人出具的证件、证明材料进行审查并询问相关情况。但法律却没有规定应审查到何种程度。这导致法律实践中，有些法院以婚姻登记机关仅负有形式审查义务为由维持相关婚姻登记的效力；有些法院则基于婚姻登记机关负有实质审查义务的理由判定应当撤销相应的婚姻登记；还有些法院则既不肯定、也不否定登记行为的合法性，而是含糊地依据非真实意思表示的理由，径直宣告相关婚姻登记无效。

在解决此类问题之前，我们有必要先确定，我国法律在这一问题上是否存在漏洞。识别法律漏洞的实质是就某些法律未予明确规定的情形是否需要由法律加以调整作出判断。一般而言，法律漏洞的识别分为两步：

第一步，依据法律的体系精神确认涉争的生活事实是否属于法律应予调整的范围。在本案及类似案件中，当事人的婚姻自主权受到了侵犯，依照我国法律应予保护。在就法律漏洞是否存在作出判断时，必须将其与法外空间区分开来。法外空间是指不由法律规范加以调整的社会领域。当判定属于法外空间时，法官应径行拒绝裁判。可以看出，"法外空间"概念的存在对于认定诉讼是否应当提起或受理具有很大的意义。如果判断正确，则可以在维护法律权威的同时减少不必要的诉讼，在一定程度上缓解"诉讼爆炸"现象。反之，如果判断失误，则既有可能导致应予救济的权利未获救济，也有可能

---

[1] 江苏省南京市玄武区人民法院（2005）玄行初字第 32 号。

不当地扩张法律的调整范围。

例如，北京市房山区人民法院曾发生一起案件，某乙拾得某甲遗失的身份证后，用该身份证冒充某甲之身份在外地与某丙登记结婚。某甲在知晓此事后向北京市房山区人民法院提起诉讼，请求判令某乙与某丙之间的婚姻无效。法官以该桩婚姻不属于婚姻法规定的四种无效婚姻的范围为由，认为该婚姻不属无效婚姻，驳回了某甲的诉讼请求。在此案中，法官实际上将一个法律漏洞问题错误地作为法外空间问题来处理。

此类案件还涉及一个相关问题，婚姻登记机关对于婚姻登记申请的审查负有何种义务？对于贯彻婚姻自主的原则来说，明确婚姻登记机关的审查义务十分有必要。因此有必要进行下一步的讨论。

第二步，对现行法进行检查，判断现行法律是否就上述问题进行了明确而充分的规定。如果现行法律已经作出了明确而充分的规定，那么法律漏洞就不存在。如果出现以下情形，则可以认为存在法律漏洞：①完全没有规定；②虽有规定，但不够明确；③虽有规定，但是存在两个以上相互矛盾的规定。通过检索现行法律发现，我国的《婚姻法》《婚姻登记条例》虽然要求当事人到场做出真实的意思表示，并要求登记机关就此进行审查，但并没有明确登记机关是否负有实质审查义务，核查人证是否相符。依据最高人民法院行政审判庭2005年10月8日在《关于婚姻登记行政案件原告资格及判决方式有关问题的答复》（法〔2005〕行他字第13号）的规定，"根据《中华人民共和国婚姻法》第8条规定，婚姻关系双方或一方当事人未亲自到婚姻登记机关进行婚姻登记，且不能证明婚姻登记系男女双方的真实意思表示，当事人对该婚姻登记不服提起诉讼的，人民法院应当依法予以撤销"。这一规定似乎倾向于实质审查。但这样一来，民政局的工作人员就被课以核查申请人身份信息的义务，以现有技术手段和办公条件而言，实质审查无疑是一种苛求。结合婚姻法的其他规定来看，民政局工作人员核查当事人身份及真实意思的方式基本以申请材料为依据。由此，检索此类案件相关法律的结果初看起来是"虽有规定，但不够明确"，如果结合审判实践则进一步发现"虽有规定，但是存在两个以上相互矛盾的规定"。因此可以判定存在法律漏洞。

四、参考意见

1. 婚姻自由是我国婚姻法的基本原则，"被结婚""被离婚"现象的实质都是对当事人自由意志的侵害，法律应予调整。

2. 我国现行法律没有就此类现象进行明确规定。

拓展案例

案例：姚某诉覃某探视权纠纷案

一、基本案情[1]

2010 年 1 月 1 日覃某作为代孕需求方甲方与乙方福来代孕网签订了《爱心代孕合作协议》，协议主要内容如下：①甲乙双方是在完全自愿的基础上达成的代孕协议。乙方（以下简称代孕方）完全自愿为甲方代孕。协议期间，任何方不得在对方未发生违约的情况下中止协议约定内容，否则私自中止方属于违约（注：乙方为代孕方的全权代理人）。②本协议有效期为即日起至代孕方所生养的甲方亲生子（女）满月为止。最长期限为即日起 17 个月。如果一方违约或者需要承担协议规定的责任，有效期至违约方完全承担并履行其相关责任为止。③代孕方在服务期间所生养的小孩必须是甲方的亲生子（女）……⑪甲方付代孕方代孕报酬总额为 16 万元……⑰双方一辈子永远不得有打探对方的一切关于真实身份资料的行为……㉘受孕的方式：自然受孕（性生活受孕），只限于代孕妈妈每月排卵的那几天进行性生活……㊳合约于 2010 年 4 月 1 日起开始生效。此外，双方还约定了违约责任。覃某、韦某分别作为甲方和乙方在合同书上签字。合同签订后，姚某分别于 2011 年 1 月 8 日、2 月 11 日、3 月 25 日、4 月 14 日及 6 月 3 日出具收条，收条记载收到覃某支付的代孕佣金及代孕补偿费共计 18 万元整，代孕佣金已结清，覃某、韦某签订的代孕协议自动终止。2011 年 5 月 25 日姚某在桂林市妇女儿童医院生下儿子覃某某。2011 年 6 月 3 日儿子出院后被覃某抱回家中，覃某拒绝姚某探望儿子，姚某遂于 2011 年 9 月 26 日向广西壮族自治区柳州市城中区人民法院提起诉讼，请求法院判决：①覃某、姚某非婚生子覃某某归覃某抚养；②覃某给姚某探望儿子覃某某每月一次，每次两天的机会；③诉讼费由覃某某承担。

本案在审理过程中，经广西壮族自治区柳州市城中区人民法院主持调解，

---

[1] 一审判决书：广西壮族自治区柳州市城中区人民法院（2011）城中民一初字第 838 号。

双方当事人于 2011 年 11 月 8 日自愿达成如下协议：①原告姚某与被告覃某的非婚生小孩覃某某（男，2011 年 5 月 25 日出生）由被告覃某抚养，抚养费由被告覃某自行承担；②原告姚某每年探视覃某某三次，探视的时间和地点由双方自行协商。案件受理费 300 元（原告已预交），减半收取 150 元，由原告姚某承担 75 元，被告覃某承担 75 元。城中区人民法院据此制作了（2011）城中民一初字第 838 号民事调解书，对当事人达成的上述调解协议予以确认。

二、法律问题

本案所反映的法律漏洞是什么？为什么会出现此种法律漏洞？

三、重点提示

我国法律目前并不承认代孕行为，《合同法》亦明确规定不适用于人身关系的调整，这使得代孕合同双方的权利常常得不到保障。实践中，广义的代孕包括以下几种形式：①运用医学技术和方法将委托夫妻人工授精培育成功的受精卵或胚胎移植入代孕母的子宫内着床，发育成胎儿直至分娩，生育后小孩由委托夫妻以亲生父母亲的身份抚养，这种情况下代孕母与小孩没有基因关系。②运用人工方式将委托夫妻的男方精液注入代孕母体内以取代性交途径受精，待生育后小孩由委托夫妻以亲生父母亲的身份抚养，这种情况下代孕母亲与小孩有基因关系。③运用人工方式从精子库选取丈夫以外的男子的精液注入妻子体内以实现人工受孕，生育后由委托夫妻以亲生父母的身份抚养，这种情况下，丈夫与小孩没有基因关系。④非人类辅助生殖技术的代孕，委托夫妻的男方与代孕母直接发生性关系而怀孕。在这种情形下，代孕母亲一般是为了牟利而进行商业性代孕。本案即属此种形式。

以上情形都是或由新科技引致，或由社会变化引致的有关亲子关系的新问题。目前较为集中的法律问题有：在第①种情形下，代孕母与其所生的孩子究竟是何关系？如果代孕母在诞下孩子后不愿履行代孕协议，能否强行将哺乳期的婴儿判归委托夫妻抚养？在第②③种情形下，如果委托夫妻离婚，没有基因关系的一方是否可以拒绝抚养小孩？实践中，还出现了妻子的母亲以第①种方式为女儿怀孕的事例，这位代孕母与其生下的孩子之间的关系应该如何认定？该小孩究竟是与其女儿位于同一序列的继承人，还是与其孙子女一个序列的继承人？以上问题都是立法者在制定民法时没有想到的情形，是在法律制定和实施之后才出现的漏洞。

◈ 拓展资料

11 - 2　拓展阅读

专题二　填补法律漏洞的方法

◈ 知识概要

　　法律漏洞的填补是法律适用过程中运用的一种方法，因此，应将法律漏洞的填补与立法区别开来。法律漏洞的填补实质是一种创造性的活动。它是在适用法律的过程中，基于对立法目的和体系精神的理解，就法律应予规定而未予规定的情形进行规范。在填补法律漏洞时，应注意保持与宪法法律规定相一致，并符合法律体系精神。法律漏洞的填补有两个特点：一方面，它存在于建构大前提的过程中，拟在为具体的案件事实提供适宜的规范前提；另一方面，它只存在于法律适用过程中，具体而言，只存在于个案裁判过程中，主旨是为了解决当前面临的个案，因此，它不是一项立法活动。然而，鉴于立法往往是对社会实践尤其是法律实践的一种总结与提升，法律漏洞的填补最终也会对法律的完善发生影响。

　　本专题案例旨在提示填补法律漏洞的过程中可能用到的各种方法。需要明确的是，法律漏洞的填补不是一种独立的方法，它是填补过程中可能运用的各种方法的总称。在这一过程中，最为常见的是类比推理、目的性扩张、目的性限缩。其中，目的性扩张与扩张解释的区别在于，漏洞填补中运用的目的性扩张有可能超越字义的范畴。

经典案例

案例：天津泥人张诉北京泥人张不正当竞争案

11 - 3　本案判决书

一、基本案情

　　本案原告张某、张某甲，分别为"泥人张"第四代、第五代传人之一。本案原告北京市泥人张艺术开发有限责任公司成立于 1997 年 8 月 14 日，张某甲为该公司法定代表人。被告张某乙并非张某丙后代传人。在本案中，张某乙称其曾祖父名叫张某丁，为"北京泥人张"创始人，其是第四代传人。对该段历史经历，被告以 1988 年 12 月出版的《北京工商史话》、1989 年出版的《创业之歌》等书作为证据，加以证明。

　　1983 年 11 月 26 日，被告北京泥人张博古陶艺厂注册成立。该厂法定代表人是张某乙。1994 年 7 月 4 日，被告北京泥人张艺术品有限公司成立，法定代表人仍是张某乙。在被告北京泥人张艺术品有限公司的网站上登载的公司简介中称："北京泥人张"始于清末道光年间，至今已有 160 年的历史……厂长张某乙系"北京泥人张"的第四代传人，深得艺术真传，现任该厂的法定代表人等。

　　三原告认为：①三被告上述对所谓"北京泥人张"的宣传，是故意造成与原告"泥人张"专有名称的混淆，是对原告"泥人张"名称专有权的侵犯。②根据天津市高级人民法院判决的相关内容，被告两公司擅自将"泥人张"作为自己企业名称来使用，同样是明显的侵权行为。③被告北京泥人张艺术品有限公司用"泥人张"的汉语拼音作为自己网站的域名，易使公众产生混淆，是一种不正当竞争行为。综上，三原告为了维护自己的合法权益，遂将三被告诉至法院，请求法院判令：①被告张某乙停止侵权；②被告北京泥人张艺术品有限公司停止侵权，不得再宣传张某乙系"北京泥人张"第四代传人，并不得以任何形式使用"泥人张"的专有名称；③被告赔偿原告张某精神损失费 5000 元等等，共计十项诉讼请求。

被告辩称：被告张某乙并没有编造虚假历史，原告的指控毫无根据，是滥用诉权。"北京泥人张"与"天津泥人张"是完全不同的两种产品，被告产品与原告产品不存在市场竞争。且被告在宣传中一直使用"北京泥人张"字样，所以被告没有实施所谓不正当竞争行为。原告张某对被告使用"北京泥人张"名称的情况早已知悉，并已认可，故其已无权就此再行起诉。被告北京泥人张博古陶艺厂早于原告北京泥人张艺术开发有限责任公司成立，且发展规模已远远胜过原告，被告无需假冒原告的名称及产品来提高自己产品的信誉度和知名度，所以原告的起诉无事实及法律依据，请求法院驳回原告的全部诉讼请求。

本案经过一审、二审、再审。最高人民法院再审认为，"泥人张"作为对张某丙及其后几代人中泥塑艺人的特定称谓和他们所传承的特定技艺以及创作、生产作品的特定名称，社会知名度很高，承载着极大的商业价值；三被告在明知"泥人张"知名度的情况下，将其作为商业标识使用，又不能提供充分证据证明其使用的合法合理依据，客观上足以造成公众的混淆、误认，其行为构成不正当竞争，故判决撤销二审判决，维持一审判决。

二、法律问题

1. 本案所体现出的法律漏洞是什么？
2. 法院是如何对该漏洞进行填补的？

三、法理分析

老字号是我国传统文化的重要财富，在商品经济社会中，老字号的商业价值日益突显，由此产生的纠纷也屡见不鲜。与一般品牌相比，历史原因造成的归属不明，是老字号保护问题与其他品牌保护问题之间的根本区别，也是老字号法律保护问题的中心与争议焦点。老字号归属不明，保护对象的模糊性，是使老字号保护成为一个"问题"的根本因素。从历史上看，不同于大多数商标和商号产生自依法注册或登记核准，老字号全部诞生在现行法律制度建立以前。新中国成立后，因为经济制度的变化，老字号的经营与传承情况都更为复杂，"泥人张""王老吉""稻香村"等老字号都有相似遭遇。"泥人张"系列案件是老字号权利保护困境的典型体现。从本案的介绍中可以看出，"泥人张"这一称号在一百多年的历史积累中，已经产生了品牌效应，具有独立的经济价值。但现行法律规范并没有明文确认"老字号"作为一种名称究竟是什么权利，以至于该项权利的主体、客体均不明确，这使得法官有必要在裁判过程中对该漏洞进行填补。

1995 年，张某等 17 位张某丙后代传人与天津泥人张彩塑工作室、天津市泥人张工艺品经营部、天津泥人张塑像艺术公司因"泥人张"名称的专有权的归属等问题，向天津市中级人民法院提起了诉讼。经过天津市中级人民法院及天津市高级人民法院的审理，最终天津市高级人民法院认定：清代泥塑艺人张某戊，字某丙，被人们称为"泥人张"，为"泥人张"彩塑的创始人。法院最后判决：张某丙后代中从事彩塑创作的人员和天津泥人张彩塑工作室有权使用"泥人张"名称，但必须与个人姓名或单位名称同时使用；双方经有关部门核准均有权将"泥人张"名称作为企业或机构名称的部分内容使用；双方未经协商一致，不得将"泥人张"名称转让和许可他人使用，等等。但这份判决书中仅将"泥人张"作为名称提及，并未确定"泥人张"这一名称的权利属性。因此才有后来的本案及天津市泥人张世家绘塑老作坊诉陈某某擅自使用他人企业名称及虚假宣传纠纷一案。

本案中，原告以不正当竞争为由起诉被告，虽然最终获得了对原告有利的判决，但法官仍不能在判决中明确原告就"泥人张"所享有的名称权是何种性质的权利。值得注意的是，法院依据 1993 年《反不正当竞争法》进行裁判，但裁判依据却不是看起来与本案密切相关的第 5 条的规定。依据这两项规定，经营者不得擅自使用知名商品特有的名称、包装、装潢，或者使用与知名商品近似的名称、包装、装潢，造成和他人的知名商品相混淆，使购买者误认为是该知名商品；不得擅自使用他人的企业名称或者姓名[1]，引人误认为是他人的商品。最高人民法院维持的一审判决依据《反不正当竞争法》第 2 条第 1、2 款作出。该两款规定，经营者在市场交易中，应当遵循自愿、平等、公平、诚实信用的原则，遵守法律和商业道德；本法所称的不正当竞争。[2]

---

〔1〕 现行《反不正当竞争法》的规定为：经营者不得擅自使用与他人有一定影响的商品名称、包装、装潢等相同或近似的标识，不得擅自使用他人有一定影响的企业名称。

〔2〕 是指经营者在生产经营活动中，违反本法规定，扰乱市场竞争秩序，损害其他经营者或者消费者的合法权益的行为。

很明显，如果法院能够确认"泥人张"是原告专享的企业名称、姓名或是知名商品的特有名称，那么本案完全可以依据 1993 年《反不正当竞争法》第 5 条的具体规定作出裁决，而无须援引容易引起非议的法律原则。可以说，本案中的法官是运用了法律原则对漏洞进行了填补。但在天津市泥人张世家绘塑老作坊诉陈某某擅自使用他人企业名称及虚假宣传纠纷一案中，法院着重考察"泥人张"一称的非商业用途，并结合文化艺术行业的惯例，对"传人"进行界定，从而判决陈某某有权被称作"泥人张第六代传人"。由此可见，同样的漏洞出现在不同的案件中，其填补方式有所不同。由于法律漏洞的填补旨在解决个案裁判的问题，因此法院无需对"泥人张"这一类名称权的主体、客体进行界定，而是以解决纠纷为导向，根据不同的诉求采用不同的方式加以解决。

四、参考意见

1. 在本案审理时，我国未就中华老字号的权利保护制定专门的法律法规，并未明确老字号的权利属性以及确权方式。

2. 本案实际是将"泥人张"这一特有名称作为企业名称的一部分加以保护，但这一类比过程并未得到充分阐释。也许正是因为考虑到这一类比的依据不够充分，因此终审判决并未依据修订前的《反不正当竞争法》第 5 条。

拓展案例

案例：张某某诉世纪互联通讯技术有限公司著作权纠纷案

11-4　本案判决书

一、基本案情

北京师范大学出版社 1993 年 12 月出版的《美丽瞬间》中选编的《黑骏马》、北京十月文艺出版社 1987 年 7 月出版的《北方的河》，均为原告张某某创作的文学作品。1998 年 4 月，被告某通讯技术公司成立"灵波小组"，并在其网点上建立了"小说一族"栏目。他人通过电子邮件方式将张某某的作品内容提供到某通讯技术公司的网点上后，"灵波小组"将其存储在计算机系统内，并通过 www 服务器在国际互联网上传播。联网主机用户只要通过拨号上网方式进入被告的网址：http://www.bol.com.cn 主页后，便可浏览或下载张某某的作品《黑骏马》《北方的河》。某通讯技术公司刊载的《黑骏马》《北方的河》，有张某某的署名，作品内容完整。

原告认为，被告未经许可，在其网站上传播使用了原告的作品，被告的行为侵犯了原告的使用权和获得报酬权。请求法院判决被告停止侵权，公开致歉，赔偿经济损失人民币 31 500 元、精神损失 5000 元，并承担诉讼费、调查费。

被告辩称：我国法律对在国际互联网上传播他人作品是否需要取得著作权人的同意，怎样向著作权人支付作品使用费等问题，没有任何规定。我公司刊载原告的作品，没有侵害原告的著作人身权。我公司的行为仅属于"使用他人作品未支付报酬"的问题。

一审法院认为原告张某某是文学作品《黑骏马》《北方的河》的著作权人。被告某通讯技术公司依靠计算机把张某某的作品在国际互联网上传播，这种行为本身不具有著作权法意义上的独创性，只是作品的载体形式和使用手段发生变化而已。《著作权法》第 10 条规定，著作权人对自己的作品享有发表权、署名权、修改权、保护作品完整权、使用权和获得报酬权，其中使用权和获得报酬权是指"以复制、表演、播放、展览、发行、摄制电影、电视、录像或者改编、翻译、注释、编辑等方式使用作品的权利；以许可他人以上述方式使用作品，并由此获得报酬的权利"。立法者在立法时，只能列举常见的使用方式，不可能穷尽所有的作品使用方式。作品在国际互联网上传播，虽然与出版、发行、公开表演、播放等传播方式有不同之处，但本质上都是使社会公众了解作品内容的手段。因此，不能因传播方式不同而影响著作权人应有的合法权益。

《著作权法》第 33 条规定，著作权人向报社、杂志社投稿的"作品刊登后，除著作权人声明不得转载、摘编的外，其他报刊可以转载或者作为文摘、资料刊登，但应按照规定向著作权人支付报酬"。该款只是规定报刊享有转载或作为文摘、资料刊登的权利，但那些篇幅较长、能够独立成书的小说不应当包括在法律允许的范围之内，否则不利于对著作权的保护。法律是从既要保护著作权人的合法权益，又要满足社会对文学、艺术和科学知识传播的广泛需求，才赋予涉及著作权的诸民事主体以不同的民事权利。而满足社会对文学、艺术和科学知识传播的广泛需求，又与保护作者对其作品享有的著作权密不可分。只有对著作权进行严格的司法保护，才有利于知识的创新和传播。被告公司作为网络信息提供服务商，是为了达到吸引客户访问的营利目的，才在未经原告张某某许可的情况下，在其网站上刊登张某某小说的。这种行为侵犯了张某某对自己作品依法享有的使用权和获得报酬权。至于某通讯技术公司称，访问用户很少，且没有任何经济收益。营利多少只是衡量经营业绩的标准之一，与该行为的性质是否属于侵权并无关系。某通讯技术公司的这些辩解理由不能成立。

二、法律问题

1. 本案所体现出的法律漏洞是什么？
2. 法院是如何对该漏洞进行填补的？

三、重点提示

本案在审判过程中面临两个法律漏洞，一是网络传播没有明文列为侵权的传播方式，二是《著作权法》第 33 条第 2 款概括性的规定了公开发表的作品的转载权。如果严格依照法律条文，作家的著作权益很有可能得不到保护。因此，本案的主审法官基于保护著作权人的立法目的，一方面扩大了传播方式的外延，另一方面又限缩了可供转载的作品的外延。

在处理传播方式的问题时，法院准确地指出了《著作权法》第 10 条所列举的传播方式的本质都是在不改变作品内容的前提下，以不同的载体形式让公众了解作品内容。换言之，本条的目的在于限制无创造性的传播。基于此，法院将第 10 条扩大适用到网络传播。

在界定"作品"的含义时，法院依据立法目的对作品的外延进行了限制。如果拘泥于字义，那么无论长篇小说、中篇小说、短篇小说或者杂文、小品，只要是已在报刊刊登而著作权人未事先声明，其他报刊即可转载或者摘编。但这不符合著作权法的立法目的。主审法官正确地指出，并非所有在报刊发表的作品都适合于转载，那些篇幅较长、能够独立成书的小说不应当包括在法律许可的范围之内，否则不利于对著作权的保护。在此，法官采用的是目的性限缩方法，将"篇幅较长、能够独立成书的小说"排除在该款适用范围之外。

◆ 拓展资料

11 - 5　拓展阅读

专题三　填补法律漏洞的素材

◆ 知识概要

在填补法律漏洞的过程中，现行法律规则、法律原则、习惯法甚至法学理论都有可能参与其中。为了保持法律体系的一致性，避免法律体系过于开放而与其他规范混为一谈，法律人在填补法律漏洞的过程中应当坚持现行法律规范优先的原则。如果法律没有可供参照的规定，则依习惯确定；如果没有确定的习惯法，则依法理，即公平、正义等基本原则确定。

◆ 经典案例

案例：北京中锐文化传播有限责任公司诉北京零点市场调查与分析公司侵犯商业秘密纠纷案

11 - 6　本案判决书

一、基本案情

1998 年 5 月 5 日，中锐文化传播公司（甲方）与零点市场调查公司（乙方）签订项目合作协议书，协议约定甲方委托乙方进行城市家庭租用影像制品行为模式的市场调查研究；甲方对本项研究成果有专属所有权，乙方对该项调查委托人（甲方）在调查中取得的一切结果及甲方在调查过程中提供的一切商业文件承担保密责任；乙方未履行保密义务，将承诺退回全部委托费用，并且无偿提供重新调查；该协议涉及的"城市家庭租用影像制品行为模式研究项目计划书"作为双方协议的补充，其设计版权为零点市场调查公司所有，未经版权人同意，不得提供给版权人之同业机构。该计划书明确写明，调查研究的目的是"了解城市家庭对 VCD 为主的影像制品的消费现状、消费行为模式、租借偏好、潜量以及对租用场所提供服务的选择与需求等，为委托者进入影像制品租借市场，进行市场定位，确立相应的进入机会和投资计划提供决策参考"。合同签订后，零点市场调查公司依约进行了调查工作，并于 6 月底将《城镇影像制品租赁市场状况综合调查报告》交付给中锐文化传播公司。

法院在审理过程中查明，1998 年 1 月至 3 月零点市场调查公司自行完成了约定的调查报告。另查明，1998 年 3 月零点市场调查公司受中央电视台经济部"3·15"剧组委托，进行了中国城市消费者权益意识水平综合测试，并出示了报告，其中也有 VCD 的盗版问题的调查。1998 年 6 月 16 日，零点市场调查公司在《第一手》周刊上发表了"北京 VCD 何处觅？"一文，披露了相关调查信息。

中锐文化传播公司在签订协议后，如约支付了相关款项，尚欠 15 416 元。接到零点市场调查公司的报告前后，中锐文化传播公司已拟投资于 VCD 市场，并已做好相关准备。后中锐文化传播公司以零点市场调查公司披露调查结果在先，使其蒙受损失为由，拒付协议余款，并要求零点市场调查公司赔偿经济损失，双方协商未果诉至法院。

原告诉称，零点市场调查公司接受我公司的委托对 VCD 市场调查结果及该结果直接引证出的"VCD 租赁连锁店有市场潜力"的投资理念，均属于我公司的商业秘密，它符合法律对商业秘密的判断标准，应得到法律的保护，且我公司与零点市场调查公司有合同约定，因此零点市场调查公司公开调查结果的行为，给我方造成重大经济损失。请求法院依法判令：①零点市场调查公司退还我公司支付的全部委托费，共计 13 124 元；②零点市场调查公司赔偿因违约给我公司造成的经济损失共计 318 000 元；③零点市场调查公司公开赔礼道歉；④由零点市场调查公司承担本案的诉讼费用。

被告零点市场调查公司提起反诉，请求法院判令：①驳回中锐文化传播公司的诉讼请求；②中锐文化传播公司立即支付拖欠我方的委托费计 15 410 元；③中锐文化传播公司立即支付截止到反诉提出日的违约金计 35 148 元。

法院认为，目前我国对市场调查行业没有统一的市场规则来调整，因此当事人的协议约定则成为调整双方权利、义务关系的主要依据，而国际上在此行业中的通常做法及已形成的行业规范仅可作为处理此案的参考依据。

零点市场调查公司作为一个专业调查公司，经常受客户之托进行市场调查，一般易于掌握客户的商业信息，更应严格依照法律或双方约定提供服务，本案中零点市场调查公司的行为失当，已构成对中锐文化传播公司商业秘密的侵犯，应该承担相应的责任。但中锐文化传播公司提出的赔偿请求过高，本院将对赔偿数额予以酌定。零点市场调查公司的反诉请求于法无据，本院不予支持。

二、法律问题

本案中法院用以补充法律规范不足的素材是什么？

三、法理分析

填补法律漏洞时可以运用各种素材，每种素材的运用方式都会有所不同。以法律原则为例，如果运用法律原则来填补法律漏洞，应当将法律原则的内涵予以明确。例如，本章专题二的泥人张一案援引修订前的《反不正当竞争法》第 2 条规定"应当遵循自愿、平等、公平、诚实信用的原则，遵守公认的商业道德"。虽然没有明确何为自愿、平等、公平、诚实信用，但从法官的行文可以看出其基本思路是，北京泥人张不能证明其"泥人张"称号的渊源与传承，不能证明其对"泥人张"名称的运用系合理使用，因此，其运用大众通常认为归属于天津泥人张的称号有悖诚实信用，有损天津泥人张的正当权益，有害于公平竞争。这些原则的引用弥补了当时的法律没有就老字号如何定性、如何保护作出明文规定的缺憾，较好地填补了相关法律漏洞。

在本案中，如法院在判决书中所述，目前我国对市场调查行业没有统一的市场规则来调整，因此在确定市场调查公司的责任义务范围时需要结合国际惯例、行业规范，这实际是运用国际惯例、行业规范来填补法律漏洞。法院在判决书中明确提出以"国际上在此行业中的通常做法及已形成的行业规范"作为处理此类案件的参考依据，即将国际惯例和行业惯例作为裁判的参考依据。结合本案案情来看，何为商业秘密需要结合具体的行业实践来确定。尽管惯例不是正式的法律渊源，但若经法院认可，可以补充法律规范的不足，而作为法院审理案件的补充依据。

需要注意的是，这些素材的运用存在诸多问题。首先是其本身的内涵和地位不明确，其次是它们的运用过程需要论证。如果运用法律原则，我们需要对法律原则的内涵进行具体化、明确化；如果通过类比诉诸法律规则，则需要就争议案件与法律规则中的要件的相似性进行论证；如果诉诸行业惯例，则需要提出论据证明行业惯例的内容及其客观存在；如果诉诸法学理论，则需要证明该理论系学界通说或至少需要展示该理论的论证过程，使之言之有据。

四、参考意见

尽管本案的主审法官明确提出以行业惯例作为裁判的参考依据，但并未明确市场调查行业惯例的具体内容以及确定这一内容的依据。

拓展案例

案例：瞿某某诉上海拍卖行拍卖纠纷案

一、基本案情

1998 年 3 月上海拍卖行诉至法院称：1997 年 11 月 21 日下午，瞿某某参加上海拍卖行组织的"97 年秋季精品字画拍卖会"，并以"109"牌号参加竞拍，拍得十余件拍品，但瞿某某未按约付款并取走其拍得的其中 70 号、72 号拍品，故要求判令瞿某某支付上述拍品成交价 30% 的违约金；没收定金人民币 10 000 元；支付以日 0.03% 计的滞纳金。对上述事实及主张，上海拍卖行提供的证据有：①竞拍者登记表；②上海拍卖行 NO.0004224 的成交确认书；③上海拍卖行 NO.0004023 的成交确认书；④上海拍卖行的发票；⑤提供 72 号拍品画家名单；⑥上海拍卖行认购方皆为 109 的发票存根联；⑦上海拍卖行书画拍卖会规则。

瞿某某辩称：其未填写竞买者登记表，也未参与竞拍，只是随朋友一起至上海拍卖行；第 70 号、72 号拍品拍卖过程中严重违反《拍卖法》、上海拍卖行业务规则及上海拍卖行的公告声明；且第 70 号拍品为赝品，第 72 号拍品称百人画，但仅 80 余人，故不同意上海拍卖行的诉讼请求。对上述主张，瞿某某提供证据如下：①《拍卖法》；②上海拍卖行的"敬请买家注意"之声明。

一审法院经过庭审及对双方当事人提供的证据进行质证后认为，上海拍卖行提供的第 72 号拍品，其实际画者人数有 94 位，号称"百人"，在称呼上并无失当。根据《拍卖法》规定，拍卖人在拍卖前声明不能保证拍卖标的真伪或者品质的，不承担瑕疵担保责任。瞿某某在上海拍卖行的成交确认书上确认后签名，应视为双方的格式合同已生效，双方均负有自觉履行的义务。上海拍卖行的竞拍规则并未对滞纳金有规定，故对上海拍卖行要求瞿某某支付滞纳金之主张不予支持。一审法院判决：①自判决生效后 10 日内，瞿某某应支付上海拍卖行违约金人民币 69 300 元；②瞿某某已预付上海拍卖行定金人民币 10 000 元归上海拍卖行所有；③上海拍卖行其余之诉不予支持。案件受理费人民币 6234.90 元，上海拍卖行负担人民币 234.90 元，瞿某某负担人民币 6000 元。

上诉人瞿某某不服原审判决，提起上诉。二审中双方各自补充新证据。

上海市第一中级人民法院审理后确认：1997 年 11 月 21 日下午，瞿某某参加上海拍卖行组织的"97 秋季中国书画拍卖会"，并以该名登记领取"109"竞拍牌号，当日拍得 70 号、72 号等多幅拍品。瞿某某在成交确认书上签名确认，提取了除 70 号、72 号拍品以外的其余拍品，并于 1998 年 1 月 20 日由支某支付了定金人民币 10 000 元。此后，瞿某某对该 70 号和 72 号拍品的品质持有异议，表示悔拍，未按约付款取走该拍品，遂引发本次诉讼。

法院认为：民事法律行为从成立时起具有法律约束力。行为人非依法律规定或者取得对方同意，不得擅自变更或者解除。本案中瞿某某在参加上海拍卖行组织的拍卖会时应当知晓有关拍卖规则，亦应当明白在拍卖中所为的法律行为带来的法律后果。现依据相关证据，可以认定瞿某某是争议的70号、72号拍品的买受人，其应当履行该拍卖确认后其所应当承受的权利和义务。我国《拍卖法》规定，拍卖人、委托人在拍卖前声明不能保证拍卖标的的真伪或者品质的，不承担瑕疵担保责任。又规定，买受人应当按照约定支付拍卖标的的价款，未按照约定支付价款的，应当承担违约责任。上海拍卖行的拍卖会规则就拍品的品质及悔拍的后果已作了规定。因此，瞿某某以70号、72号拍品品质有瑕疵而悔拍，其应当承担由此产生的民事责任。原审法院判令瞿某某应支付上海拍卖行违约金及对定金、滞纳金的处理是正确的，但对违约金的计算有误，二审予以更正。另从本案的审理中反映出上海拍卖行此次拍卖活动中在收取定金等方面存在不规范之处，对此，上海拍卖行应注意严格规范，避免纠纷。综上所述，上诉人瞿某某上诉请求缺乏事实和法律依据，本院不予支持。

二、法律问题

本案的争议点是什么？法院是如何对争议点作出裁判的？

三、重点提示

本案争议在于瞿某某是否是"109"号竞买人。法院在对这一争议事实进行裁判时，依据的是载有瞿某某名字的竞拍登记表、基于登记表领取的竞拍牌号以及在拍品成交确认书上的瞿某某的签名。

拓展资料

11-7 拓展阅读

| 第十二章 |

法律论证

　　法律论证是法律适用过程中普遍运用的方法。在大、小前提的建构过程中，不论是对冲突法律进行选择、对法律漏洞进行填补，还是进行法律解释、法律推理，都离不开法律论证。可以说，其他所有法律方法的运用都离不开法律论证的支持。这是因为，上述方法的运用过程离不开说理，而法律论证正是一门有关如何说理的学问。可以说，法律论证的重要性根源于现代社会的特性以及前述形成法律决定的方法的局限性。

　　一方面，现代社会的三重特征决定了论证的必要性。首先，现代社会呈现出"反权威""反中心"的解构主义特征。权威本身不足以成为人们行动的理由。法律机关需要就其法律决定给出法律理由，而不能仅凭其"机关"地位发号施令。其次，多元真理观已得到普遍承认。在法律领域，法律的"唯一正解论"也逐渐消解。真理的共存性与竞争性使得在某一法律决定作出时，不能仅仅因为宣称出自真理就要求被遵从，而必须给出理由，以证明其最为合理。最后，现代社会是信息社会，信息的垄断被打破，信息共享的速度也在加快。同样，法律职业对法律知识的垄断也被打破，法律人不能仅凭其专业背景证成其论断。

　　另一方面，法律解释、法律推理等方法都没有正面回答价值判断的问题，存在盲目运用或被肆意滥用的风险。为了防止这些方法被滥用，法律人在运用这些方法的过程中必须就具体的判断给出理由。例如，为什么选择目的解释而非历史解释？为什么将某一法律条文的立法目的理解为 A 而不是 B？给出理由的好处在于，能够让受众更清晰地了解法律决定的形成过程，对这一决定的正当性进行更为准确的判断。作为一门研究如何给出理由的学问，法律论证能够帮助法律人增强法律决定的可接受性，进而维护、增强法律的权威。

专题一　法律论证的定义与特征

知识概要

法律论证是指提出某一法律主张的人为了获得听众（拟说服的对象）的认同，通过提出一定的理由、依据而进行的论述。首先，法律论证的对象是法律主张，它不限于有关法律规范的讨论。如果某一事实命题对于最终的法律结论有影响，该事实命题也可视为需要加以论证的法律主张。其次，论证的形式可以是书面的或口头的。书面形式主要表现为起诉书、答辩状、判决书等法律文书，口头形式则主要表现为各方在庭审、质证等环节进行的口头陈述。再次，法律论证的主体是提出该法律论证的人，即除非某一主张已经被普遍承认或推定认可，谁主张谁论证。最后，论证的目的是赢得听众对该主张的认可。因此，论证者应以能为听众所接受的方式给出听众可以接受的理由。

经典案例

案例：饶某某与广东某药业有限公司保证合同纠纷上诉案

12 - 1　本案判决书

一、基本案情

2006 年 3 月 23 日，饶某某与广东某药业有限公司（以下简称某公司）签订了《经销商财产担保书》，约定由饶某某为乌鲁木齐力乐多食品有限公司（以下简称力乐多公司）提供经济担保。担保书中约定，"当被担保人在与佛山市顺德某保健品有限公司合作期间产生货款不能偿还时，我们愿意用我们所有的财产偿还被担保人所欠佛山市顺德某保健品有限公司货款"。佛山市顺德某保健品有限公司于2010年9月30日更名为某公司。饶某某系力乐多公司法定代表人，力乐多公司与某公司之间存在长期业务关系。

2011年4月30日，力乐多公司与某公司经对账出具《经销商对账单》一份，载明截止到2011年4月30日，力乐多公司累欠某公司货款485 598.75元。2011年7月25日，因力乐多公司未偿还上述欠款，某公司诉至乌鲁木齐市沙依巴克区人民法院，经《2011沙民二初字第611号民事调解书》确认，力乐多公司同意于2011年12月10日前偿付某公司货款281 655.37元。该民事调解书经强制执行未能得到完全履行。

于是，某公司向乌鲁木齐市沙依巴克区人民法院提起诉讼。一审法院认为，某公司与饶某某之间签订的保证合同系当事人真实意思表示，内容符合我国法律法规规定，合法有效，合同双方应按照合同约定享有权利及履行义务。本案属于一般保证合同纠纷。本案主合同债务已经审判要求给付，但经强制执行仍不能履行债务，故某公司另行提起保证合同之诉，要求饶某某承担保证责任的诉讼请求合理合法且未超过法定诉讼时效，应予以支持。本案担保合同中对保证期间的约定不明，而主债务人承担责任的期限为欠款到期后2年，本案中保证期间应认定为2年。一审法院据此判决：饶某某对(2011)沙民二初字第611号民事调解书确认的被担保人乌鲁木齐力乐多食品有限公司给付广东某药业有限公司281 655.37元债务承担共同保证还款责任。

原审判决宣判后，上诉人饶某某不服，向乌鲁木齐市中级人民法院提出上诉。饶某某称，双方于2006年3月23日签订的《经销商财产担保书》中，对保证责任未明确约定，按照担保法的规定，应视为连带责任保证。某公司在对力乐多公司提起诉讼时，没有一并起诉其承担保证责任。因此，饶某某的保证期间应为自债权人要求债务人履行义务的宽限期届满之日起6个月，且连带责任保证期间不存在诉讼时效中断。故某公司现要求我方承担保证责任的诉讼时效已过。原审判决错误，请求二审法院撤销原判并依法改判。被上诉人某公司答辩称：饶某某是在双方合作之初出具的担保书，是一般保证。该担保书在双方合作期间一直有效，并没有超过诉讼时效。饶某某的上诉理由不能成立。

二审法院查明的事实与一审法院查明的事实一致。二审法院认为，某公司与饶某某之间签订的保证合同合法有效。该担保书写明："当被担保人在与佛山市顺德某保健品有限公司合作期间产生货款不能偿还时，我们愿意用我们所有的财产偿还被担保人所欠佛山市顺德某保健品有限公司货款。"根据我国《中华人民共和国担保法》（以下简称《担保法》）的规定，当事人在保证合同中约定，债务人不能履行债务时，由保证人承担保证责任的，为一般保证。故饶某某所提供的保证属于一般保证。当一般保证合同的主债务履行期限届满时，债权人应首先向债务人主张履行债务或赔偿损失的请求。只有在债务人履行不能时，债权人才能向保证人主张。本案主合同债务经强制执行仍不能履行债务，故某公司另行提起保证合同之诉，要求饶某某承担保证责任符合法律规定，根据《担保法》第25条第2款以及《最高人民法院关于适用〈中华人民共和国担保法〉若干问题的解释》第34条第1款的规定，本案符合诉讼时效中断的法定情形，并未超过法定诉讼时效。饶某某的上诉理由不能成立，对其上诉请求，法院不予支持。原审法院认定事实清楚，适用法律正确，应予维持。根据《民事诉讼法》第170条第1款第1项之规定，判决驳回上诉，维持原判。

二、法律问题

1. 本案共出现了几种法律主张？
2. 各法律主张相应的理由是什么？

三、法理分析

荷兰学者总结了当前法律论证研究的五大论题：①哲学论题。该论题专注于法律论证理论的规范基础，旨在解决法律决定在何种意义上是正确的或正当的。②理论论题。在该论题中，人们提出各种法律论证的理论模型，其中法律论述的结构和论述可接受性的标准与规则都得到明确的阐述。③重构论题。该论题揭示了如何在某一分析模型中重构法律论述。这种重构的目标是：对论证过程的阶段、明确的和隐含的论述以及论述结构，获得一个清晰的印象。④经验论题。该论题研究了法律实际运行中论述的建构和评价。⑤实践论题。该论题研究如何将前述4个论题的研究成果运用于法律实践。[1]

这五大论题全面地描绘了法律论证的研究图景，也反映了法律论证的核心问题意识。正是这些问题意识决定了法律论证的学问性质，也决定了法律论证的作为空间。概言之，在理论层面，法律论证可以增强法律决定的正当性（可接受性）；在现实层面，法律论证可以使法律决定为尽可能多的人所接受；在宏观层面，法律论证可以增强法律体系对社会的适应性；在微观层面，法律论证可以使个案的论证获得可评价性。

在个案中，我们对于法律主张的评价主要是基于对其理由的评价，因此，提出法律主张者都必须就自己的主张提供尽可能充分的理由。总体而言，本案出现了四种法律主张：A 是一审原告（被上诉人）提出的由饶某某承担还款责任的主张，B 是一审被告（上诉人）提出的饶某某无须承担责任的主张，C 是一审法院作出的由饶某某承担共同保证还款责任的判决，D 是二审法院作出的驳回上诉、维持原判的判决。

四方就各自的主张提出了相应的理由。A 的理由是：A1，双方约定了由饶某某承担一般保证责任；A1 的理由是 A2，双方的担保合同中约定，"当被担保人在与佛山市顺德某保健品有限公司合作期间产生货款不能偿还时，我们愿意用我们所有的财产偿还被担保人所欠佛山市顺德某保健品有限公司货款"。依据法律规定，该保证为一般保证。B 的理由是 B1，双方约定的连带责任保证已过诉讼时效；B1 的理由是 B2，双方约定的保证责任形式为连带责任保证；B2 的理由是 B3，法律规定保证责任约定不明的为连带责任保证；B3 的理由是 B4，双方的担保合同约定不明。C 的理由与 A 基本相同。D 的理由是原判事实清楚，适用法律正确，故依据《民事诉讼法》第 170 条第 1 款第 1 项之规定进行判决。

由上可见，四方都就自己的主张提出了理由。就双方当事人而言，其提出理由是为了让法院接受自己的主张；就一审法院而言，其提出理由是为了让双方当事人及上级法院能够接受其主张；就二审法院而言，其提出理由是为了双方当事人接受其主张。

---

〔1〕 〔荷〕伊芙琳·T. 菲特丽丝：《法律论证原理——司法裁决之证立理论概览》，张其山等译，商务印书馆 2005 年版，第 17~22 页。

四、参考意见

本案的分析旨在提示法律论证的对象与过程。需要注意的是，各方提出的理由会因为他们提出的主张，以及试图说服的对象的不同而不同。例如，二审法院判决的重要理由是《民事诉讼法》第170条第1款第1项的规定，"原判决、裁定认定事实清楚，适用法律正确的，以判决、裁定方式驳回上诉，维持原判决、裁定"。虽然二审判决对于当事人权利、义务的认定与一审一致，但依据的理由却有所不同。

拓展案例

案例：色某某诉何某某等侵犯著作权案[1]

一、基本案情

2006年4月，原告色某某发现CD《凤凰传奇·月亮之上》的主打歌《月亮之上》的间奏中有6个小节与其父亲通某作曲的《敖包相会》相同。该6小节的使用未经原告许可，未署《敖包相会》词曲作者的名字，也未支付报酬，侵犯了原告的著作权。

被告称，《月亮之上》为何某某独立创作的原创歌曲，何某某创作的《月亮之上》中的词曲并不包括本案诉争的间奏部分，是在CD的录制过程中蒙古族歌手杨魏某某即兴哼唱出来的。《月亮之上》间奏中被诉侵权的6小节与民歌《韩秀英》的前面部分基本相同，而与《敖包相会》的涉诉部分相比差异较大。2007年6月26日，演唱者杨魏某某在与北京市信杰律师事务所律师谈话中明确表示："在这首歌的录制过程中，我记得我自由发挥哼唱了很多段蒙古民歌，大家都觉得用这样旋律做这首歌的间奏很贴切，所以大家在录制现场一致选用了我哼唱的一段……我是蒙古族人，从我记事开始，我就会唱间奏部分的歌曲，我一直认为这一歌曲就是我们内蒙古民歌，所以在录制《月亮之上》这首歌的时候，我完全是不由自主地就唱出这段间奏。"

---

〔1〕 一审判决书：北京市海淀区人民法院（2007）海民初字第22960号。二审判决书：北京市第一中级人民法院在（2008）一中民终字第5194号。

相关事实还有：①2003 年 7 月 31 日在央视国际网刊登的标题为《蒙古姑娘》的访谈记录，在访谈中，作曲家永某某说："《敖包相会》的原名歌叫《韩秀英》，《韩秀英》就是女性和男性之间（的爱情歌曲）。"②2006 年 11 月 20 日，通辽市音乐家协会出具该协会主席张某某签字的《说明》。《说明》中称："一般认为：《韩秀英》确系哲蒙民歌；《敖包相会》作为电影《草原上的人们》插曲之一，流行较广，音乐中确有《韩秀英》某些音调，但词曲均有较大差别，并非同一首歌；如何认定《敖包相会》的属性，相关权威部门应有明确意见。"

海淀区人民法院经审查后确认《敖包相会》改编自《韩秀英》，理由如下：①有出版物记载的蒙古民歌《韩秀英》就有 2 种版本，表明其在蒙古族广为流传，作为蒙古族作曲家，通某创作《敖包相会》前应当知晓该民歌；②通过整体上对比可以看出，虽然二者的曲风有些差异，但曲调基本相同；③在本案中，所有记载《敖包相会》的出版物均表明"通某编曲"，印证了网站上关于通福根据民歌《韩秀英》改编成《敖包相会》的报道；④原告提交的通辽市音乐家协会出具的《说明》也表明，《敖包相会》中确有《韩秀英》的某些音调，也印证了《敖包相会》改编自《韩秀英》的事实。

由于《敖包相会》在民歌基础上改编而成，因此改编者通某仅对其有独创性的部分享有著作权。《敖包相会》的独创性主要体现在歌曲的整体改编上。通过对比可以发现，《敖包相会》简谱前六个小节、《蒙古民歌集》中的《韩秀英》简谱前六个小节、《中国民间歌曲集成·内蒙古卷》中的《韩秀英》简谱前六个小节、《月亮之上》间奏涉诉六个小节，在简谱的形式上虽然并不完全相同，但是，从实际演奏效果上看，上述五个曲段的主旋律显示出明显的同源性。通过更进一步的对比可以发现，上述曲段的起音、落音、骨干音基本相同。因此，法院认定涉诉六个小节曲段均源自民歌《韩秀英》。通某对《敖包相会》整体上作出了独创性贡献，但仅仅就前六个小节而言，并未进行实质性改编，作出独创性贡献，故不能对此六小节民歌曲段享有著作权。

为促进民歌的进一步传播、发展，应允许公众对民歌进行合理改编和使用。因此，《月亮之上》对于涉诉六小节民歌曲段的使用，不需要经过民歌改编者通某的许可，也不侵犯通某的著作权。色某某以《敖包相会》的诉讼请求，无事实和法律依据，法院不予支持。

综上，法院判决：驳回原告的诉讼请求。

一审原告提起上诉。二审法院将通某 1952 年的歌曲手稿与《韩秀英》曲谱进行对比，认为涉案六小节中，除第三小节完全相同外，其他各小节均有较为显著的差异，所对应的曲调亦有较为显著的不同。据此，法院认为《敖包相会》的涉案六小节并非源于《韩秀英》，色某某认为其对涉案 6 小节享有的著作权财产权的主张具有事实与法律依据。法院终审判定，何某某、孔雀廊公司、广东音像出版社的行为均已构成对色某某的著作权财产权的侵犯，应共同承担停止侵权、赔偿损失的民事责任。

二、法律问题

1. 本案的主要争议点是什么？
2. 试从法律论证的角度对两审判决作出分析。

三、重点提示

本案的主要争议在于《月亮之上》《敖包相会》《韩秀英》中涉争的六小节是否相似。初审法院认为三首歌曲中的涉争六小节相似，由于《韩秀英》为民歌，《敖包相会》的作曲就此六小节不享有著作权，因此《月亮之上》对这六小节的使用不构成侵权。终审法院则认为，《敖包相会》的涉争六小节与《韩秀英》存在显著差异，应认定通福的著作权；而《月亮之上》的涉争六小节与《敖包相会》基本相似，因此构成侵权。

由上可见，本案的主要争议在于事实问题，但由于该事实具有法律意义，因此仍应将各方对于案件事实的不同看法视为法律主张。在就该类主张陈述理由时，各方不止需要提供有效证据，而且还要依据行业惯例就事实进行认定。以本案的核心争议——涉案六小节是否相似——为例，首先需要双方提交歌曲简谱即六小节的形态，其次需要法官就此六小节是否相似进行判断。值得注意的是，两审法官都未就自己的主张提供进一步的理由，究竟为什么判定相似为什么判定不相似？还有一个在本案判决书中没有体现的问题是，六小节相似是否就构成侵权？毫无疑问，一两个小节相似不会产生侵权问题，那么几个小节会构成侵权呢？依据国际惯例，通常认为八小节以上才会构成侵权。那么本案六小节相似即为侵权的依据又从何而来？法官应当对这些问题进行回答，实质也是就其前述法律判断给出进一步的理由。

拓展资料

12 - 2　拓展阅读

专题二　法律论证的证成标准

知识概要

　　如前所述，法律论证是指提出某一法律主张的人为了获得他人对其观点的认同而进行的论述。按照这一定义，那么我们至少可以得出以下结论：其一，法律论证的目的在于使言说者的法律主张能够被人所接受。其二，法律决定能否证成取决于"他人"对言说者观点的认同度。[1]质言之，法律决定的证成基础为可接受性，如果某一法律决定具备可接受性，那么这一法律决定就是正当的。

　　而对于法律决定在何种条件下具备可接受性，学者们至今莫衷一是。就现有的论证学说来看，学者们提出的一些条件包括融贯性、一致性、逻辑有效性、合法性、合法律性、合理性等。在这些证成条件中，融贯性、一致性及逻辑有效性是所有论断或主张证成的形式要件。唯有当参与论证的人的论

---

　　〔1〕　将证成标准归结于听众的认同度而非认同就在于，根据心理学的研究，人们对于某一事物的认同并非是"全有"或"全无"的，而是有程度上的差异。Jerzy Wroblewski 认为法律决定的证成包括三重意义：心理学的证成、形式逻辑意义上的证成与非形式逻辑意义上的证成。其中心理学上的证成就是心理现象对于法律决定作出的一种解释。而法律决定在他看来则是作决定的人在其所知的几种行为方案中作出的一种选择。因此，决定人最后所选的其实是他认同程度最高的行为方案。Jerzy Wroblewski, "Legal Decision and Its Justification", in Hubien, Hubert（hrsg.）, *Die Juristische Argumentation*, Bruxelles：Etablissements Emile Bruylant, 1971, p. 410.

证符合上述条件时，论证才得以有效进行。因此，这三项条件也是法律决定具备可接受性的必要前提。而合法律性、合法性及合理性则是法律决定证成的实质要件，也是法律论证与其他领域的论证的区别之一。

📖 **经典案例**

案例：徐某某诉彭某人身损害赔偿纠纷案

12 – 3　本案判决书

一、基本案情[1]

2006 年 11 月 20 日上午，原告徐某某在南京市水西门公交车站等候 83 路车，大约 9 时 30 分左右有 2 辆 83 路公交车同时进站。原告准备乘坐后面的 83 路公交车，在行至前一辆公交车后门时，被告彭某第一个从公交车后门下车。原告摔倒致伤，被告发现后将原告扶至旁边，在原告的亲属到来后，被告便与原告亲属等人将原告送往医院治疗，原告后被诊断为左股骨颈骨折并住院治疗，施行髋关节置换术，产生了医疗费、护理费、营养费等损失。

原告诉至法院，称其受伤系因被告撞倒所致，要求其赔偿损失。

被告彭某辩称，被告当时是第一个下车的，但下车后并没有与原告发生碰撞。被告发现原告摔倒后做好事对其进行帮扶，而非被告将其撞伤。原告没有充分的证据证明被告存在侵权行为，被告客观上也没有侵犯原告的人身权利，不应当承担侵权赔偿责任。如果由于做好事而承担赔偿责任，则不利于弘扬社会正气。原告的诉讼请求没有法律及事实依据，请求法院依法予以驳回。

负责审理本案的南京市鼓楼区法院认定原被告之间发生了相撞，主要理由为：

---

〔1〕　南京市鼓楼区人民法院（2007）鼓民一初字第 212 号。

1. 根据日常生活经验分析，原告倒地的原因除了被他人的外力因素撞倒之外，还有绊倒或滑倒等自身原因情形，但双方在庭审中均未陈述原告存在绊倒或滑倒等事实，被告也未对此提供反证证明，故根据本案现有证据，应着重分析原告被撞倒之外力情形。人被外力撞倒后，一般首先会确定外力来源、辨认相撞之人，如果相撞之人逃逸，作为被撞倒之人的第一反应是呼救并请人帮忙阻止。本案事发地点在人员较多的公交车站，是公共场所，事发时间在视线较好的上午，事故发生的过程非常短促，故撞倒原告的人不可能轻易逃逸。根据被告自认，其是第一个下车之人，从常理分析，其与原告相撞的可能性较大。如果被告是见义勇为做好事，更符合实际的做法应是抓住撞倒原告的人，而不仅仅是好心相扶；如果被告是做好事，根据社会情理，在原告的家人到达后，其完全可以在言明事实经过并让原告的家人将原告送往医院，然后自行离开，但被告未作此等选择，其行为显然与情理相悖。

2. 被告在事发当天给付原告二百多元钱款且一直未要求原告返还。原、被告一致认可上述给付钱款的事实，但关于给付原因陈述不一：原告认为是先行垫付的赔偿款，被告认为是借款。根据日常生活经验，原、被告素不认识，一般不会贸然借款，即便如被告所称为借款，在有承担事故责任之虞时，也应请公交站台上无利害关系的其他人证明，或者向原告亲属说明情况后索取借条（或说明）等书面材料。但是被告在本案中并未存在上述情况，而且在原告家属陪同前往医院的情况下，由其借款给原告的可能性不大；而如果撞伤他人，则最符合情理的做法是先行垫付款项。被告证人证明原、被告双方到派出所处理本次事故，从该事实也可以推定出原告当时即以为是被被告撞倒而非被他人撞倒，在此情况下被告予以借款更不可能。综合以上事实及分析，可以认定该款并非借款，而应为赔偿款。

法院认为，原告在乘车过程中无法预见将与被告相撞；同时，被告在下车过程中因为视野受到限制，无法准确判断车后门左右的情况，故对本次事故双方均不具有过错。因此，本案应根据公平责任合理分担损失。公平责任是指在当事人双方对损害均无过错，但是按照法律的规定又不能适用无过错责任的情况下，根据公平的观念，在考虑受害人的损害、双方当事人的财产状况及其他相关情况的基础上，判令加害人对受害人的财产损失予以补偿，由当事人合理地分担损失。根据本案案情，法院酌定被告补偿原告损失的

40%较为适宜。

二、法律问题

试运用法律论证的相关知识对本案判决作出分析。

三、法理分析

本案是至今备受谴责的"南京彭某撞人案"。该案的一审判决引起轩然大波，其对社会风气产生的负面影响被认为堪比台湾地区"玻璃娃娃案"的二审判决。从法律方法的角度看，两案存在一定的差别，玻璃娃娃案中陈某某助人为乐的事实为双方共认，而彭某撞人案中助人为乐的事实却有待证明。玻璃娃娃案的二审判决不能令人接受之处主要在于大前提部分，即法官确立的注意义务标准不当，而彭某撞人案不能令人接受之处却主要在于小前提部分，即有关彭某与徐某某相撞这一事实的认定。学界与社会公众普遍认为，主审法官没有证成关于彭某与徐某某相撞这一主张，主要原因在于法官的论述既不符合逻辑性标准，也不符合合理性标准。

合逻辑性的审查主要依据形式逻辑的三条基本规律：同一律、矛盾律和排中律。这三条规律对于一切思维形式都是普遍有效的，是一切逻辑规律都必须假设的。同一律的内容是："任何思想如果反映某客观对象，那么，它就反映这个客观对象。"[1]同一律主要是对论证的确定性提出要求，要求言说者的表述具有一致性。矛盾律的意思是，"任何思想不能既是真实的又是虚假的。"[2]如果一个判断包括了一对矛盾的判断，那么由于这两个相互矛盾的判断中必定有一个是假的，因而这个思想就必然是假的。排中律的意思是，"任何思想或者是真实的，或者是虚假的。"[3]一致性是法律论证有效进行的前提条件。对逻辑一致性准则的违反将直接导致命题归于无效，从而不能作为论据进入论证。

从逻辑角度看，本案法官的论述存在多处逻辑错误。主要错误有二：一是错误运用三段论推理。三段论推理要求前提是全称判断。如果要确定原告

---

〔1〕 金岳霖：《形式逻辑》，人民出版社 2001 年版，第 265 页。
〔2〕 金岳霖：《形式逻辑》，人民出版社 2001 年版，第 269 页。
〔3〕 金岳霖：《形式逻辑》，人民出版社 2001 年版，第 274 页。

倒地的原因，要么有确切证据直接证明，要么有确切证据直接排除其他可能。本案法官选择了排除法，这就要求其列出全部可能性并将原被告相撞以外的可能——排除。但本案法官在选项不完备的情况下，仅以被告没有证明是做好事或其他可能就推出被告不可能是做好事或其他原因不可能，进而推出只有可能是因为相撞。二是循环论证。法官在分析原告为被告垫款的原因时，认为很有可能是因为原被告相撞；在分析原被告相撞的可能性是，又以原告为被告垫款为依据。简言之，就是从 A 命题推出 B 命题之后，又从 B 命题推出 A 命题，这是典型的违反逻辑的循环论证。

与逻辑一致性标准的明确、确定相比，合理性标准相对难以把握。合理性通常是指合乎人们所普遍接受的常识、观点或行为方式。合理性标准要求特定主张在特定历史环境中具有可接受性。一个合理的法律决定通常具备以下三个特征：[1]其一，合理的法律决定具有情境依赖性。由于不同时空环境中的受众具有不同的知识背景、价值立场等影响其接受标准的因素，合理的法律决定也具有情境依赖性。特定情境中的合理性取决于对各种竞争性的决定因素的评价，而这些因素的影响力的大小由其在特定情境中与论题的相关程度决定。其二，合理的法律决定是公正的法律决定。各种合理性标准之间有一共性：就是人的思考方式，他们会公正不偏地考虑各种产生竞争关系的价值以及在具体情境中的证据。其三，能够为法律决定所面向的受众所接受。可接受性被许多法哲学家视为合理性的核心。例如佩雷尔曼和阿尔尼奥就认为，只有当某一法律决定能为听众所接受时，这一决定才是合理的。

在判断该主张是否具备可接受性时，许多学者选择了听众理论。目前，最为完善的听众理论系由芬兰学者阿尔尼奥提出的听众理论。阿尔尼奥结合了维特根斯坦的生活形式理论，将佩雷尔曼提出的普遍听众与特定听众进一步划分为普遍的具体听众、普遍的理想听众、特定的具体听众、特定的理想听众。其中特定的理想听众是判断某一论断是否具备可接受性的标准，该类听众应符合两项条件：一是它的成员遵守理性商谈的规则；二是他们采用共同的价值，受某一生活形式的约束。特定的理想听众是由文化和社会决定的。

---

〔1〕 Neil MacCormick, "Reasonableness and Objectivity", *Law and Legal Interpretation*, ed. by Fernando Atria and D. Neil MacCormick, Dartmouth Publishing Company, Ashgate Publishing Limited, 2003, pp. 531~539.

某一社会的成员是相对统一的生活形式的参与者，在这一生活形式中个体因为有关一些基本价值的分歧而被分成不同群体。对某一共同的生活形式或其中一个片段的参与产生了共同活动的要求，这间接地使达成共识成为可能。特定的理想听众可以达到理性共识。[1]

从合理性角度看，本案法官提出的多项主张有悖社会常理。该案判决引起众怒的主要原因在于法官在分析被告不太可能是做好事的原因时，提出了几点对于社会常理的认识：首先，发现有人倒地后，助人者更符合实际的做法是去抓住肇事者，而不只是扶起老人；其次，如果是做好事，其大可不必在原告家属到来之后将原告送至医院；最后，如果是做好事，其完全不必借款给原告，更不应该贸然借款，不索取借条。法官在判决书中所作的对于社会风气的判断严重挑战了社会常识，也与善良风俗相悖，因此不能为社会公众所接受，不具备合理性。

此外，还有学者认为本案判决缺乏合法性基础。法官对于举证责任的分配以及证据的认定、采信等均违反了民诉法的相关规定。

四、参考意见

本案旨在揭示合理性思维在建构法律事实过程中的作用。

📖 **拓展案例**

案例：庞某某诉北京趣拿信息技术有限公司、中国东方航空股份有限公司隐私权纠纷案

12 - 4　本案判决书

---

〔1〕　Aulis Aarnio, *The Rational as Reasonable: A Treatise on Legal Justification*, D. Reidel Publishing Company, 1987, pp. 222～226.

一、基本案情

2014 年 10 月 11 日，原告委托鲁某通过去哪儿网平台订购了 2014 年 10 月 14 日 MU5492 泸州至北京的东航机票 1 张，所选机票代理商为长沙星旅票务代理公司（以下简称星旅公司）。去哪儿网订单详情页面显示该订单登记的乘机人信息包括原告姓名及身份证号，联系人信息、报销信息均为鲁某及其尾号 1858 的手机号，并载有如下提示："为保障资金安全，请务必使用在线支付，切勿通过搜索引擎或拨打来路不明的 400 电话进行银行 ATM 机转账。"

同日，趣拿公司向鲁某尾号的号码 1850 的号码发送短信："2014－10－14，泸州蓝天机场到北京首都机场 T2 的 MU5492 航班已出票。……星旅航空优选，唯一客服电话：010－89930736。"趣拿公司同时向鲁某发送了提醒短信："尊敬的用户，温馨提醒您：警惕以飞机故障、航班取消为诱饵的诈骗短信，请勿拨打短信中的电话……"

2014 年 10 月 13 日，庞某某尾号 9949 手机号收到号码为 0085255160529 的发件人发来短信："……您预订 2014 年 10 月 14 日 16：10 起飞 19：10 抵达的 MU5492 次航班（泸州—北京首都）由于机械故障已取消，请收到短信后及时联系客服办理改签业务，以免耽误您的行程……"上述号码来源不明，未向鲁某发送类似短信。鲁某知晓上述短信后拨打东航客服电话 95530 予以核实，客服人员确认该次航班正常，并提示庞某某收到的短信应属诈骗短信。关于诈骗短信为何发至庞某某本人，客服人员解释可能由订票点泄露了庞某某手机号码。鲁某在通话中向客服人员确认了尾号 949 系庞某某本人号码。庭审中，东航称庞某某可能为东航常旅客，故东航掌握庞某某此前留存的号码。

2014 年 10 月 14 日，东航客服 95530 向庞某某号码发送通知短信："……由于飞机故障，您原定 10 月 14 日泸州蓝田机场飞往北京首都机场的 MU5492，时刻调整至 19：50 泸州蓝田机场起飞，预计 22：30 到达北京首都机场。……"鲁某遂拨打 95530 予以确认，得到答复为该次航班确因故障延误。此后庞某某又两次收到 95530 发来的航班时刻调整短信通知。当日晚 19：43，鲁某再次拨打 95530 确认航班时刻，被告知该航班已取消。

庞某某向一审法院起诉请求：①趣拿公司和东航在各自的官方网站以公告的形式向庞某某公开赔礼道歉；②趣拿公司和东航赔偿庞某某精神损害抚慰金1000元。

一审法院认为：隐私权通常指公民享有的私人生活安宁与私人信息秘密依法受到保护。本案中，法院无法确认趣拿公司和东航将庞某某过往留存的手机号与本案机票信息匹配，更无法推论趣拿公司和东航存在泄露上述信息的行为。涉案航班最终因飞机故障多次延误直至取消，该情形虽与诈骗短信所称"由于机械故障取消"的内容雷同，但不排除"因故障取消"系此类诈骗短信的惯用说辞，故仅凭航班状态与诈骗理由的巧合无法认定东航与诈骗短信存在关联。

综上，趣拿公司和东航在本案机票订购时未获取庞某某号码，现无证据证明趣拿公司和东航将庞某某过往留存的手机号与本案机票信息匹配予以泄露，且趣拿公司和东航并非掌握庞某某个人信息的唯一介体，法院无法确认趣拿公司和东航存在泄露庞某某隐私信息的侵权行为，故庞某某的诉讼请求缺乏事实依据，法院不予支持。判决：驳回庞某某的全部诉讼请求。

原告不服，提起上诉。二审法院认为，东航和趣拿公司存在泄露庞某某隐私信息的高度可能，并且存在过错，应当承担侵犯隐私权的相应侵权责任。庞某某请求趣拿公司和东航向其赔礼道歉，应予支持。但是，对于赔礼道歉的具体形式和范围，由本院根据侵权事实的损害结果及其影响酌情予以确定。此外，对于其精神损害赔偿的诉讼请求，本院不予支持。

二、法律问题

1. 二审法院认定东航和趣拿公司存在泄露庞某某隐私信息的高度可能，这种可能性如何证成？

三、重点提示

1. 法官在分析时运用了排除法。
2. 基于常识展开的推理。

拓展资料

12－5 拓展阅读

专题三 法律论证的论据

知识概要

论据是论述者在论证过程中为了证明自己的观点而提供的理由。从本章专题一经典案例的分析可以看出，论述者提出的理由本身常常需要进一步论证，因此，论述者还需要为其"理由"提供进一步的理由。这就使得论证中的论据具有双重属性，它可能既是支持某一论点的理由，又是由进一步的理由支持的论点。

法律论证领域的论据形态各异，证明力也不尽相同。法律论据的性质会对运用该论据者的论证义务产生影响。值得注意的是，在判断某一论据是否有效时，除了坚持相关性的认定标准之外，还应坚持合法性的准则，严格遵守证据法的相关规定，排除非法证据的适用。

经典案例

案例：于某某盗窃案

12－6 本案判决书

一、基本案情

2013 年 10 月 30 日 20 时 30 分许，被告人于某某用其于 2013 年 9 月 19 日开设的邮政储蓄银行卡（卡号为 6210×××× 5100271××××），到惠阳区新圩镇塘吓宜之佳（原创亿）商场旁的中国邮政储蓄银行惠州市惠阳支行（下称惠阳支行）ATM 机存款时，连续 6 次操作存款 300 元，现金均被柜员机退回，于某某发现 ATM 机屏幕显示"系统故障"，且其手机信息显示每次所存的钱已到账，账户余额相应增加，于是其尝试从该 ATM 机旁边的农业银行 ATM 机支取该邮政储蓄账户的 2000 元和 1000 元，获得成功，其确认上述所存的款已到账后，遂产生了恶意存款以窃取银行资金的念头。于是于某某返回上述邮政储蓄银行 ATM 机，连续 10 次存款 3300 元，并到附近银行 ATM 机分 3 次支取 15 000 元和转账 5000 元后再次返回上述邮政储蓄银行 ATM 机，连续存款 5000 元 1 次、9900 元 3 次、10 000 元 3 次，至 2013 年 10 月 30 日 21 时 58 分 59 秒，于某某共恶意存款 17 次，存入人民币 97 700 元，接着于某某到深圳市龙岗区其他网点对该账户内的存款进行支取和转账，至次日 6 时 28 分 10 秒共将存款 90 000 元转移并非法占有。2013 年 11 月 1 日，惠阳支行工作人员清查核算数据时，发现账实不符，后查明系该行位于惠阳区新圩镇塘吓宜之佳（原创亿）商场旁的 ATM 机发生故障，客户于某某利用 ATM 机故障多次恶意存款，获取该行资金所致。同月 4 日该行联系于某某无果后报警。同年 12 月 12 日于某某在湖北省襄阳市樊城区太平店镇其家中被公安机关抓获。至同年 12 月 15 日止，于某某及其亲属通过转账和汇款方式将人民币 92 800 元转入其卡号为 6210×××× 5100271×××× 的账户，退还给惠阳支行。

被告人于某某辩称：我不是盗窃，而是侵占。

辩护人辩护称：于某某的行为并非"秘密窃取公私财物"，不管其当晚存了多少次钱，最后是和银行形成了 9 万多元不当得利的债权债务关系，其存钱取钱行为均为合法，其行为如果构成犯罪的话，也只能构成侵占罪。于某某刚开始对柜员机故障并不知情，屡次存款存不进去，其在知道柜员机出故障前的这部分金额，不应计入盗窃金额里。同样情形的其他客户经银行通知退清款项不构成犯罪、于某某未及时退款构成犯罪，这不可能是盗窃罪的法律特征，而是侵占罪的法律特征。于某某的犯罪行为在特定条件下才能实施，柜员机存在故障，银行方存在过错在先，诱发了犯罪，望法院对其减轻处罚乃至宣告缓刑。于某某归案后次日就将所有赃款归还了银行，银行方也明确表示不追究他的责任，请法院量刑时充分考虑。

法院认为：首先，于某某的行为构成盗窃罪，因为犯罪的主客体不存在问题。被告人达到法定责任年龄，也具有刑事责任能力，侵犯的客体是银行财产权。被告人利用机器故障，通过存款方式占有银行资金时，银行并不知晓其非法占有的目的，也不知道存款最后被非法占有的情况，即构成秘密窃取。其次，应当对于某某科以较轻处罚，因为于某某主观恶性较轻，作案方式平和，案发概率极低，且被告早年生活困苦，以他的受教育水平对犯罪缺乏足够认识。

二、法律问题

试从法律论证的角度分析法官的判决理由。

三、法理分析

法律论证过程中引用的论据多种多样，大致可以作两种区分。

依据论据本身是否涉及价值判断，可将论据分为价值无涉的论据和价值有涉的论据。价值无涉的论据，也可以称为正确性理由，它指的是对客观世界的真实（或者推定为真实）的描述。正确性理由可以分为自然（及社会）事实、自然（及社会）规律以及推定为真的表述。自然事实是指客观发生的真实事态，既包括自然事件也包括社会事件。自然规律是指自然世界及人文社会中存在的事物之间的必然性联系。推定为真的表述则是指言说者所提出的对于有关事实或事物间联系的描述被假定具有正确性，如无相反证明可以成为论证的依据。本节拓展案例 1 中的勘查数据就属于正确性理由，其与论据提出者的主观偏好无关。价值有涉的论据，也可以称之为正当性理由，指的是对人的行为作出"应当与否"的评价的理由。凯尔森认为，依据某一有效规范对一种事实行为所作的应当是这样或不应当是这样的判断就是一种价值判断。[1] 依据这一观点，正当性理由就是在社会中行之有效的行为规范。

---

〔1〕 Hans Kelsen, "Norm and Value", in *California Law Review*, 1624, 1966.

它主要指某一法律共同体内部所普遍接受的伦理道德。本案中，法官运用了大量的正当性理由。例如，"本案中，被告人后面 17 次存款的目的非常明显，其明知 ATM 机发生故障，积极追求多存款不扣现金的后果，明显具有非法占有公私财产的故意"。"必须对被告人处以刑罚，通过惩罚和警示，将被告人以及有类似想法和行为的人的贪欲限制在一个正常合理的范围之内，以防止类似犯罪行为再次发生。"

依据论据本身的确定与否，论据可以分为必然性论据、或然性论据和不充分论据。必然性论据是指论据本身确定为真，毋庸置疑。如，法律的明文规定、勘察数据，法官关于日升月落等自然现象的陈述，以及生效法律文件确定的事实等等。例如，第十章专题二关于经典案例的法理分析中引用的天津市高级人民法院在（1996）高知终字第 2 号民事判决书中关于"泥人张"历史的梳理。或然性论据则是指推定为真的论据。或然性论据的最大特点是其具有可辩驳性。一旦有人就或然性论据的真实性与正确性提出质疑，那么以或然性论据为依据者就应当提出进一步的理由来证明或然性论据的真实性与正确性，如果不能证明，则该或然性论据将被排除。不充分论据是指论据本身的真实性与正确性有待证明的论据。提出此类论据者有义务就论据的真实性与正确性进行证明。例如，在本章专题二经典案例的分析中，法官最终判定由彭某承担公平责任的依据有三：公平责任原则、双方均无过错、双方可能相撞。这三项依据中，只有公平责任原则属必然性论据，至于"双方均无过错""双方可能相撞"则都只是法官的判断，法官必须就此提出进一步理由。由此可见，在法律论证过程中，只有当法律人提出必然性论据或或然性论据时，才能免除进一步的论证义务。换言之，只有当论据确定为真或推定为真时，法律人才无须就论据本身的真实性与正确性再提供论据。

法律人在组织论据时应遵循两个基本准则：

第一，论据应具有法律意义。这是指法律人提出的论据应当能够产生相应的法律后果，而是否能够产生法律后果的判断标准又在于法律。通常而言，具有法律意义的论据可以划分为以下三种情形：①作为论据的法律规范，比如本案援引的《刑法》第 264 条之规定；②通过与法律规范融合得出的法律判断，比如本案法官认为于某某的行为构成秘密窃取；③通过植入法律规范而获得意义的判断，比如关于 ATM 机是金融机构组成部分的判断，关于身份公开性不等于行为非秘密性等。

第二，论据应具有相关性。论据具有相关性是论据能够对相应论点提供支持的前提条件，也是论据产生法律意义的重要条件。然而，论据是否具有相关性在实践中往往存在争议。以本案为例，被告人以非暴力的形式获取钱财、被告人家境贫寒、初小学历是否可以成为其从轻量刑的理由就存在争议。

四、参考意见

法官在分析于某某的行为构成盗窃时，从盗窃罪的犯罪构成的角度进行分析，运用了法律类论据，在分析何为"秘密窃取"时结合了生活经验、法律理论等多种论据。这一部分论述的论据运用得当。

让本判决引起争议的论述不在于犯罪构成的分析，而在于法官衡量刑罚时纳入的论据。有关欲望是人的本性以及于某某家庭条件的讨论与本案的判决不具有法律上的相关性，这些论据的使用有可能产生适得其反的效果。

📚 **拓展案例**

案例一：周某某诈骗案

12 - 7　本案判决书

一、基本案情

2006 年，周某某在担任向导、协助陕西省林业厅组织华南虎调查队在镇坪县开展野生华南虎生存状况调查工作期间，了解到了辨认华南虎的相关知识，并得知如果拍到野生华南虎照片，可得大额奖金。2006 年 12 月 31 日，镇坪县林业局下发《关于开展镇坪县华南虎调查有关问题的通知》，要求当地农民发现大型猫科动物踪迹要及时上报，"凡提供信息可靠，资料真实者，将给予重奖"，并进行了宣传动员。周某某了解此情后，遂产生拍摄假华南虎照片骗取奖金的想法。此后，周某某多次请托他人为其寻找老虎画。2007 年 9 月中旬，镇坪县白乡友谊村村民彭某受周委托在本村曹某某家找到一幅印有华南虎图案的虎画，由其儿子彭某送交周某某，周确认该画中老虎为华南虎。9 月 26 日，周某某携带一部"天马牌"全自动胶片相机和虎画上山，在山上将虎画中虎体以外的背景向后折叠，仅露出虎体部分，制成华南虎平面模型。27 日下午，周某某将模型摆放在镇坪县城关镇文彩村艾蒿坪附近的草坪上进行拍摄。随后周某某电话告知镇坪县林业局局长覃某某，称其拍到了"华南虎"。覃某某让其先冲洗出照片，如有价值即可上报。9 月 30 日，周委托其妻罗某某的堂弟谢某甲（时任县经贸局局长）将相机、胶卷带往安康市区冲洗，但因所拍摄的底片图像模糊而未冲洗出照片。因周某某埋怨谢某甲，谢遂提出可借给周某某性能更好的相机。10 月 2 日，谢某甲让其弟谢某乙将一部"长城牌"全自动胶片相机和一部"佳能牌"EOS—400D 数码相机送至周某某家，并向周某某讲解了该数码相机的基本使用方法。10 月 3 日，周某某携带两部相机进山，在镇坪县城关镇文彩村神洲湾马道子林区北坡上一块平缓地面处，把自制的华南虎平面模型摆放在树下草丛中，用树叶遮住模型边缘，从不同距离和角度拍摄假华南虎照片共计 62 张。后周向他人谎称其冒着生命危险拍摄到了活体野生华南虎，并于当晚电话告知了谢某甲，请谢代为冲洗照片。10 月 4 日晚，谢某甲在安康市区"彩色世界"摄影扩印部为周某某冲洗出照片，次日交给周某某。10 月 6 日，周某某向镇坪县林业局工作人员李某讲述了自己虚构的拍照经过，并让其看了照片。10 月 7 日，周某某持所拍假虎照向县林业局局长覃某某进行展示，并陈述了虚构的拍虎经过。10 月 8 日上午，镇坪县林业局党组班子听取周某某汇报，并查看照片。随后覃某某给陕西省自然保护区和野生动植物管理站副站长卢某汇报，卢某要求将照片上报鉴定。当日下午镇坪县县长吴某听取谢某甲关于周某某拍摄虎照情况的介绍，决定由谢某甲陪同周某某到西安说明拍摄情况并上报照片。10 月 10 日下午，镇坪县副县长杨某、林业局长覃某某赶到西安，带谢某甲、周某某到林业厅汇报。林业厅有关领导和部门负责人查看了照片，听取了口头汇报，初步确定召开新闻发布会并给周某某奖励。10 月 11 日上午，省林业厅决定召开新闻发布会并奖励周某某现金 20 000 元。当晚，因周某某不愿提供照片对外发布，省林业厅、镇坪县政府、县林业局相关负责人和工作人员一同给周某某做思想工作。在获知以后还会逐级奖励和可以考虑给其儿子周某安排工作的情况下，周某某才同意提供照片。10月12日，陕西省林业厅召开新闻发布会，向社会公布在镇坪县发现了活体野生华南虎，周某某在发布会上展示了自己拍摄的假虎照并讲述了虚构的拍虎经过。当日下午，周某代周某某从省林业厅领取奖金 20 000 元。之后，周某某所拍虎照被疑有假，引起广泛争议。2008 年 4 月，被告人周某某让同村村民易某协助制作了木质虎爪模具，在镇坪县上竹乡北草坡的雪地中用虎爪模具伪造华南虎脚印并拍照。随后周报告国家林业局华南虎调查队和镇坪县林业局，谎称自己又发现了野生华南虎活动的踪迹。

周某某提供的虎照引起了公益维权人士，甚至刑侦专家李昌钰的质疑。当地公安机关通过侦查实验确定虎照为假。当地检察院遂以诈骗罪向陕西省旬阳县人民法院提起公诉。

二、法律问题

试运用法律方法的相关知识，对本案中法律论证的论据作出分析。

三、重点提示

在本案侦查中，公安机关对周某某指认的 2007 年 10 月 3 日拍摄现场进行了勘查和现场重建。初步勘查后发现，该地点面积相对狭小，地面多为杂草，无高大树木，不具备真实老虎隐藏及被拍摄的条件。据此，公安部门决定对该现场进行详细勘查及现场重建。调查人员首先在现场对周某某所拍"虎"照中出现的具有明显特征的 16 个植物等位点，进行逐一定位。其次，按照定位物之间的距离关系及周某某所拍原虎照中"虎"与定位物之间的比例关系，对周某某所拍"虎"的大小进行了确定。据测量，周某某所拍"虎"身旁的小树直径 0.8 厘米、高 175 厘米、树弯处距地面 55 厘米，而"虎"顶部处在树弯处距地面中间位置。根据"虎"与定位物之间的距离比例关系，调查人员推算出周某某拍摄照片中的"老虎"大小只有 $35cm \times 27cm$ 以下，并确定了 35 张有虎图案照片的拍摄位置最近拍摄距离仅 3.9 米、最远距离仅 10.5 米。这一结论充分说明周某某以前多次对外宣称其拍摄的为活体成年华南虎的说法是虚假的。此后，公安机关专门制作了 $35cm \times 27cm$ 大小的平面模型对周某某向省林业厅提供的 35 张有虎数码照片——进行了现场还原，拍摄出来的照片与周某某所拍假虎照一致。

以上数据或是由公安机关现场提取，具有真实性和准确性；或是由公安机关依据科学原理推算得出，并经反复验证，亦具有正确性。这些经现场测量、科学推理得出的数据经过了自然科学意义上的"证伪"过程，已被确认为真。在这些数据的收集过程中，调查人员的主观偏好不会对小树的测量数据、虎照原型大小的推理产生影响。

案例二：张某某故意杀人案

一、基本案情

被告人张某某家与被害人王某甲家系邻居。1996 年 8 月 27 日，因邻里纠纷，王某甲三子王某乙（时年 17 岁）故意伤害致张某某之母汪某某死亡。同年 12 月 5 日，王某乙被陕西省汉中市原南郑县人民法院以故意伤害罪判处有期徒刑 7 年，赔偿张某某之父张某甲经济损失 9639.3 元（已履行）。此后，两家未发生新的冲突，但张某某对其母亲被伤害致死心怀怨恨，加之工作、生活长期不如意，心理逐渐失衡。2018 年春节前，张某某发现王某乙回家过年，产生报复杀人之念，遂准备了单刃刀、汽油燃烧瓶、玩具手枪、帽子、口罩等作案工具，并暗中观察王某乙及其家人的行踪，伺机作案。2018 年 2 月 15 日（农历除夕）12 时许，张某某发现王某乙与其兄王某丙等十余人上山祭祖，便戴上帽子、口罩等进行伪装，携带单刃刀、玩具手枪尾随至汉中市南郑区新集镇原三门村村委会门口守候。待王某乙、王某丙祭祖返回村委会门口村道时，张某某持刀朝王某乙颈部、胸腹部等处割、刺数下，又朝王某丙胸腹部捅刺数刀，之后返回对王某乙再次捅刺数刀，当场将二人杀死。张某某随后闯入王某甲家院子，持刀朝王某甲胸腹部、颈部等处捅刺数下，将其杀死。张某某回家取来菜刀、汽油燃烧瓶，将王某丙家用小轿车左后车窗玻璃砍碎，并用汽油燃烧瓶将车点燃，致该车严重受损，毁损价值为 32 142 元。张某某随即逃离现场。2 月 17 日 7 时许，张某某到公安机关投案。

一审汉中市中级人民法院认为，被告人张某某故意非法剥夺他人生命，其行为已构成故意杀人罪；杀人后故意焚烧他人车辆，造成财物损失数额巨大，其行为又构成故意毁坏财物罪。公诉机关指控的事实和罪名成立。张某某蓄谋报复杀人，选择除夕之日，当众行凶，先后切割、捅刺被害人王某乙、王某丙和王某甲的颈部、胸腹部、背部等要害部位共计数十刀，连杀3人，还烧毁王某丙家用车辆，其犯罪动机卑劣，杀人犯意坚决，犯罪手段特别残忍，情节特别恶劣，后果和罪行极其严重，人身危险性和社会危害性极大，应依法惩处并数罪并罚。本案虽然事出有因，张某某系初犯且有自首情节，但是依法不足以对其从轻处罚。汉中市中级人民法院当庭宣判，判决张某某犯故意杀人罪，判处死刑，剥夺政治权利终身；犯故意毁坏财物罪，判处有期徒刑4年，决定执行死刑，剥夺政治权利终身。

张某某不服一审判决，提起上诉。

二审法院陕西省高级人民法院认为，上诉人张某某蓄意报复，非法剥夺他人生命，致三人死亡，其行为已构成故意杀人罪。张某某故意焚烧他人车辆，造成财物损失数额巨大，其行为又构成故意毁坏财物罪。张某某因对1996年其母被本案被害人之一王某乙伤害致死而长期心怀怨恨，加之工作、生活不如意，继而迁怒于王某乙及其家人，选择在除夕之日报复杀人，持刀连续杀死王某乙、王某丙、王某甲，且犯罪过程中有追杀王某丙和二次加害王某乙的情节，杀人犯意坚决，犯罪手段特别残忍，情节特别恶劣，后果和罪行极其严重，人身危险性和社会危害性极大；张某某杀人后为泄愤又使用自制汽油燃烧瓶焚烧王某丙家用小轿车，造成财物损失数额巨大，均应依法惩处。对张某某所犯数罪，应依法并罚。张某某虽有自首情节，但根据其犯罪的事实、性质、情节和对社会的危害程度，依法不对其从轻处罚。对陕西省人民检察院驳回上诉、维持原判的意见予以采纳。原审判决定罪准确，量刑适当，审判程序合法，故裁定驳回上诉，维持汉中中院一审的死刑判决。

二、法律问题

张某某的辩护人在为其辩护时讲述了血亲复仇的悲怆故事，这可否成为从轻处罚张某某的理由？

12-8   辩护词

三、重点提示

1. 法律论证过程中提供的论据应当具有法律意义。

2. 合法律性标准应当优先于合理性标准。

拓展资料

12-9   拓展阅读

第三编

法伦理学

伦理学以人类的道德问题作为自己的研究对象，是一门关于道德的学问，它关心什么样的行为是道德的或正确的。法学是研究法律现象以及法律规律的学问，对于法律与道德、法律与正义、守法义务与理由、法律职业道德、法治等问题的探究，都不可避免地牵涉到伦理学的知识范畴。如果说法学主要是站在法律的立场之内、以专业的法律方法（比如规范分析）来思考法律问题，那么法伦理学则更多的是以一种道德的立场来思考法律中的伦理问题。

| 第十三章 |

法与伦理学

法伦理学坚持追问什么是正确之法，以及正确之法要求人们做什么或不做什么。[1] 就其所关心的"法与道德之间关系"的一般问题而言，可能会从几个不同层面展开：其一，是一个历史性和因果性的问题，法律的发展是否曾经受到过道德规范的影响；其二，对法律或法律体制的适当定义是否必须以某种方式援引道德，这是一个分析性的或定义性的问题；其三，对法律进行道德批判是否可能，以及如何进行；其四，能否对道德进行法律强制，亦即，如果说某种特定的行为不符合一般道德标准，是否仅凭此役情况就已经足够使之成为可由法律惩罚的行为？而如此强制执行此种道德，其本身能否获得道德的许可呢？[2] 此类不道德的行为就应该是犯罪吗？法伦理学将会从不同角度回应以上这些问题。

专题一　法与伦理学理论

知识概要

法学与伦理学交互交融形成法伦理学，法伦理学与法概念论、法学方法论一并构成了法理学的学科体系。法伦理学思考法与目标、价值之间的关系，它追问什么样的法是正确的或正当的。从广义的范畴来看，法伦理学涉猎的

---

〔1〕 〔德〕迪特玛尔·冯·普佛尔滕：《法哲学导论》，雷磊译，中国政法大学出版社2017年版，第46~47页。

〔2〕 〔英〕哈特：《法律、自由与道德》，支振锋译，法律出版社2006年版，第3~5页。

主题十分广泛，包括法与道德之间的关系、法律职业伦理、司法职业伦理、医疗领域的法律和伦理问题。其中，法与道德的一般关系理论构成了法伦理学的核心内容。

经典案例

案例：刘某乙诉刘某甲、周某某公有房屋分割案[1]

13-1　本案判决书

一、基本案情

刘某甲、周某某系夫妻，刘某乙系刘某甲、周某某的独生女。刘某甲、周某某、刘某乙购买争议房屋，合同约定刘某乙占90%，刘某甲、周某某各占5%。房屋产权证记载涉案房屋系刘某甲、周某某及刘某乙按份共有，刘某甲占产权的5%、周某某占产权的5%、刘某乙占产权的90%。购房款大部分系刘某甲、周某某出资。刘某甲、周某某明确表示不愿将其拥有的房屋产权份额转让。刘某甲、周某某仅有与刘某乙共有的一套房屋。刘某甲、周某某未经刘某乙同意，擅自对该房进行装修，刘某乙认为损害了自己的合法权利，故请求依法分割争议房屋，判决该房屋中属于刘某甲和周某某的10%的房屋产权部分分割归自己所有，并补偿刘某甲和周某某2.8万元。

二、法律问题

1. 对于父母出资购买、赠与子女的房产，子女能否依照《物权法》分则之规定行使相应的物权？

---

〔1〕　重庆市綦江区人民法院（2014）綦法民初字第04573号民事判决书；重庆市第五中级人民法院（2014）渝五中法民终字第06040号民事判决书；重庆市第五中级人民法院（2015）渝五中法民再终字第00043号民事判决书。

2. 如果子女对父母赠与的房屋依物权法分则行使物权，违背父母意愿强行收购其份额，是否属于违背公序良俗的情形？

三、法理分析

《物权法》分则第 99 条规定了共同共有物的分割，"共同共有人在共同的基础丧失或者有重大理由需要分割时可以请求分割"。同时，在总则部分第 7 条规定了物权之行使的一般原则，"物权的取得和行使，应当遵守法律，尊重社会公德，不得损害公共利益和他人合法权益"。从体系解释的角度来看，分则第 99 条的内容应接受总则第 7 条这一规范的限制。共同共有人有请求行使物权和请求保护自己物权之权利，但该权利的行使应以不损害社会公共利益和他人利益为前提，同时也不得违背公序良俗。

重庆市綦江区人民法院一审认为：公民的合法财产权益受法律保护。原告刘某乙、被告刘某甲、周某某按份共有的该房屋是双方基于居住目的而购买，该房屋系成套住宅，是一个整体，具有不可分性。双方虽作为按份共有人有权转让自己享有的份额，但不能未经其他按份共有人同意而强行购买他人享有的份额，二被告不同意将自己享有的份额转让，符合法律规定，原告应当尊重二被告的意见。现二被告无其他房屋居住，上述房屋是其唯一可行使居住权的场所，二被告为安度晚年生活，有权居住。二被告与原告间存在父母子女特殊关系，从赡养关系上原告亦应支持二被告居住该房屋，且二被告装修房屋并未造成原告损失。综上，原告的诉讼请求从法律上、道义上均不能成立。二审法院将分析焦点集中于该房屋的性质，是按份共有还是共同共有。认为虽然刘某甲、周某某、刘某乙在房屋买卖合同中约定了各自的权利份额，但该约定只能视为权利人内部约定，不具有公示效力。故涉案房屋应为各权利人共同共有。虽然按照《物权法》第 99 条规定，"……共同共有人在共有的基础丧失或者有重大理由需要分割时可以请求分割。"但在本案中，刘某乙未举示证据证明其请求分割涉案房屋符合法律规定，故其诉求无法得到法律的支持。

该案事实相对较为清楚，法律关系也并不算复杂，甚至难以称得上是一个"疑难案件"（hard case），疑难案件通常是指对法律的理解和适用存在较大争议或困难的案件。在再审过程中，再审法院较为直观地诉诸了一般道德或伦理原则，来为判决的可接受性增加正当依据。再审法院援用了《孝经》典籍，认为"百善孝为先"一直是中国社会各阶层所尊崇的基本伦理道德。孝敬父母乃"天之经、地之义、人之行、德之本"，是中国传统伦理道德的基石，是千百年来中国社会维系家庭关系的重要道德准则，是中华民族优秀的传统美德。亲子之爱是人世间最真诚、最深厚、最持久的爱，为人子女，不仅应在物质上赡养父母，满足父母日常生活的物质需要，也应在精神上慰藉父母，善待父母，努力让父母安宁、愉快地生活。刘某乙虽然承诺财产份额转让后，可由刘某甲、周某某居住使用该房屋至去世时止，但双方目前缺乏基本的信任，刘某甲、周某某担心刘某乙取得完全产权后变卖房屋而导致其无房居住，具有一定合理性。刘某甲、周某某承诺有生之年不转让处分享有的份额，去世之后其份额归刘某乙所有，刘某甲、周某某持有的财产份额价值较小，单独转让的可能性不大，刘某乙担心父母将其财产份额转让他人，无事实根据，且刘某乙承诺该房由其父母继续居住，目前要求其父母转让财产份额并无实际意义，徒增其父母的担忧，不符合精神上慰藉父母的伦理道德要求，并导致父母与子女之间的亲情关系继续恶化。该判决辨法析理，较好地将法、情、理三者融为一体。

四、参考意见

刘某乙要求其父母转让财产份额的诉求与善良风俗、传统美德的要求不符。依照《物权法》第7条的规定，"物权的取得和行使，应当遵守法律，尊重社会公德，不得损害公共利益和他人合法权益"。应驳回刘某乙要求其父母转让财产份额的请求。该案同样可以看作是一个将公序良俗原则在个案中加以具体化、类型化的实例。

该案由于比较具有典型性和代表性，被收录入《最高人民法院公报》（2016年第7期），并将裁判要旨归纳如下：父母出资购房将产权登记在子女名下，具有赠与性质。子女不仅应在物质上赡养父母，也应在精神上慰藉父母，努力让父母安宁、愉快地生活。子女对父母赠与的房屋依物权法分则行使物权，将损害父母生活的，人民法院可依物权法总则的规定不予支持。

📚 **拓展案例**

案例：王某某与骆某某离婚纠纷案[1]

13－2　本案判决书

一、基本案情

原告王某某诉称，与被告骆某某于 2000 年 5 月在贵州省赤水市打工时认识，原告在被告骆某某的劝诱下开始与其同居生活，后于 2001 年 4 月 13 日生育女儿骆某。生育女儿之后，原告与前夫离婚，并于 2013 年 4 月 10 日与被告骆某某登记结婚。但自从与被告骆某某结婚后，被告骆某某整天打牌、喝酒，并打骂原告。现原告王某某无法与被告骆某某共同生活，认为原、被告之间的夫妻感情已经完全破裂，遂起诉请求离婚。

二、法律问题

1. 如何理解"离婚自由"原则？离婚时如何具体判定"夫妻感情确已破裂"？

2. 本案判决书被誉为"史上最温情判决书"，其中，亮点性的表述有："婚姻本就是平凡平淡的，经不起任何一方的不安分折腾。时间是一杯毒药，足以冲淡任何浓情蜜意。幸福婚姻的原因自有万千，不幸婚姻的理由只有一个，许多人都做了岁月的奴，匆匆地跟在时光背后，迷失了自我，岂不知夫妻白头偕老、相敬如宾，守着一段冷暖交织的光阴慢慢变老，亦是幸福。……家和万事兴。在婚姻里，如果我们一味的自私自利，不用心去看对方的优点，一味挑剔对方的缺点而强加改正，即使离婚后重新与他人结婚，同样的矛盾还会接踵而至，依然不会拥有幸福的婚姻。'为什么看到你弟兄眼中有刺，却

---

〔1〕　重庆市巴南区人民法院（2015）巴法民初字第 09430 号民事判决书。

不想自己眼中有梁木呢。你自己眼中有梁木，怎能对你兄弟说，容我去掉你眼中的刺呢。你这假冒伪善的人，先去掉自己眼中的梁木，然后才能看得清楚，以去掉你兄弟眼中的刺。——《圣经·马太福音》。'正人先正己。人在追求美好婚姻生活的同时，要多看到自身的缺点和不足，才不至于觉得自己完全正确。"思考在这其中法与道德是如何进入到法官的推理与论证之中的，以及它起到了何种作用。

三、重点提示

1. 《婚姻法》第 32 条第 3 款的规定。
2. 《民事诉讼法》第 64 条第 1 款的规定。
3. 《最高人民法院关于适用〈中华人民共和国民事诉讼法〉的解释》第 90 条的规定。

拓展资料

13 - 3　拓展阅读

专题二　对法的伦理要求

知识概要

　　通常所谓的"法"或"法律"主要是指实在法（positive law），除了实在法之外，广义的"法"或"法律"还包括应然法。实在法所关心的是"法律是什么"（law as it is），而应然法追问的却是"法律应该是什么"（law as it ought to be）。应然之法体现了法律的道德之维，或者用美国著名法学家富勒教授的话来说，道德对法提出的伦理要求必须内含一定的道德要素，此即为"法律的道德性"（morality of law）。道德不仅构成了评判法之优良善恶的标准，而且在司法过程中也能发挥重要的补充性作用。

经典案例

案例：无锡冷冻胚胎案[1]

13-4　本案判决书

一、基本案情

沈某与刘某于 2010 年 10 月 13 日登记结婚。2012 年 8 月，沈某与刘某因"原发性不孕症、外院反复促排卵及人工授精失败"，要求在南京市鼓楼医院施行体外受精——胚胎移植助孕手术；鼓楼医院在治疗过程中，获卵 15 枚，受精 13 枚，分裂 13 枚；取卵后 72 小时为预防"卵巢过度刺激综合征"，鼓楼医院未对刘某移植新鲜胚胎，而于当天冷冻 4 枚受精胚胎。2013 年 3 月 20 日 23 时 20 分许，沈某驾驶苏 B5U858 车途中在道路左侧侧翻，撞到路边树木，造成刘某当日死亡、沈某于同年 3 月 25 日死亡的后果。现沈某、刘某的 4 枚受精胚胎仍在鼓楼医院生殖中心冷冻保存。后双方父母因对上述 4 枚受精胚胎的监管权和处置权发生了争议，沈某的父母遂向法院提起了诉讼，主张其子沈某与儿媳刘某死亡后，根据法律规定和风俗习惯，胚胎的监管权和处置权应由其行使。

二、法律问题

1. 本案的争议焦点在于，法律对胚胎的性质应作何评价？究竟是一种物，还是一种类似于人之存在的东西，或者二者兼有之？

2. 本案属于新型疑难案件，二审法院在法律对胚胎之性质尚无明确规定

---

〔1〕　江苏省宜兴市人民法院（2013）宜民初字第 7279 号民事判决书；江苏省无锡市中级人民（2014）锡民终字第 01235 号民事判决书。

的情况下，在推理过程中运用了何种法律方法解决这一难题？

三、法理分析

本案属于典型的新型疑难案件，新型案件（new case）之新主要在于案件事实之新，有些新型案件虽然事实新颖但仍受既有法律调整，只有那些不受既有法律所调整的案件才是疑难案件。这类案件的特殊性是由案件事实之"新"所导致的，这种"新"又突出地和网络、科技联系在一起。伴随着科技和网络的发展，各类新型疑难案件被推向了司法的竞技场。新型疑难案件之新在于案件事实的新颖性，其之"难"则在于既有法律相对于这种新颖事实的滞后性及不全面性。可谓前无古人、后无来者，法官处于一种无所适从的艰难局面。

该案引发了不小的社会热议，以至于被称为是"全国首例胚胎案"。它是由人工生殖技术所引发的新型法律纠纷，对于人工胚胎的法律属性在法律上并没有明确的界定，相关主体对于胚胎所享有的权利究竟是监管权还是处置权也不甚明了，这是科技发展带给全人类的一种新型疑难案件。解决本案的关键在于准确界定胚胎的法律地位。当既有的法律尚未对此类新型问题进行明确的界定和调整时，裁判者该诉诸何种资源来辅助裁判？

学理上对于胚胎的法律地位主要有三种代表性观点：①主体说，该说认为人类胚胎自怀孕起就成为人，即认为胚胎具有完整之人格；②客体说，认为胚胎不具有特殊的道德地位，而应被视为创造它们的夫妻的财产，因此夫妻可以任意处置它们所拥有的胚胎；③中间说，主张胚胎既非人亦非物，而是介于二者之间的一个中间体。[1] 第一种观点混淆了人和胚胎，人是现实存在之物，而胚胎只是一种可能性的存在。第二种观点将胚胎完全视为一种财产，抽空了胚胎所具有的可能人格意义，缺乏对胚胎的必要尊重，因此也不足为取。相比之下，第三种观点是较为可取的，"受精胚胎具有发展为生命的潜能，含有未来生命特征的特殊之物"，"胚胎是介于人与物之间的过渡存在，具有孕育生命的潜能，比非生命体具有更高的道德地

---

〔1〕 李昊："冷冻胚胎的法律性质及其处置模式——以美国法为中心"，载《华东政法大学学报》2015 年第 5 期。

位，应受到特殊尊重与保护"。二审法院主要也是基于第三种观点作出裁决的。

四、参考意见

在胚胎的法律性质尚不确定的情况下，实践中胚胎的处置会面临一系列的难题。比如说，相关权利人是否对胚胎享有继承权？如果不能像继承财产那样来继承胚胎，那么法院将如何处置胚胎？它会以何种理由、基于何种根据判决权利人对胚胎享有监管权和处置权？这种监管权或处置权的具体内容是什么？这种权利的行使在遇到障碍或被侵犯时又该如何救济？裁判者在作出决定时必须要考虑这些问题。

本案法院在现有法律框架的基础上，并没有机械地以存在法律漏洞为由拒绝作出判决，或者驳回当事人的诉求。而是充分发挥了主观能动性，从理论上尝试对人工胚胎之性质作出界定，同时也参考和借鉴了域外的一些判例，除此之外还诉诸了一般的道德原则，这一点在判决书文本中有十分清晰的体现，以此也展现出了道德或伦理原则在司法实践中是如何发挥其补充或辅助作用的。

📑 **拓展案例**

案例：周某诉某公安分局不履行法定职责案[1]

13－5　本案判决书

一、基本案情

原告周某居住在长沙市某社区，部分社区居民经常在晚上 8 点左右到其

---

〔1〕 湖南省长沙市中级人民法院（2014）长中行终字第 00150 号行政判决书；湖南省长沙市岳麓区人民法院（2013）岳行初字第 00249 号行政判决书。

楼下的人行道上跳广场舞，音响器材音量过大，严重影响其安静生活。周某报警要求某公安分局依法进行处理。某公安分局接警后，多次到现场劝说跳舞居民将音响音量调小，或者更换跳舞场地，但一直未有明显效果。此后，原告向人民法院起诉，要求某公安分局依法处理。人民法院经审理认为，某公安分局对于原告报警所称的部分居民在原告楼下跳广场舞并使用音响器材这一行为是否存在违法事项，是否需要进行行政处罚等实质问题并未依法予以认定，遂判决某公安分局依法对周某的报案作出处理。判决生效后，该公安分局又数次对跳舞的人们进行劝解、教育，并加强与当地社区的合作，引导广场舞队转移至距离原处百米之外的空坪上。原告所住的社区也在政府部门的积极协调和支持下，与长沙某汽车站达成一致，将在车站附近建设一块专门用于广场舞等娱乐活动的健身场所，既避免噪音扰民，又给跳舞健身爱好者自由活动的场所。

二、法律问题

1. 行政相对人因第三人制造噪声干扰其生活向公安机关报案，公安机关遂采取了出警、调查和劝导的方式处理。如果公安机关仅进行了劝导，但是并未对噪声扰民的行为作出定性和处理，第三人制造噪音的行为仍然在继续，相对人的合法权益也持续受到侵害。此种情形下，是否能够认定公安机关构成拖延履行法定职责？

2. 结合该案的判决书文本，分析其中是如何体现"弘扬社会公德"的，并从法理的角度分析法官的推理思路是否正确。

三、重点提示

1. 《环境噪声污染防治法》第58条之规定。

2. 《治安管理处罚法》第7条、第58条之规定。

3. "文明健身、和谐生活"，既是社会主义精神文明的体现，也是法治精神的体现。广大群众积极参加健身活动，有利身心健康，增强体魄，但不能因此损害他人的合法权益。本案原告周某因社区居民在其楼下跳广场舞，严重影响生活安宁，向某公安分局报案处理未果后提起行政诉讼。人民法院依法判决该公安分局对周某的报案作出行政处理。本案也提醒广大群众：强身健体，也要尊重他人权利，这样才能真正保证健身的"幸福指数"，提升和谐共处的"文明指数"。[1]

拓展资料

13 - 6　拓展阅读

专题三　道德的法律强制

知识概要

法律与道德之间的关系被誉为"法哲学的好望角"，长期以来一直是各派法律学者必争之地。以至于一些学者认为当代法理论中几乎任何一个争议的背后，都牵涉着"相对于道德价值而言法律是如何被理解的"这样一个难题。道德的法律强制，所指向的问题是能否通过法律来强制推行道德要求。由此而形成的理论，可以称之为法律道德主义（legal moralism）。法律道德主义的基本要旨在于，国家可以动用法律甚至刑罚来干预和限制那些不道德之事，因为法律的作用并不仅仅在于提供一个环境让人们有机会过上道德的生活，而且要求人们必须过好的道德生活，故而法律可以通过限制人们的自由来引导他们达致一种有德性的生活。尽管如此，法律道德主义内部也纷争不止，从而存在着若干不同的理论形态，但总的来讲它们都主张通过法律来强制实施道德（the legal enforcement of morality）。

---

〔1〕　该案被最高人民法院遴选为"十起弘扬社会主义核心价值观典型案例"，载 http://www. court. gov. cn/zixun - xiangqing - 17612. html，最后访问日期：2019 年 10 月 11 日。

经典案例

案例：贝某某诉海宁市公安局交通警察大队道路交通管理行政处罚案[1]

13 - 7　本案判决书

一、基本案情

原告贝某某诉称：其驾驶浙 F1158J 汽车（以下简称"案涉车辆"）靠近人行横道时，行人已经停在了人行横道上，故不属于"正在通过人行横道"。而且，案涉车辆经过的西山路系海宁市主干道路，案发路段车流很大，路口也没有红绿灯，如果只要人行横道上有人，机动车就停车让行，会在很大程度上影响通行效率。所以，其可以在确保通行安全的情况下不停车让行而直接通过人行横道，故不应该被处罚。海宁市公安局交通警察大队（以下简称"海宁交警大队"）作出的编号为 3304811102542425 的公安交通管理简易程序处罚决定违法。贝某某请求：撤销海宁交警大队作出的行政处罚决定。

被告海宁交警大队辩称：行人已经先于原告驾驶的案涉车辆进入人行横道，而且正在通过，案涉车辆应当停车让行；如果行人已经停在人行横道上，机动车驾驶人可以示意行人快速通过，行人不走，机动车才可以通过；否则，构成违法。对贝某某作出的行政处罚决定事实清楚，证据确实充分，适用法律正确，程序合法，请求判决驳回贝某某的诉讼请求。

法院经审理查明：2015 年 1 月 31 日，贝某某驾驶案涉车辆沿海宁市西山路行驶，遇行人正在通过人行横道，未停车让行。海宁交警大队执法交警当场将案涉车辆截停，核实了贝某某的驾驶员身份，适用简易程序向贝某某口头告知了违法行为的基本事实、拟作出的行政处罚、依据及其享有的权利等，

---

[1]　浙江省海宁市人民法院（2015）嘉海行初字第 6 号行政判决书；浙江省嘉兴市中级人民法院浙嘉行终字第 52 号行政判决书。

并在听取贝某某的陈述和申辩后，当场制作并送达了公安交通管理简易程序处罚决定书，给予贝某某罚款 100 元、记 3 分的处罚。贝某某不服，于 2015 年 2 月 13 日向海宁市人民政府申请行政复议。3 月 27 日，海宁市人民政府作出行政复议决定书，维持了海宁交警大队作出的处罚决定。贝某某收到行政复议决定书后于 2015 年 4 月 14 日起诉至海宁市人民法院。浙江省海宁市人民法院于 2015 年 6 月 11 日作出（2015）嘉海行初字第 6 号行政判决：驳回贝某某的诉讼请求。宣判后，贝某某不服，提起上诉。

二、法律问题

1. 本案的争议焦点是什么？
2. 本案裁判过程是如何体现法官将社会主义核心价值观注入判决之中的？

三、法理分析

本案具有十分典型的意义，被称为"全国斑马线第一案"，后来先后入选"最高人民法院'2015 年度推动法治进程十大案件'"和"最高人民法院第十七批指导性案例"（第 90 号）。

本案的争议焦点集中体现于对《中华人民共和国道路交通安全法》第 47 条第 1 款如何理解。该款内容为"机动车行经人行横道时，应当减速行驶；遇行人正在通过人行横道，应当停车让行"，规定了行人的优先通行权。这条规定看似相对清晰，但是在本案事实发生后，出现了解释上的疑难。如果行人正在人行道上行走或通过，从文意上来看，这属于标准的或典型的"正在通过人行横道"。而本案中，行人已经停在了人行横道的情况下，涉案车辆是否应当停车让行，以及如何具体判定在这种特殊的情况下，行人是否属于"正在通过人性横道"。

第一，人行横道是行车道上专供行人横过的通道，是法律为行人横过道路时设置的保护线，在没有设置红绿灯的道路路口，行人有从人行横道上优先通过的权利。机动车作为一种快速交通运输工具，在道路上行驶具有高度的危险性，与行人相比处于强势地位，因此必须对机动车在道路上行驶给予一定的权利限制，以保护行人。

第二，认定行人是否"正在通过人行横道"应当以特定时间段内行人一系列连续行为为标准，而不能以某个时间点行人的某个特定动作为标准，特别是在该特定动作不是行人在自由状态下自由地做出，而是由于外部的强力原因迫使其不得不做出的情况下。案发时，行人以较快的步频走上人行横道线，并以较快的速度接近案发路口的中央位置，当看到贝某某驾驶案涉车辆朝自己行走的方向驶来，行人放慢了脚步，以确认案涉车辆是否停下来，但并没有停止脚步，当看到案涉车辆没有明显减速且没有停下来的趋势时，才为了自身安全不得不停下脚步。如果此时案涉车辆有明显减速并停止行驶，则行人肯定会连续不停止地通过路口。可见，在案发时间段内行人的一系列连续行为充分说明行人"正在通过人行横道"。

第三，机动车和行人穿过没有设置红绿灯的道路路口属于一个互动的过程，任何一方都无法事先准确判断对方是否会停止让行，因此处于强势地位的机动车在行经人行横道遇行人通过时应当主动停车让行，而不应利用自己的强势迫使行人停步让行，除非行人明确示意机动车先通过，这既是法律的明确规定，也是保障作为弱势一方的行人安全通过马路、减少交通事故、保障生命安全的现代文明社会的内在要求。[1]

综上，贝某某驾驶机动车行经人行横道时遇行人正在通过而未停车让行，违反了《道路交通安全法》第 47 条的规定。海宁交警大队根据贝某某的违法事实，依据法律规定的程序在法定的处罚范围内给予相应的行政处罚，事实清楚，程序合法，处罚适当。

除此之外，该案被当作推动社会主义核心价值观融入司法裁判的典型案例。就道德性质而言，可以分为愿望性道德和义务性道德，前者是一种要求更高的、并非每个人都可以拥有的，后者是一种底线性的道德，每个人都可以做得到、并且应当做到。法律义务与道德义务毕竟存在界限，只有底线性道德适宜转化为法律义务。在司法裁判过程中，法官也应着力落实和推进底线性道德。在本案中，文明礼让是一种基本的社会道德，是每个人都可以做得到的规范要求，它关系到行人的生命健康安全。正如本案裁判过程中法官所强调的，即便在行人已经停止行走的情形下，行人相对于车辆处于弱势地位，也应保证行人的生命安全，通过运用利益衡量的方法，将这种底线性道

---

[1] 浙江省嘉兴市中级人民法院浙嘉行终字第 52 号行政判决书。

德融入到了判决文本之中。

四、参考意见

礼让行人是文明安全驾驶的基本要求。机动车驾驶人驾驶车辆行经人行横道，遇行人正在人行横道通行或者停留时，应当主动停车让行，除非行人明确示意机动车先通过。公安机关交通管理部门对不礼让行人的机动车驾驶人依法作出行政处罚的，人民法院应予支持。

拓展案例

案例：李某醉酒驾驶案

13-8　本案判决书

一、基本案情

原审被告人：李某，男，1992 年 4 月 6 日出生。因涉嫌犯交通肇事罪，于 2013 年 9 月 23 日被羁押，次日被刑事拘留，因涉嫌犯以危险方法危害公共安全罪，于同年 10 月 30 日被逮捕。

一审查明，2013 年 9 月 23 日晚，被告人李某与刘某等人一起饮酒后，由李某的同学驾驶被告人李某的速腾牌轿车（车牌号：京 P7NX28）将李某送回家。之后，被告人李某不听李某的同学言语劝阻，又驾驶汽车到舜泽园小区接上高某向延庆县第七中学方向行驶。

当晚 21 时 10 分左右，被告人李某超速行驶到延庆县第七中学门口处时，恰逢学生下晚自习，大量学生陆续走出校园，李某未避让行人，其车辆前部将走人行横道过公路的北京市延庆县第一中学高三学生张某撞飞，致张某受伤。

被告人李某发现发生事故后，驾车从道路前方断口处返回，将车辆停在道路北侧非机动车道上，用自己手机拨打 120，说自己在第七中学门口撞人，后来到事故现场。民警和急救车赶到现场后，将张某送往北京市延庆县医院急救。李某向民警承认是其饮酒后驾车撞人。后张某因闭合性颅脑损伤经抢救无效于当日死亡。经鉴定，被告人李某在案发当时其体内血液的酒精含量为227.1mg/100ml。被告人李某负此次交通事故的全部责任。

被告人李某的供述证实，2013年9月23日20时左右，李某在体育场小区一饭店内与他人喝了半斤白酒，别人将其送回家后，其自己开车到舜泽园小区接上高某，准备去第七中学西侧公路边上聊天（在法庭供述为兜风）。大约21时10分，行驶至第七中学大门口时，其车前部与一个由南向北横过道路的女孩子相撞。减速后李某将车头东尾西停在路北侧非机动车道内。下车后让高某走了，之后到达现场拨打120，找急救车。警察和急救车先后到达现场，就告诉警察是其撞了人，喝酒了。后被警察带到警车上。第一次供述：①那个女孩跑着横过公路；②开着远光灯由东向西大约以80公里/小时的速度在内侧机动车道行驶；③当时按喇叭了，我认为别人应该让我，所以就没有减速；④当时自己车内只有其一个人；⑤我觉得自己没有喝多酒，就想开车出去玩。

根据以上事实及证据，北京市延庆县人民法院认为，被告人李某违反交通管理法规，在道路上醉酒超速驾驶机动车，遇行人通过人行横道，未采取措施避让，致一人死亡，负事故全部责任，其行为已构成交通肇事罪，依法应予刑罚处罚。

延庆县人民检察院指控被告人李某醉酒驾驶，致一人死亡的事实清楚，证据确实、充分，但认定被告人李某的行为构成以危险方法危害公共安全罪的指控，证据不足，指控的罪名不能成立。

二、法律问题

1. 交通肇事罪与以危险方法危害公共安全罪的区别是什么？

2. 道德或情理对司法裁判起到重要的补充性作用，法官在裁判过程中如何才能严格把握司法裁判与道德裁判之间的界限？

三、重点提示

1. 道德或伦理对法律的解释具有重要作用，在目的解释、体系解释等解释方法中均有较好的体现。与形式解释不同，通过将道德等因素引入实质性解释之中，可以更加准确地解释法律规范的内涵或意旨，对于解决疑难案件具有重要的意义。

2. 道德对司法具有重要的补充性作用，但是在通过司法强制实施道德要求时应把握好限度问题。道德并不是一个单一的概念，而是一个有层次的存在。并不是所有的道德都适宜通过司法的方式而被落实，通常只有底线性道德能够被转化为法律上的要求或义务。如果强制推行高层次的愿望性道德，极易滑向一种"美德暴政"。

◈ 拓展资料

13 - 9　拓展阅读

| 第十四章 |

法与正义

　　法与正义二者之间有着天然的联系，古罗马法学家塞尔苏斯说，"法乃善良与公正之术"。在希腊时期，严格来讲法律尚未以成文的文字或成形的制度表现出来，甚至也有学者说希腊时代我们找不到法律的影子，规则人类生活的法律在别处，然而对于正义的探讨却盛行于那个时代中的史诗、神话里，因此也只有在希腊民族，对于人类与法律、正义之关系的客观探讨才演变为有教养之士的活动，并得以书面记载，从此成为绵延不绝的欧洲传统的一部分。柏拉图在《理想国》中借色拉叙马霍斯之口道出了"强者利益之正义观"，亚里士多德论述了公正（正义）与公道的一般与特殊的关系。法概念最为根本的问题在于解决"什么是法律"这一难题，不同的回答也必然导向不同的法概念观。法概念的问题实际上又可以转化为这样一个理论问题，即法律的效力来源问题，由此产生了截然对立的两种观点。一种观点认为，法律的效力来自于法律的外部，这种效力来源先后经历了自然、神意与人类理性的变迁，自然法学派是持此种观点的典型代表，一言以蔽之，法律必须是一种价值负担（value‑burden）的存在，它的存在和发生效力必须符合体现人类理性的正义，否则恶法非法，人类有义务对其加以抵制或反抗。可见正义之于法律在于它是法律的合法性价值之一，由此自然法学家也视正义为最根本的合法性判准。另一种观点坚持认为，法律的效力来自于法律的内部，坚持法律与道德、正义等价值的分离，当然这种分离是概念上的分离而非经验的分离。它试图切断法律效力的外部来源，而通过诉求事实或者法律规范本身来证明法律的效力或支持法律的合法化，这种观点的鲜明代表是实证主义法学。

专题一　实体正义与程序正义

🔖 知识概要

程序正义被喻为"看得见的正义"，是指通过法律行为作出法律决定的过程、方式符合法律的规定，得到公平公正的对待，其强调法律适用中操作规程的公平、审判过程的平等与严格以及规则的形式合理性。实体正义是指法律公平、公正地分配社会资源，以及通过诉讼程序实现的结果上的正义。程序正义与实体正义之间存在紧密的联系，二者相互依存，互相影响，共同构成了司法公正的原则和基础。一方面，程序正义是实体正义的基础，完善的法律适用和执行程序能够保证法律执行的结果真正符合公平正义的要求。另一方面，实体正义是程序正义的检验和体现，体现出法律制度的制定和执行是否具有合理性。

🔖 经典案例

案例：聂某某故意杀人、强奸妇女案

14 –1　本案判决书

一、基本案情

1994 年 8 月 10 日上午，河北省石家庄市郊区下聂庄村的康某（康某 2）向石家庄市公安局郊区分局报案，称其女儿（康某 1）失踪。同日下午，康某 2 和康某 1 的同事余某某等人在孔寨村西玉米地边发现了被杂草掩埋的康某 1 的连衣裙和内裤。8 月 11 日上午，康某 1 的尸体在孔寨村西玉米地里被发现。同日下午，办案机关对康某 1 的尸体进行了检验。办案机关在案件侦查过程中，有群众向其反映，称有一名骑蓝色山地车的男青年常在离案发现

场 2 公里外的石家庄市电化厂平房宿舍区公共厕所附近闲转，发现有女人上厕所就进去窥看，有流氓行为。康某 1 被害案专案组遂组织人员在该公共厕所旁蹲守。1994 年 9 月 23 日 18 时许，聂某某骑一辆蓝色山地车路过时，侦查人员认为其像群众反映的男青年而将其抓获，当晚就将聂某某关进石家庄市公安局郊区分局留营派出所内，第二日以监视居住的名义继续关押。同年 10 月 1 日，聂某某以涉嫌犯故意杀人罪、强奸妇女罪被刑事拘留，10 月 9 日被逮捕。一审判决认定：1994 年 8 月 5 日 17 时许，被告人聂某某骑自行车尾随下班的石家庄市液压件厂女工康某 1，至石家庄市郊区孔寨村的石粉路中段，聂某某故意用自行车将骑车前行的康某 1 别倒，拖至路东玉米地内，用拳头猛击康某 1 的头部、面部，致康某 1 昏迷后将其强奸，尔后用随身携带的花上衣猛勒康某 1 的颈部，致其窒息死亡。一审判决结论是：以故意杀人罪判处被告人聂某某死刑，剥夺政治权利终身；决定执行死刑，剥夺政治权利终身。

一审宣判后，聂某某不服，向河北省高级人民法院提出上诉。主要理由是：自己年龄小，没有前科劣迹、系初犯，认罪态度好，一审量刑太重，请求二审法院从轻处罚。当时，法律对死刑二审案件是否要开庭审理没有明确规定，二审法院可以开庭审理，也可以不开庭审理，河北省高级人民法院对聂某某案采取的是不开庭审理即书面审理的方式。合议庭经审理后认为：一审判决认定聂某某故意杀人、强奸妇女的事实、情节正确，证据充分；聂某某拦截强奸妇女，杀人灭口，情节和后果均特别严重；聂某某所述认罪态度好属实，但其罪行严重，社会危害极大，不可以免除死刑。1995 年 4 月 25 日，河北省高级人民法院作出（1995）冀刑一终字第 129 号刑事附带民事判决：维持对聂某某犯故意杀人罪的定罪量刑，撤销对聂某某犯强奸妇女罪的量刑，改判有期徒刑十五年，与故意杀人罪并罚，决定执行死刑，剥夺政治权利终身。根据最高人民法院授权高级人民法院核准部分死刑案件的规定，河北省高级人民法院同时核准了对聂某某的死刑裁决。1995 年 4 月 27 日，聂某某被执行死刑。

2005 年 1 月，河南省荥阳市公安机关抓获因涉嫌犯故意杀人罪而被河北省公安机关网上追逃的王某某，王某某归案后自认系杀害康某 1 的凶手。2007 年 5 月，聂某某的母亲张某某、父亲聂某 1 和姐姐聂某 2 向河北省高级人民法院和多个部门提出申诉，请求认定王某某为本案真凶，宣告聂某某无罪。2014 年 12 月 4 日，根据河北省高级人民法院的请求，最高人民法院指令山东省高级人民法院复查该案。山东省高级人民法院组成五人合议庭对该案进行了全面审查。山东省高级人民法院审判委员会经讨论后认为，原审认定聂某某犯故意杀人罪、强奸妇女罪的证据不确实、不充分，建议最高人民法院启动审判监督程序重新审判该案。2016 年 6 月 6 日，最高人民法院作出（2016）最高法刑申 188 号再审决定，提审该案并决定由最高人民法院第二巡回法庭审理。最高人民法院再审判决认为：原审认定原审被告人聂某某犯故意杀人罪、强奸妇女罪的主要依据是聂某某的有罪供述，以及聂某某的有罪供述与在案其他证据印证一致。但综观全案，本案缺乏能够锁定聂某某作案的客观证据，聂某某作案时间不能确认，作案工具花上衣的来源不能确认，被害人死亡时间和死亡原因不能确认；聂某某被抓获之后前 5 天讯问笔录缺失，案发之后前 50 天内多名重要证人询问笔录缺失，重要原始书证考勤表缺失；聂某某有罪供述的真实性、合法性存疑，有罪供述与在卷其他证据供证一致的真实性、可靠性存疑，本案是否另有他人作案存疑；原判据以定案的证据没有形成完整锁链，没有达到证据确实、充分的法定证明标准，也没有达到基本事实清楚、基本证据确凿的定罪要求。原审认定聂某某犯故意杀人罪、强奸妇女罪的事实不清、证据不足。根据 1979 年《刑事诉讼法》的相关规定，不能认定聂某某有罪。对申诉人及其代理人、最高人民检察院提出的应当改判聂某某无罪的意见，予以采纳。对申诉人及其代理人提出的王某某系本案真凶的意见，因王某某案不属于本案审理范围，不予采纳。2016 年 11 月 30 日，最高人民法院作出（2016）最高法刑再 3 号刑事判决。2016 年 12 月 2 日，最高人民法院第二巡回法庭公开开庭宣判了再审判决：撤销河北省高级人民法院（1995）冀刑一终字第 129 号刑事附带民事判决和石家庄市中级人民法院（1995）石刑初字第 53 号刑事附带民事判决，原审被告人聂某某无罪。

二、法律问题

1. 再审的审理范围如何确定？

2. 再审适用何时的《刑事诉讼法》？

3. 原审被告人聂某某的口供是否应作为非法证据予以排除？

三、法理分析

《关于全面推进依法治国若干重大问题的决定》明确指出："公正是法治的生命线。司法公正对社会公正具有重要引领作用，司法不公对社会公正具有致命破坏作用。必须完善司法管理体制和司法权力运行机制，规范司法行为，加强对司法活动的监督，努力让人民群众在每一个司法案件中感受到公平正义。"程序正义与实体正义是司法公正的基础，二者关系紧密，不可偏废。在案件的审理中，不可仅仅追求结果而忽视程序、违反程序，这样将极大地破坏程序正义，因此缺少了程序正义基础的实体正义也就无从谈起。

聂某某故意杀人、强奸妇女案件之所以产生如此大的社会影响，主要是因为其说明缺少了程序正义而获得的"正义"的结果可能是不正义的。在本案中，原办案机关在抓获聂某某时没有掌握其涉嫌犯罪的任何证据，违反了相关程序规定；原办案机关在现场勘查时没有邀请见证人参与，且勘查笔录除记录人外，其他参加勘验、检查人员本人均未签名，不符合法律和相关程序规定；原办案机关没有按照法定程序组织辨认、指认。通过违反诉讼法程序而获得的证据办案人员与审判人员得出了非正义的错误结果。

在聂某某案再审审理中，合议庭将再审的范围限定在审理聂某某案原审案件材料，王某某案不纳入再审的审理范围。在该案再审的过程中，依据从新原则，适用了现行的刑事诉讼法，这样有利于从程序上体现对被告权利的保护。聂某某的有罪供述虽然存有疑问，其真实性存有质疑，但没有确凿的证据认定为非法或虚假证据。但基于原审案件证据存在重大的程序瑕疵和缺失，因此按照疑罪从无原则再审判决聂某某无罪。

聂某某再审案件体现了程序正义的重要性，程序上的缺陷将严重影响证据的证明力，因此以证据为基础的案件判决将会产生错误，得出非正义的结果。我国公安机关与司法机关必须摒弃重实体、轻程序，重口供、轻其他证据的做法，杜绝刑事逼供等违法程序的司法行为。重视程序正义的价值，树立程序正义理念，才能在司法实践中真正落实程序正义，为实体正义的获得提供坚实的程序保证，真正实现"人民群众在每一个司法案件中感受到公平正义"。

四、参考意见

1. 在司法裁判中，应坚持程序正义与实体正义并重，不可违反程序法的规定。

2. 在证据和程序存在重大瑕疵的情况下，应按照疑罪从无的原则。

拓展案例

案例：刘某组织、领导黑社会性质组织案

14 - 2　本案判决书

一、基本案情

被告人刘某与他人组成具有黑社会性质的犯罪组织，实施犯罪多起。辽宁省铁岭市中级人民法院原一审判决认定，1995 年底至 2000 年 7 月，被告人刘某纠集同案被告人宋某某、吴某某、董某某、李某某、程某等人，组成具有黑社会性质的犯罪组织，非法持有枪支和管制刀具，采取暴力手段聚敛钱财，引诱、收买国家工作人员参加黑社会性质组织或者为其提供非法保护，实施犯罪 27 起。此前，在 1989 年至 1992 年间，刘某还伙同他人实施故意伤害犯罪 4 起。刘某共作案 31 起，其中直接或者指使、授意他人实施故意伤害犯罪 13 起，致 1 人死亡，5 人重伤并造成 4 人严重残疾，8 人轻伤；故意毁坏财物犯罪 4 起，毁坏财物价值人民币 31 700 元；非法经营香烟，经营额人民币 7200 万元；行贿犯罪 6 起，行贿人民币 41 万元、港币 5 万元、美元 95 000 元、物品价值人民币 25 700 元；非法持有枪支 1 支；妨害公务犯罪 1 起。其行为构成组织、领导黑社会性质组织罪，故意伤害罪，故意毁坏财物罪，非法经营罪，行贿罪，非法持有枪支罪，妨害公务罪。刘某在黑社会性质组织的犯罪活动中起组织、领导作用，系首要分子，应对该组织所犯的全部罪行承担责任。其故意伤害犯罪，罪行极其严重，依法应当判处死刑，与所犯其

他数罪并罚。

辽宁省高级人民法院原二审判决认为，一审判决认定被告人刘某的主要犯罪事实和证据未发生变化，应予以确认。对刘某及其辩护人提出的公安机关在对刘某及其同案被告人讯问时存在刑讯逼供的辩解及辩护意见，经查，不能从根本上排除公安机关在侦查过程中存在刑讯逼供的情况。刘某系黑社会性质组织的首要分子，应当按照其所组织、领导的黑社会性质组织所犯的全部罪行处罚。其所犯故意伤害罪，论罪应当判处死刑，但鉴于其犯罪的事实、性质、情节和对社会的危害程度以及本案的具体情况，对其判处死刑，可不立即执行。

再审被告人刘某对原判认定的部分事实提出异议，辩解称：未指使程某、宋某某等人殴打被害人王某某，程某、宋某某等人殴打王某某系为绰号叫老狐狸的赵某某进行报复；未指使、授意他人殴打、伤害刘某、崔某、周某、范某某等被害人；未指使他人打砸沈阳中街大药房；未枪击佟某某、刘某某；故意伤害宁某已经过公安机关调解处理，不应再追究刑事责任；只向马某某行贿2万美元，未向刘某、姜某某、凌某某行贿，未请托刘某、马某某等人为自己谋取不正当利益；未组织、领导黑社会性质组织；公安机关在侦查过程中存在刑讯逼供。

最高人民法院认为：再审被告人刘某组织、领导具有黑社会性质的组织，大肆进行违法犯罪活动，其行为已构成组织、领导黑社会性质组织罪。刘某系组织、领导黑社会性质组织的首要分子，应对该组织的全部罪行承担责任。原一审判决认定的事实清楚，证据确实、充分，定罪准确，量刑适当。原二审判决定罪准确，但认定"不能从根本上排除公安机关在侦查过程中存在刑讯逼供情况"，与再审庭审质证查明的事实不符；原二审判决"鉴于其犯罪的事实、性质、情节和对于社会的危害程度以及本案的具体情况"，对刘某所犯故意伤害罪的量刑予以改判的理由不能成立，应予纠正。再审判决：再审被告人刘某犯故意伤害罪，判处死刑，剥夺政治权利终身。维持原二审对刘某以组织、领导黑社会性质组织罪，判处有期徒刑10年；故意毁坏财物罪，判处有期徒刑5年；非法经营罪，判处有期徒刑5年，并处罚金人民币1500万元；行贿罪，判处有期徒刑5年；妨害公务罪，判处有期徒刑3年；非法持有枪支罪，判处有期徒刑3年的判决部分。对刘某上述被判处的刑罚并罚，决定执行死刑，剥夺政治权利终身，并处罚金人民币1500万元。再审被告人刘某组织、领导黑社会性质组织犯罪聚敛的全部财物及其收益，依法追缴；供其犯罪使用的工具，予以没收。

二、法律问题

1. 刘某在侦查阶段的供述是否是由刑讯逼供所致？

2. 如果刘某在侦查阶段的供述是侦查机关的刑讯逼供所致，尽管其与案件事实相符，但如此得来的犯罪嫌疑人的供述还能否作为认定案件事实的根据？

3. 对于非法证据如何进行准确的认定和界定？

三、重点提示

刘某案体现出了程序正义与实体正义之间的激烈交战：在学者看来，刘某虽然罪大恶极，但由于证据存在漏洞，且在侦查过程中他可能受到刑讯逼供，因此应当判处死缓；相反，民众认为刘某这样一个罪大恶极黑社会老大还要根据程序正义而不判处死刑立即执行，那么是及其不公正的。在本案中并无证据证明被告人刘某受到过刑讯逼供，证词证言的取证形式不符合有关法规，且相互矛盾，因此不能认定其受到过刑讯逼供。

拓展资料

14 - 3 拓展阅读

专题二 法适用中的法与正义

知识概要

现代法学方法理论的核心是如何处理规范拘束与个案正义之间的紧张关系，通常情况下（简单案件中）裁判者在规范之下运用一定的法律方法作出裁决的同时也就实现了司法正义，但是在一些特殊情形下（通常在疑难案件中）规范拘束与个案正义的要求可能会出现紧张关系，法官往往会顾了这头而顾不了那端，而机械地固执一端难以满足疑难案件裁判的要求，因此我们需要一种能够同时兼顾二者的法律方法，亦即在疑难案件中法官仍然能够在既有法律的拘束下寻求到公正的个案裁决。规范拘束是形式法治的基本要求，而个案正义则是实质法治的题中之义，调和规范拘束与个案正义实质上也是在形式法治与实质法治之间寻求一种平衡。与此相关的一对概念是依法裁判与自由裁量，依法裁判是一种强调司法裁判受法律拘束的基本立场，它最能够突显出司法裁判的根本法律属性，即裁判是从法律标准中推导出来的。而与之相对，自由裁量是指法官对法律的灵活运用甚至也包括一定程度地对法律的发展和续造。

📚 经典案例

案例：荣某某与永诚财产保险股份有限公司江阴支公司等机动车交通事故责任纠纷上诉案

14-4 本案判决书

一、基本案情

原告荣某某诉称：被告某某某驾驶轿车与其发生刮擦，致其受伤。该事故经江苏省无锡市公安局交通巡逻警察支队滨湖大队（简称滨湖交警大队）认定：某某某负事故的全部责任，荣某某无责。原告要求下述两被告赔偿医疗费用 30 006 元、住院伙食补助费 414 元、营养费 1620 元、残疾赔偿金 27 658.05 元、护理费 6000 元、交通费 800 元、精神损害抚慰金 10 500 元，并承担本案诉讼费用及鉴定费用。

被告永诚财产保险股份有限公司江阴支公司（简称永诚保险公司）辩称：对于事故经过及责任认定没有异议，其愿意在交强险限额范围内予以赔偿；

对于医疗费用 30 006 元、住院伙食补助费 414 元没有异议；因鉴定意见结论中载明"损伤参与度评定为 75%，其个人体质的因素占 25%"，故确定残疾赔偿金应当乘以损伤参与度系数 0.75，认可 20 743.54 元；对于营养费认可 1350 元，护理费认可 3300 元，交通费认可 400 元，鉴定费用不予承担。

被告某某某辩称：对于事故经过及责任认定没有异议，原告的损失应当由永诚保险公司在交强险限额范围内优先予以赔偿；鉴定费用请求法院依法判决，其余各项费用同意保险公司意见；其已向原告赔偿 20 000 元。

法院经审理查明：2012 年 2 月 10 日 14 时 45 分许，某某某驾驶号牌为苏 MT1888 的轿车，沿江苏省无锡市滨湖区蠡湖大道由北往南行驶至蠡湖大道大通路口人行横道线时，碰擦行人荣某某致其受伤。2 月 11 日，滨湖交警大队作出《道路交通事故认定书》。荣某某申请并经无锡市中西医结合医院司法鉴定所鉴定，结论为：①荣某某左桡骨远端骨折的伤残等级评定为十级；左下肢损伤的伤残等级评定为九级。损伤参与度评定为 75%，其个人体质的因素占 25%。②荣某某的误工期评定为 150 日，护理期评定为 60 日，营养期评定为 90 日。一审法院据此确认残疾赔偿金 27 658.05 元扣减 25% 为 20 743.54 元。

一审法院于 2013 年 2 月 8 日作出（2012）锡滨民初字第 1138 号判决：①被告永诚保险公司于本判决生效后 10 日内赔偿荣某某医疗费用、住院伙食补助费、营养费、残疾赔偿金、护理费、交通费、精神损害抚慰金共计 45 343.54 元。②被告某某某于本判决生效后 10 日内赔偿荣某某医疗费用、住院伙食补助费、营养费、鉴定费共计 4040 元。③驳回原告荣某某的其他诉讼请求。宣判后，荣某某向江苏省无锡市中级人民法院提出上诉。

二审法院认为：《侵权责任法》第 26 条规定："被侵权人对损害的发生也有过错的，可以减轻侵权人的责任。"《交通安全法》第 76 条第 1 款第 2 项规定，机动车与非机动车驾驶人、行人之间发生交通事故，非机动车驾驶人、行人没有过错的，由机动车一方承担赔偿责任；有证据证明非机动车驾驶人、行人有过错的，根据过错程度适当减轻机动车一方的赔偿责任。因此，交通事故中在计算残疾赔偿金是否应当扣减时应当根据受害人对损失的发生或扩大是否存在过错进行分析。本案中，虽然原告荣某某的个人体质状况对损害后果的发生具有一定的影响，但这不是侵权责任法等法律规定的过错，荣某某不应因个人体质状况对交通事故导致的伤残存在一定影响而自负相应责任，原审判决以伤残等级鉴定结论中"损伤参与度评定为75%"为由，在计算残疾赔偿金时作相应扣减属适用法律错误，应予纠正。对于受害人符合法律规定的赔偿项目和标准的损失，均属交强险的赔偿范围，参照"损伤参与度"确定损害赔偿责任和交强险责任均没有法律依据。综上，上诉人荣某某的部分上诉请求于法有据，应予支持。原审法院在计算荣某某的伤残赔偿金时适用法律存在不当，应予纠正。

二、法律问题

特殊体质对构成伤残的参与度是否应当在计算其残疾赔偿金损失时作相应扣减。

三、法理分析

本案中，争议焦点在于荣某某的特殊体质对构成伤残的参与度是否应当在计算其伤残赔偿金损失时作相应扣减。荣某某年老骨质疏松确为事故造成后果的客观因素，但本起交通事故造成的损害后果系受害人荣某某被机动车碰撞、跌倒发生骨折所致，事故责任认定荣某某对本起事故不负责任，其对事故的发生及损害后果的造成均无过错，荣某某的特殊体质与损害后果之间并没有法律上的因果关系，因此不存在减轻或者免除加害人赔偿责任的法定情形。因此，在此类案件中，特殊体质对构成伤残的参与度不应当在计算其残疾赔偿金损失时作相应扣减。

法律在适用的过程中不能机械地根据演绎推理的方式，根据法律的字面意思得出与正义原则相违背的法律结果。例如本案中，对法律条文机械地理解确实可能得出在计算残疾赔偿金损失的过程中考虑特殊体质的参与度。但是，如果加害人没有实施侵权行为，那么被侵权人的特殊体质并不会造成自身的损害。质言之，当被侵权人对侵权行为的产生不负责任，被侵权人在整个事件中并不存在过错，但因其自身特殊体质就可以成为减轻或免除加害人赔偿责任的理由，此结果违背了正义原则。如此一来，公民的特殊体质成为了"过错"，具有特殊体质的人无法在正常的社会生活中获得保障，这在无形当中侵犯了公民原有的要求损害赔偿的权利。因此，在法律适用的过程中应当坚持正义原则，实现正义的结果。

四、参考意见

根据《侵权责任法》第 26 条《民法典》第 1173 条、《中华人民共和国道路交通安全法》第 76 条第 1 款第 2 项，交通事故的受害人没有过错，其体质状况对损害后果的影响不属于可以减轻侵权人责任的法定情形。

拓展案例

案例：凌某某、朱某某民间借贷纠纷案

14－5　本案判决书

一、基本案情

2014 年 6 月 11 日，朱某某与梁某某签订《房地产抵押借款合同》一份，约定梁某某以其所有的位于柳州市屏山大道 318 号协和家园丽都××栋××号、航岭路 7 号金岭商埠××栋××号、跃进路 106 号之八汇金国际×××、飞鹅路 53 号新时代商业港×栋×××号的房屋作为抵押，向朱某某借款 1 200 000 元，借款期限 12 个月，从 2014 年 6 月 11 日起至 2015 年 6 月 10 日止，月利率为 2%；如梁某某到期不能按时还款，朱某某因追索债权所产生的律师费等由梁某某承担。同日，朱某某通过中国光大银行转账给梁某某借款 1 103 150 元，余款 96 850 元朱某某陈述系现金支付给梁某某。梁某某出具借据一份给朱某某收执，双方到房产管理部门办理了前述房屋的抵押登记手续。借款后，梁某某支付利息至 2016 年 1 月 11 日。还款期限届满，凌某某、梁某某未履行还款义务，为此，朱某某诉至一审法院，提出前述请求。朱某某因本案支出律师服务费 49 720 元。因未能向梁某某直接送达法律文书，一审法院于 2016 年 9 月 27 日依法向梁某某发出公告，限其自公告之日起 60 日内到一审法院应诉，梁某某在公告期间内未到庭应诉。朱某某因本案支出公告费

350 元。另查明，梁某某与凌某某于 2004 年 11 月 26 日登记结婚，于 2016 年 6 月 29 日登记离婚。一审法院认为，债务应当清偿。梁某某向朱某某借款 1 200 000 元，有双方签订的《房地产抵押借款合同》及梁某某出具给朱某某的借据予以证实，一审法院予以认定。现还款期限届满，朱某某要求梁某某偿还借款 1 200 000 元，于法有据，一审法院予以支持。梁某某未按约定的借款期限归还借款，已构成违约，故朱某某主张按双方约定的月利率 2% 支付利息，一审法院予以支持。根据双方在《房地产抵押借款合同》的约定，朱某某因本案支出的律师服务费 49 720 元，应由梁某某承担。本案借款系梁某某与凌某某夫妻关系存续期间梁某某向朱某某所借。根据《最高人民法院关于适用〈中华人民共和国婚姻法〉若干问题的解释（二）》第 24 条的规定，债权人就婚姻关系存续期间夫妻一方以个人名义所负债务主张权利的，应当按夫妻共同债务处理。凌某某辩解对借款不知情，缺乏证据证实，一审法院不予采信。凌某某、梁某某应共同履行还款义务。朱某某因本案支出的公告费 350 元，应由梁某某承担。关于抵押物优先受偿的范围问题，一审法院认为，为不动产物权设定抵押应办理抵押登记，根据朱某某提交的《房屋他项权证》，并结合《房地产抵押借款合同》，足以认定朱某某与梁某某就 1 200 000 元债权设定了抵押，因此，朱某某享有就抵押物优先受偿的权利。

　　一审法院判决：①梁某某、凌某某应于本案判决生效之日起 10 日内向朱某某偿还借款 1 200 000 元及该款利息（利息计算从 2016 年 1 月 11 日起计至借款清偿完毕之日止，按月利率 2% 计）；②梁某某、凌某某应于本案判决生效之日起 10 日内向朱某某支付律师服务费 49 720 元；三、梁某某应于本案判决生效之日起 10 日内向朱某某支付公告费 350 元；四、梁某某、凌某某如不履行上述义务，朱某某享有以梁某某抵押的坐落于柳州市屏山大道 318 号协和家园丽都××栋××号、柳州市航岭路×号金岭商埠××栋××号、柳州市跃进路 106 号之八汇金国际××××号、柳州市飞鹅路 53 号新时代商业港×栋×××号的房屋（房产证号：柳房权证字第××、D0××25、D0××24、12××81 号）折价或者以拍卖、变卖该房屋所得的价款优先受偿的权利。案件受理费 17 127 元（朱某某已预交），由梁某某、凌某某负担。

　　二审法院认为：上诉人凌某某庭后提交了凌某某与梁某某于 2013 年 8 月 25 日签订的《协议》，该协议约定了双方婚内各自的举债各自承担。先暂且不论该协议的真实性，就该协议内容上看，仅有凌某某和梁某某的签字，属于夫妻间的内部约定，无法推定出债权人朱某某知晓该协议内容，进而无法认定诉争的借款为梁某某的个人债务。上诉人庭后提交的柳州市房产资料查询结果，仅说明本案诉争的借款已经设定了抵押，可以享有就抵押物优先受偿的权利。对于上诉人诉称的关于未知晓该笔债务存在和未用于婚姻家庭共同生活的理由，其提供的证据不足以证明其上诉理由。因此，综合本案证据，上诉人凌某某未能证明其与梁某某实行夫妻分别财产制且朱某某知晓该约定，也未能证明债权人朱某某与梁某某明确约定诉争的借款为梁某某的个人借款。故一审法院认定诉争的借款为夫妻共同债务适用法律正确，本院予以维持。综上所述，上诉人凌某某的上诉请求不能成立，应予驳回；一审判决认定事实清楚，适用法律正确，应予维持。

二、法律问题

诉争的借款是否为夫妻双方的共同债务？

三、重点提示

根据《最高人民法院关于适用〈中华人民共和国婚姻法〉若干问题的解释（二）》第 24 条规定，在债权人朱某某与债务人梁某某之间的债务纠纷中，债权人朱某某就凌某某、梁某某婚姻关系存续期间梁某某以个人名义所负债务主张权利的，应当按夫妻共同债务处理。凌某某若否认共同债务且拒绝承担还款义务的，必须满足以下两种情形之一，即夫妻实行分别财产制且债权人朱某某知道的或债权人朱某某与梁某某明确约定为梁某某个人债务。

📚 **拓展资料**

14 - 6　拓展阅读

| 第十五章 |

法的证立

受哲学上相关理论和方法的启示，发现和证立这对范畴被引入到法学领域中，形成了有关法的发现与证立的理论。司法推理的基本前提是发现可供适用的法律，此即为法之发现的过程（the discovery of law），可以说法之发现是一切法律思维活动的起点；相比之下，法的证立（the justification of law）则是运用各种法律方法对法律命题所做的一种证成活动。它所要解释的是，为什么某个法律命题是真的，或者为什么某个法律裁决是正确的。法的发现与证立是两个彼此有联系的活动，并不能将二者完全割裂开来。

专题一　刑罚的证立

📚 知识概要

惩罚在日常生活中无处不在，并且通过各种形式加诸人们身上。按照惩罚的性质，既有道德惩罚，又有法律惩罚。按照惩罚的权力范围，可以区分出公共惩罚与私力惩罚，前者比如国家对某个犯罪嫌疑人执行死刑，后者比如父亲对考试成绩不及格的儿子进行体罚。此处，我们更多地关注法律惩罚和公共惩罚。法学理论的一个核心议题，是要讨论国家能够施加惩罚的这种"权力"或"强力"的正当性源自于何处。亦即，它指向了如下的问题：为何要进行惩罚？惩罚的目的是什么？当论及这些问题时，我们便进入了刑法（刑罚）哲学的领域。对此，一般主要是从两个层面展开讨论：一是把惩罚本身视为是一种有价值的东西，将惩罚施加给过错者是对的，我们有义务这么做，此即典型的道义论主张；另外一种则是把惩罚视为一种达到其他目的的手段，惩罚之所以值得辩护是因为它能够给我们带来一些好的后果，比如可以震慑或改造犯罪分析，恢复被破坏的社会秩序，同时也能达到教育其他公民的目的。

📖 经典案例

案例：南京聚众换偶案

一、基本案情

2009 年 8 月 17 日，南京市秦淮公安分局白鹭洲派出所的警员发动了一次突袭，闯入了网友的隐秘"性聚会"。在一家连锁酒店的 120 房间，5 名网民被当场抓获。警察没有透露是怎么获取这个信息的。取保候审的女网友"月明"说，同行的一个女网友，可能在 QQ 群里公布了电话和聚会地点，被监控的警察掌握了行踪。43 岁的"月明"说，那天中午一个陌生男子走进房间，坐了一会儿就走了，"谁和谁发生了性关系，我记不清了。以前这种情况也有，一些人来了又走了。互相只知道网名"。在陌生男子走后，中午 1 点刚过，警察破门而入。这一"性聚会"案引发了多米诺骨牌效应。被带至白鹭洲派出所后，被捕网民交代了此前各自参加的"性聚会"。"月明"说，是网友"誓言"把她带入这个圈子的。而"誓言"又供出了他人。网友"海狼"则供出了后来阴差阳错成为这场"聚众淫乱"案主角的"阳火旺"———南京一所大学的副教授马某某。2009 年 8 月 21 日晚上 11 点多，两名便衣警察敲开了马教授的家门，称马卷入了"聚众淫乱"案件，将他从家中带至白鹭洲派出所。抓捕行动还在继续。随着交叉人群的几何递增，被牵扯进去的网民名单越来越长。

检察机关指控：在从 2007 年夏天至 2009 年夏天总共 2 年的时间，22 名被告在南京多个地方，组织参与了 35 起聚众淫乱活动。其中，指控马某某组织、参与的达 18 起。律师认为情况不妙：起诉书上，22 个被告，马某某的名字排在头一位，俨然是"主犯"。秦淮区检察院的检察官汪某说：这是按照组织和参与次数的多少来排列名字。被起诉的 22 人中，年龄最小者为 1983 年出生的"宝宝"（女），年龄最大的则是马某某（53 岁），"70 后"有 10 人；具有大学及研究生学历的有 3 人，其余多人均为中专、高中及初中；从性别上看，男性有 14 人，女性有 8 人。

5 月 20 日上午，南京秦淮区法院对此案进行了公开宣判。法院以"聚众淫乱罪"，对涉案的 22 人追究刑事责任。其中，顶着"大学副教授"头衔、"换妻"游戏中组织者马某某，因为拒不认罪被从重处罚，获实刑 3 年 6 个月。其他人由于认罪态度较好，被判缓刑 3 年到 6 个月不等的刑罚。此案涉及的被告人数之多，创造了 1997 年修订《刑法》13 年来以"聚众淫乱"罪名起诉的最高纪录。

二、法律问题

1. 本案中，法官能否直接适用刑法中关于"聚众淫乱罪"的规定？

2. 从法理学的角度来看，在对不道德行为进行惩罚的过程中，法律干预与道德自治的界限在什么地方？

三、法理分析

法律能否对不符合道德的行为进行限制？道德的法律化随时有可能演变为道德的法律强制。"由于道德本身是自由选择的产物，那么对它的强制就不是天然合理的，而需要正当化证明，也就是确立一个限度，在此限度内的道德法律化才是合理的。"[1] 本案中争议的一个核心问题在于，"换妻"的行为是否触犯了法律的底线，抑或只是一个仅仅关涉私人道德（private morality）的问题。从理论上，进一步又会涉及"聚众淫乱罪"这个罪的界限问题，这一罪名在立法上曾经备受争议。

无论是聚众淫乱还是"换妻"的行为，无疑都是不道德的行为，但是并不是所有不道德的行为都应被划归至法律调整的范畴。通常只有侵害到他人权利或者触犯社会公共利益的行为才会受到法律的规制，除此之外一些被害人同意的自我损害行为如今也进入了刑法规制的视野。比如，协助他人自杀的行为，在性质上就被认定为犯罪。针对不道德行为进行规制，难点在于如何把握道德立法的限度，实质上关系到我们如何合理地在法律与道德之间划开一条界线，使二者能够相对分离同时又保持一定的交叉。我们的法律一直在道德标尺中"道德最大值"与"道德最小值"之间来回漂移不定，一旦找

---

〔1〕 曹刚：《法律的道德批判》，江西人民出版社 2001 年版，第 98 页。

到那个合适的"立足点"，也就等于是找到了道德强制的合法限度。但这又岂是易事，正如美国法哲学家戈尔丁所言："我们还远未能达到一个简单的限制原则，也提供不出什么方式可以用来分离出那些永远超越于法律范围之外的行为领域。"[1] 重点是要学会如何在法律与私德、美德之间权衡，比如该项私德败坏的严重性、透过法律强制产生的效益和其它后果以及对个人私生活自由及隐私的影响。又比如，尽可能尊重个人隐私、不应制定难以执行的法律、不应制定得不到大多数明理人所尊敬的法律、不应制定徒劳无功和滋生恐吓勒索等罪行的法律以及一些高度不由自主的行为不应透过法律来干预。通过在不同价值之间进行权衡取舍，为是否通过法律进行道德强制提供证立理由。

本案中，马某某组织的换妻行为首先是一种不道德的行为，在道德上应受到谴责，但是一如上述，并非所有不道德行为都应受到法律上的责难，尤其是刑法，它对行为提出责任的起点更高、要求更加的严格；其次，马某某的辩护人对其进行了无罪辩护，其理由是聚众淫乱罪侵犯的是社会公共秩序，而马某某等人的活动不涉及金钱交易，同时也具有封闭性和隐蔽性，故其没有侵犯刑法保护的社会公共秩序，本案涉及的"性聚会"应该属于私权的范畴，不应当以刑法处罚。这种辩护理由不能成立，因为换妻的行为虽然在私下场合进行因而具有一定的隐秘性，但并不意味着任何私下的行为都不会产生公共影响，多人参与的换妻性活动有违传统伦理道德，而破坏传统伦理道德的这种行为显然是淫乱行为，这种淫乱行为如若不加以限制，必然会破坏社会管理秩序。法院认为，这种所谓的"换妻"（男女聚集到一起相互交换性伴侣，而后实施乱淫、猥亵、畸形性行为，以满足各自的性欲），与《刑法》和相关司法解释中关于"聚众淫乱罪"的构成要件是相适应的，不能以公民私下享有的自由权来开脱罪名，应依照"聚众淫乱罪"追究刑事责任。

四、参考意见

马某某等22名被告人的行为已触犯了《刑法》第301条的规定，犯罪事实清楚，证据确实充分，以聚众淫乱罪追究其刑事责任。马某某对自己行为的社会危害性和违法性始终缺乏清醒的认识，被从重处罚，获刑3年6个月。

---

[1]　[美] 戈尔丁：《法律哲学》，齐海滨译，三联书店1987年版，第124页。

其他人由于认罪态度较好，被判处缓刑到 3 年 6 个月不等的刑罚。

拓展案例

案例：赵某某非法持有枪支案[1]

15 – 1　本案判决书

一、基本案情

2016 年 8 月至 10 月 12 日间，被告人赵某某在天津市河北区李公祠大街亲水平台附近，摆设射击摊位进行营利活动。2016 年 10 月 12 日 22 时许，公安机关在巡查过程中发现赵某某的上述行为，将其抓获归案，当场查获涉案枪形物 9 支及相关枪支配件、塑料弹。经天津市公安局物证鉴定中心鉴定，涉案 9 支枪形物中的 6 支为能正常发射以压缩气体为动力的枪支。

上述事实，有经原审庭审举证、质证的案件来源、抓获经过、搜查证、搜查笔录、扣押决定书、扣押清单、没收物资收据、天津市公安局物证鉴定中心枪支鉴定书、涉案枪支照片、被告人赵某某的户籍证明及供述等证据予以证实。

原审法院认为，被告人赵某某违反国家枪支管理制度，非法持有枪支，情节严重，其行为已构成非法持有枪支罪，应依法予以处罚。赵某某自愿认罪，可酌情从轻处罚。依照《中华人民共和国刑法》第 128 条第 1 款及《最高人民法院关于审理非法制造、买卖、运输枪支、弹药、爆炸物等刑事案件具体应用法律若干问题的解释》第 5 条第 2 款第 2 项之规定，以非法持有枪支罪判处被告人赵某某有期徒刑 3 年 6 个月。

宣判后，原审被告人赵某某不服，以其不知道持有的是枪支，没有犯罪故意，行为不具有社会危害性且原判量刑过重为由提出上诉。

---

〔1〕　天津市河北区人民法院（2016）津 0105 刑初 442 号刑事判决书；天津市第一中级人民法院（2017）津 01 刑终 41 号刑事判决书。

上诉人赵某某的辩护人提出以下辩护意见：①涉案枪形物的提取、包装和送检过程违反公安部《法庭科学枪支物证的提取、包装和送检规则》的规定，侦查人员未对查获的枪形物现场进行编号；随手抓取枪形物，破坏了物证表面痕迹，使物证遭到污染；未按规定封装并填写标签；没有证据证明涉案枪形物的保管过程，无法确定是否与其他枪支混同。因此，涉案枪形物不能确定是从赵某某处查获的，依法不能作为定案证据。②公安部制定的《枪支致伤力的法庭科学鉴定判据》所依据的试验及理由不科学、不合理，该"判据"确定的枪支认定标准不合法，且属内部文件，不能作为裁判的法律依据。鉴于目前没有法律、法规、规章对枪支作出定义或解释，只能根据《中华人民共和国枪支管理法》（以下简称《枪支管理法》）的规定，以"足以致人伤亡或者丧失知觉"作为认定标准。③在案《枪支鉴定书》因检材的提取、包装和送检过程违法，不能确定与赵某某的关联；鉴定所依据的《枪支性能的检验方法》未经公开，属尚未公布的规定；出具鉴定书的鉴定机构只有枪弹痕迹鉴定资质，并无枪支鉴定资质。鉴定书不能作为定案证据。④赵某某始终认为自己持有的是玩具枪而非真枪，其对行为对象存在认识错误，不具备非法持有枪支犯罪的主观故意。⑤赵某某的行为不具有任何社会危害性。综上，被告人赵某某的行为不构成犯罪。

天津市人民检察院第一分院认为，原审诉讼程序合法；原审判决认定上诉人赵某某非法持有枪支的事实清楚，证据确实、充分；赵某某的行为触犯了《刑法》第128条第1款的规定，构成了非法持有枪支罪，原审判决定罪准确；赵某某非法持有枪支6支，属情节严重，依法应处3年以上7年以下有期徒刑，原审判决量刑在法定幅度内，但鉴于赵某某非法持有枪支是为了经营游戏项目，主观恶性较小，其行为未造成实际危害结果，到案后能如实供述犯罪事实，认罪态度较好，且系初犯，建议二审法院对其从轻处罚，改判有期徒刑3年并适用缓刑。

经审理查明，2016年8月至10月，上诉人赵某某在天津市河北区李公祠大街附近的海河亲水平台，摆设射击游艺摊位进行营利活动。2016年10月12日22时许，天津市公安局河北分局民警在巡查过程中，当场在赵某某经营的摊位上查获枪形物9支及配件、塑料弹等物，并依法将赵某某传唤到公安机关。经天津市公安局物证鉴定中心鉴定，现场查获的9支枪形物中的6支，为能正常发射、以压缩气体为动力的枪支。涉案枪支已由公安机关依法没收。

二审法院认为上诉人赵某某违反国家枪支管理规定，非法持有枪支，其行为已构成非法持有枪支罪，且情节严重，应依法予以处罚。原审判决认定赵某某犯非法持有枪支罪的事实清楚，证据确实、充分，定罪准确，审判程序合法。关于上诉人赵某某所提量刑过重的上诉理由，二审法院认为，上诉人赵某某非法持有以压缩气体为动力的非军用枪支 6 支，依照法律规定已构成非法持有枪支罪且属情节严重，应判处 3 年以上 7 年以下有期徒刑。综合考虑赵某某非法持有的枪支均刚刚达到枪支认定标准，犯罪行为的社会危害相对较小，其非法持有枪支的目的是从事经营，主观恶性、人身危险性相对较低，二审期间能如实供述犯罪事实，认罪态度较好，有悔罪表现等情节，可酌情予以从宽处罚并适用缓刑。

二、法律问题

1. 法院的判决思路以及判决依据是什么？
2. 法院的判决结果为何会引发巨大的争议？人们到底在争论什么？
3. 如何理解"非法持有枪支罪"中的"枪支"？

三、重点提示

1. 对不道德行为进行法律规制，尤其是进行刑法规制时，应严格把握好限度，尤其是对那些无直接受害人或不会直接产生社会危害的行为，刑法要不要对其作非法的入罪评价。

2. 对刑罚的证立有道义论与后果论两种不同的进路，它们辩论所依据的理由是不同的：一个是着眼于过去的非法行为本身，由此催生应受刑法责难的理由；另一个则是着眼于未来，出于对相关后果的考虑来证成刑罚。

📖 拓展资料

15 - 2　拓展阅读

专题二　守法的理由

📚 知识概要

守法的理由这一问题，关涉的问题是"从道德的角度看，法律的地位是什么"。人们遵守法律仅仅是因为那个规则是由强力（force）保证实施的，除此之外，是否还有什么特别的道德理由能够促使人们去遵守法律。在法哲学上，证成守法义务的理由主要有：基于义务与同意的论证、基于后果的论证、基于好处与感恩的论证和基于自然正义的论证。我国学者也从不同的角度提出了诸多守法理由，其中包括：守法是法的要求、守法是人出于契约式的利益和信用的考虑、守法是由于惧怕法律的制裁、守法是出于社会的压力、守法是出于心理上的惯性、守法是道德的要求。[1] 全面理解守法的理由，对于法律在实践中之实施具有十分重要的意义。

📚 经典案例

案例：北雁云依案[2]

15 - 3　本案判决书

一、基本案情

原告"北雁云依"的法定代理人吕某某诉称：其妻张某某在医院产下一女取名"北雁云依"，并办理了出生证明和计划生育服务手册新生儿落户备查登记。为女儿办理户口登记时，被告济南市公安局历下区分局燕山派出所

---

〔1〕　张文显主编：《法理学》，高等教育出版社、北京大学出版社 2007 年版，第 241～243 页。
〔2〕　山东省济南市历下区人民法院（2010）历行初字第 4 号行政判决书。

（以下简称燕山派出所）不予上户口。理由是孩子姓氏必须随父姓或母姓，即姓"吕"或姓"张"。根据《婚姻法》和《民法通则》关于姓名权的规定，请求法院判令确认被告拒绝以"北雁云依"为姓名办理户口登记的行为违法。

被告燕山派出所辩称：依据法律和上级文件的规定不按"北雁云依"进行户口登记的行为是正确的。《民法通则》规定公民享有姓名权，但没有具体规定。而2009年12月23日最高人民法院举行新闻发布会，关于夫妻离异后子女更改姓氏问题的答复中称，《婚姻法》第22条是我国法律对子女姓氏问题作出的专门规定，该条规定子女可以随父姓，可以随母姓，没有规定可以随第三姓。行政机关应当依法行政，法律没有明确规定的行为，行政机关就不能实施，原告和行政机关都无权对法律作出扩大化解释，这就意味着子女只有随父姓或者随母姓两种选择。从另一个角度讲，法律确认姓名权是为了使公民能以文字符号即姓名明确区别于他人，实现自己的人格和权利。姓名权和其他权利一样，受到法律的限制而不可滥用。新生婴儿随父姓、随母姓是中华民族的传统习俗，这种习俗标志着血缘关系，随父姓或者随母姓，都是有血缘关系的，可以在很大程度上避免近亲结婚，但是姓第三姓，则与这种传统习俗、与姓的本意相违背。全国各地公安机关在执行《婚姻法》第22条关于子女姓氏的问题上，标准都是一致的，即子女应当随父姓或者随母姓。综上所述，拒绝原告法定代理人以"北雁云依"的姓名为原告申报户口登记的行为正确，恳请人民法院依法驳回原告的诉讼请求。

法院经审理查明：原告"北雁云依"出生于2009年1月25日，其父亲名为吕某某，母亲名为张某某。因酷爱诗词歌赋和中国传统文化，吕某某、张某某夫妇二人决定给爱女起名为"北雁云依"，并以"北雁云依"为名办理了新生儿出生证明和计划生育服务手册新生儿落户备查登记。2009年2月，吕某某前往燕山派出所为女儿申请办理户口登记，被民警告知拟被登记人员的姓氏应当随父姓或者母姓，即姓"吕"或者"张"，否则不符合办理出生登记条件。因吕某某坚持以"北雁云依"为姓名为女儿申请户口登记，被告燕山派出所遂依照《婚姻法》第22条之规定，于当日作出拒绝办理户口登记的具体行政行为。

该案经过两次公开开庭审理，原告"北雁云依"法定代理人吕某某在庭审中称：其为女儿选取的"北雁云依"之姓名，"北雁"是姓，"云依"

是名。

因案件涉及法律适用问题，需送请有权机关作出解释或者确认，该案于 2010 年 3 月 11 日裁定中止审理，中止事由消除后，该案于 2015 年 4 月 21 日恢复审理。济南市历下区人民法院于 2015 年 4 月 25 日作出（2010）历行初字第 4 号行政判决：驳回原告"北雁云依"要求确认被告燕山派出所拒绝以"北雁云依"为姓名办理户口登记行为违法的诉讼请求。

二、法律问题

1. 如何理解《婚姻法》第 22 条规定的"子女可以随父姓，也可以随母姓"[1]？

2. "北雁"姓氏既不是父姓，也不是母姓，属于公民根据自己的意愿自主创设的姓氏，这一姓氏是否违背了公序良俗？判断的标准和理由是什么？

三、法理分析

本案涉及的法律主要有《民法通则》第 99 条第 1 款、《婚姻法》第 22 条、《全国人民代表大会常务委员会关于〈中华人民共和国民法通则〉第九十九条第一款、〈中华人民共和国婚姻法〉第二十二条的解释》（简称"立法解释"），尤其是立法解释对本案之裁判具有决定性意义。

首先，对于《婚姻法》第 22 条之解释，不能完全恪守文意，这是因为如果严格坚守文意解释，将姓氏范围限定在父姓或母姓之内，那么就无法解释《婚姻法》第 26 条（国家保护合法的收养关系。养父母和养子女间的权利和义务，适用本法对父母子女关系的有关规定。养子女和生父母间的权利和义务，因收养关系的成立而消除）和第 27 条（继父母与继子女间，不得虐待或歧视。继父或继母和受其抚养教育的继子女间的权利和义务，适用本法对父母子女关系的有关规定）之规定了。依照体系解释的精神，因为收养这一事实会引起收养法律关系的变动，子女为融入新的家庭可以依法跟随继父或继母来改变姓氏。同时，只有坚持开放性的解释立场，也才能和"立法解释"

---

〔1〕　现为《民法典》第 1015 条：自然人应当随父姓或者母姓，但是有下列情形之一的，可以在父姓和母姓之外选取姓氏：①选取其他直系长辈血亲的姓氏；②因由法定扶养人以外的人扶养而选取扶养人姓氏；③有不违背公序良俗的其他正当理由。

相融贯，因为"立法解释"中已经有限开放出了"第三姓"。

其次，自主创设诸如北雁云依之类的姓氏是否违背"立法解释"中规定的公序良俗，这是本案的争议焦点，法院判决也主要是围绕这一点而进行的。在我国民法学界，时常会从"公共道德"与"社会秩序"两个层面来理解公序良俗，其中公共秩序是法律本身的价值体系，指"社会一般利益"，"善良风俗"则属于法律外的伦理秩序，为"社会一般道德观念"。司法实践中公序良俗条款之适用，往往需要借助于判例进行类型化，从所累积的判例中抽取或提炼违背公序良俗的情形。公序良俗借助司法判例得以类型化的情形主要有：滥用权力或垄断地位、捆绑契约、危害债权与信用诈骗、法律行为工具化，尤其是个人私域的商业化利用（如卖淫、性交易等），危害婚姻与家庭秩序，诱使违约，贿赂协议，公共职位、学位或贵族称号买卖，准暴利行为等。[1]法院的思路主要是这样的：

第一，"北雁"姓氏并不是"立法解释"所允许的前两种情形，如果适用"立法解释"唯一的可能就是将其解释为"违背公序良俗"；

第二，公民任意选取姓氏甚至恣意创造姓氏，会加大社会管理成本和增加社会控制的风险。这一点主要是从社会管理的成本和效率来考量的；

第三，转向公序良俗的分析，认为公民姓氏不仅体现血缘关系、亲属关系，更承载着丰富的文化传统、伦理观念、人文情怀，公民原则上随父姓或母姓，符合中国传统文化和伦理观念，如果任凭公民根据自己的喜好随意创设姓氏，则会冲击传统文化和伦理观念，违背公序良俗。

四、参考意见

公民选取或创设姓氏应当符合中华传统文化和伦理观念。仅凭个人喜好和愿望在父姓、母姓之外选取其他姓氏或者创设新的姓氏，不属于《全国人民代表大会常务委员会关于〈中华人民共和国民法通则〉第九十九条第一款、〈中华人民共和国婚姻法〉第二十二条的解释》第 2 款第 3 项规定的"有不违反公序良俗的其他正当理由"。

---

[1] 朱庆育：《民法总论》，北京大学出版社 2016 年版，第 303 页。

◆ 拓展案例

案例：左某甲诉三亚市公安局不同意审批其更名申请案[1]

15 – 4 本案判决书

一、基本案情

2001 年 1 月 31 日，原告左某甲出具更名申请书，向被告申请变更姓名，由"左某甲"更改为"左某乙"。同年 2 月 1 日，原告到被告处领取一式二份《常住户口项目内容变更申请表》，并进行了填写。原告在该申请表上"变更原因"一栏写道"近几年来，我使用左某乙的名字，未进行登记"。3 月 29 日，海南农垦南新中心小学在"申请人户口所在单位意见"栏内，三亚市公安局农垦分局南新农场派出所干警郑某某在"派出所管段民警（或内勤）调查意见"栏内，分别签注"情况属实"字样；3 月 30 日，三亚市公安局农垦分局南新农场派出所在"派出所审核意见"栏内作出"情况属实"的签注，而后该申请表由南新农场派出所送交被告审批。被告接到申请表后进行了审查，认为原告申请表更名申请不符合有关法律规定，遂于 4 月 6 日将申请表退回给原告。原告不服，引起诉讼。

原审判决认为，户口登记管理（包括姓名的登记管理）是公安机关的一项重要职能。根据《民法通则》第 99 条第 1 款的规定，"公民享有姓名权，有权决定、使用和依照规定改变自己的姓名，禁止他人干涉、盗用、假冒"，可见公民有权改变自己的姓名，但必须"依照规定"进行。目前我国对"依照规定"更名并无法律、行政法规的特别规定，只有部门的规定，而公安机关制定有关公民更改姓名的规定，既是公安机关的一项基本职权，也符合《民法通则》的相关立法精神。因此，海南省公安厅作出的《关于更改姓名、

---

[1] 海南省三亚市中级人民法院行政判决书（2001）三亚行终字第 5 号行政判决书。

年龄和民族问题的通知》规定"对 16 周岁以上的成年人的申请，原则上不予受理，但个别理由正当或情况特殊的，也要按规定，先由有关部门作出意见，最后由市（县）公安局审批"，该规定与《民法通则》的相关规定精神并不抵触，且对维护社会治安具有符合形势发展的合理性，是合法有效的。原告在向被告提出更名申请的理由是"近几年来，我使用左某乙的名字，未进行登记"，未再提供相关资料和证明；在庭审中亦未能举出一九九七年以来在何种场合使用"左某乙"名字的证据，并承认更名"左某乙"仅凭个人喜好。故原告申请更改名的理由不当，且无特殊情况，被告作出不予受理审批原告更名申请的具体行政行为程序合法，认定理由充分，适用依据正确，予以支持。依照最高人民法院《关于执行〈中华人民共和国行政诉讼法〉若干问题的解释》第 56 条第 2 项的规定，裁定：驳回原告左某甲的起诉。

左某甲因其诉三亚市公安局不同意审批其更名申请一案，不服三亚市城郊人民法院（2001）城行初字第 13 号行政判决提起上诉。左某甲上诉提出：海南省公安厅《关于更改姓名、年龄和民族问题的通知》不具有任何法律效力，原审判决依据该通知作出的判决，是错误的。根据《中华人民共和国民法通则》第 99 条之规定，上诉人的请求是合法的，被上诉人应当履行法定职责，在原变更申请表上签署同意变更的意见。

被上诉人三亚市公安局答辩称：原判决认定事实清楚，适用法律正确，应依法予以维持。

上诉人左某甲在二审中提供的新证据有：西南政法大学自学考试教学班学习《结业证书》、学生实习鉴定表、名片，以证明其于一九九七年起使用左某乙名字。

二审法院认为，根据《户口登记条例》第 3 条第 1 款之规定，"户口登记工作，由各级公安机关主管"，因此，三亚市公安局有进行户籍管理的相应职权。同时，依照《户口登记条例》第 18 条、第 17 条之规定，上诉人左某甲有权申请更改姓名，但须向登记机关三亚市公安局申报，"户口登记机关审查属实后予以变更或更正，户口登记机关认为必要的时候，可以向申请人索取有关变更或更正的证明"。上诉人左某甲于 2001 年 2 月 1 日到被上诉人三亚市公安局处领取了一式二份《常住户口项目内容变更申请表》，该表附注说明中的第 2 条、第 3 条分别要求："各意见栏必须由相应单位或人员进行调查核实后，作出结论和明确意见，并盖章、签名"，"申请人须将本表连同原户口本及有关证明材料一同送市局户政科审批"，该要求符合《户口登记条例》中的有关规定。上诉人在该申请表上"变更原因"一栏写道"近几年来，我使用左某乙的名字，未进行登记"。在上诉人未提供任何证明材料能证实其近几年来使用左某乙的名字，也未见有审查该情况是否属实的材料下，海南农垦南新中心小学、三亚市公安局农垦分局南新农场派出所干警郑某某及该所分别签注"情况属实"，是不当的。被上诉人在审批过程中，认为上诉人未按该申请表第三条的要求提供其近几年来使用左某乙名字的证明材料（在一审法院审理此案时亦未提供），不同意给上诉人更改名字，并未违反有关的法律规定。上诉人在二审时提供的证据材料，不能成为认定被上诉人之行为为不履行职责之理由。因此，上诉人上诉要求被上诉人履行职责的理由不充分，不予采纳；上诉人上诉还提出，原判决适用海南省公安厅的《通知》作出判决是错误的，二审法院经审查后认为：海南省公安厅不具备制定规章的主体资格，其作出的琼公通〔1999〕141号《通知》又被列为机密文件，且该通知的规定与《中华人民共和国户口登记条例》的相关规定抵触，不能作为行政机关作出具体行政行为的依据。但原判决认定原告未提供相关资料和证明证实其在何种场合使用左某乙名字的证据，被告不同意原告更改名字的具体行政行为正确，从而驳回原告的起诉并无不当，应予支持。

二、法律问题

1. 本案中当事人的何种具体姓名权受到了行政机关的侵害？
2. 法院对姓名权限制的理由是什么？其限制理由能否找到法律的根据？

三、重点提示

1. 对公民而言，守法是一项基本义务。守法的理由或动机可能是多方面的，有道德的、社会的、经济的、心理的等。公民在法律规定的范围内可以行使权利，但同时也应尊重社会公德，不得损害社会公共利益和他人利益。

2. 广义的守法主体，也包括立法机关、行政机关以及司法机关。公权力主体的行为必须于法有据。比如在本节所谈及的两个关于姓名权的案例中。公民的姓名权是一种私法上的自由。但是这种自由并不是不受限制的，其行使不应违背公序良俗。同样的，无论是行政机关还是司法机关对姓名权所进行的规制都应有正当根据，否则超越权限所为之行为便构成了对法律的违背。

拓展资料

15－5　拓展阅读

| 第十六章 |

法　治

　　法治（The rule of law）并不简单等同于依照法律的统治（rule by law），它具有形式与实质两个维度。从形式主义角度看，法治意味着存在一套法律规则，并且这套规则要得到全社会前后连贯一致的遵守和实行，此即形式法治观。而从实质的维度来看，法治意味着依照法律所形成的一种良好的社会秩序，这是所谓的实质法治观。相比之下，形式法治是一种较为初步的法治观，而实质法治则是一种较高层次的追求。学者们对于形式法治已有太多精辟的论述，比如富勒所提出的八项原则，即法律的一般性、颁布、不溯及既往、清晰、法律中无矛盾、不强人所难、连续性和一致性均是在形式上对既有法律品质的要求。[1] 又比如，萨默斯更是对法治提出了十八项原则或要求，这包括所有的法律形式均是合法地被制定的、法律应当是有明确内容的、法律应保持稳定而不能朝令夕改、法律的行为内容和责任内容均应事先公布于众、对法律的修改应取得事先明确的授权、法律的变化和发展只能对未来之事产生效力等。[2] 很显然，以上诸原则主要是从形式或程序上对法治所提出的要求，人们对此往往是比较容易接受或达成共识的。[3] 而实质法治所指向的则是道德和政治价值，道德和政治价值的多元性使得人们很容易产生分歧，因此实质法治运行的成本要大于形式法治。但这并不是说实质法治因此就是不重要或不值得追求的，事实上离开了实质法治的形式法治很容易会走向一种专制统治。

---

　　〔1〕　［美］朗·富勒：《法律的道德性》，郑戈译，商务印书馆 2005 年版，第 55～96 页。

　　〔2〕　Robert S. Summers, "The Principles of the Rule of Law", 74 *Notre Dame Law Review*, 1999, 1693～1695.

　　〔3〕　张翔："形式法治与法教义学"，载《法学研究》2012 年第 6 期。

专题一　法治的概念

知识概要

亚里士多德认为"法治优于一人之治"，法治包括两个层面的含义："已成立的法律获得普遍的服从，而大家所服从的法律本身是制定的良好的法律"。[1] 英国著名法学家拉兹也曾提出过法治的八个原则，包括：①所有法律都应当可预期、公开且明确；②法律应当相对稳定；③特别法（尤其是法律指令）应当受公开、稳定、明确和一般规则的指导；④司法独立应予以保证；⑤自然正义的原则必须遵守；⑥法院应对其他原则的实施有审查权；⑦法院应当是易被人接近的；⑧不应容许预防犯罪的机构利用自由裁量权歪曲法律。[2] 尽管不同学者对法治有不同的论述，我们仍然可以找到最低限度的法治概念，亦即它是一种接受或服从规则治理的事业，其目的是要对抗专断的权力，尤其是要限制专横和无限扩张的公权力（power）。

经典案例

案例：中国同性婚姻第一案[3]

16 - 1　本案判决书

一、基本案情

孙某某、胡某某均为男性。2015 年 6 月 23 日，孙某某、胡某某到芙蓉区

---

〔1〕〔古希腊〕亚里士多德：《政治学》，吴寿彭译，商务印书馆 1965 年版，第 167~168 页。

〔2〕〔英〕约瑟夫·拉兹：《法律的权威：法律与道德论文集》，朱峰译，法律出版社 2005 年版，第 187~189 页。

〔3〕湖南省长沙市中级人民法院（2016）湘 01 行终 452 号行政判决书。

民政局要求办理结婚登记。芙蓉区民政局工作人员在审查后，认为孙某某、胡某某均为男性，其结婚登记申请不符合《婚姻法》和《婚姻登记条例》关于结婚必须是男女双方的规定，决定对孙某某、胡某某的结婚登记申请不予办理结婚登记，并当场告知孙某某、胡某某不予办理结婚登记的理由和结果。孙某某、胡某某不服，诉至法院，请求判令芙蓉区民政局为其办理结婚登记。

一审法院判决认为，我国实行婚姻登记制度。《婚姻登记条例》第2条规定，内地居民办理婚姻登记的机关是县级人民政府民政部门或者乡（镇）人民政府，省、自治区、直辖市人民政府可以按照便民原则确定农村居民办理婚姻登记的具体机关。据此，芙蓉区民政局具有对辖区内居民结婚登记申请作出是否办理婚姻登记的法定职权。《婚姻法》第2条、第5条、第8条以及《婚姻登记条例》第4条、第7条规定，结婚必须是男女双方，要求结婚的男女双方必须亲自到婚姻登记机关进行结婚登记，婚姻登记机关应当对结婚登记当事人出具的证件、证明材料进行审查并询问相关情况，对当事人符合结婚条件的，应当当场予以登记，发给结婚证，对当事人不符合结婚条件不予登记的，应当向当事人说明理由。本案中，孙某某、胡某某均为男性，其结婚登记申请不符合我国上述法律、行政法规的规定。芙蓉区民政局对孙某某、胡某某的结婚登记申请，不予办理结婚登记，并当场告知孙某某、胡某某结婚登记申请不符合我国上述法律、行政法规关于男女双方登记结婚的规定。芙蓉区民政局对孙某某、胡某某的结婚登记申请作出不予办理结婚登记行政行为符合法律、行政法规的规定，且行政程序合法。综上所述，孙某某、胡某某的诉讼请求无法律依据，依法不应支持。依照《行政诉讼法》第69条的规定，判决驳回孙某某、胡某某的诉讼请求。

上诉人孙某某、胡某某上诉称：行政行为在执法人数、资格、审查核实申请材料、告知理由和结果、陈述申辩权以及送达书面的不予受理通知单等程序上没有依照湖南省的相关行政程序性规章。一审法院没有采信民政局的证据，故行政行为没有证据。一审法院认定民政局工作人员对上诉人的材料进行了审查及依法完成了告知义务，是错误的。婚姻法没有明确禁止同性婚姻，《婚姻法》第2条的男女平等应当是男女可以平等地和男方结婚，也可以平等地和女方结婚。《刑法》中聚众淫乱罪等包括了同性的情况，婚姻登记也应当涵盖同性婚姻。根据宪法等对于平等和人权的规定，婚姻登记排除同性是歧视，对同性申请婚姻登记应予办理。对于本案涉及的宪法上的平等权与人权、婚姻法的婚姻自由等规定，一审法院对此予以回避，法律适用不当。综上，请求法院判决：①撤销一审判决发回重审或者查清事实后改判；②由被上诉人承担一二审诉讼费用。

被上诉人芙蓉区民政局答辩称：民政局作出的行政行为不是不予受理结婚登记，而是受理后不予登记，决定不予登记前对上诉人申请结婚进行了审查和询问。不予登记的依据就是婚姻法和婚姻登记条例，无需其他证据。对于婚姻法的相关条款，立法原意即异性婚姻，行政机关是法律的执行机关，只能严格依法执法，没有超越法律的权力。被诉行政行为程序合法，一审认定事实和适用法律正确，请求驳回上诉，维持原判。

当事人向一审法院提交的证据和依据已随案移送二审法院。经审查，二审法院对一审采信的证据予以确认。但芙蓉区民政局在一审中提交的何某某的自述材料，能够反映案件事实经过，对于上诉人提出结婚登记申请及被上诉人不予登记的事实，对方当事人也予以认可，依法可以作为认定案件事实的依据，应予采信。一审法院以该证据不是作出行政行为时形成的为由不予采信，将证据资格与证明力等同，应予纠正。

二审法院认为，根据起诉状，本案孙某某、胡某某的诉讼请求是请求判令芙蓉区民政局为其办理结婚登记。根据《婚姻法》第2条、第5条、第8条等相关规定，办理结婚登记的必须是男女双方。二上诉人均为男性，明显不符合法律规定的办理结婚登记的条件，其要求判令被上诉人为其办理结婚登记，理由不成立。根据《行政诉讼法》第69条"原告申请被告履行法定职责或者给付义务理由不成立的，人民法院判决驳回原告的诉讼请求"的规定，其诉讼请求应予驳回。一审判决驳回其诉讼请求，符合上述法律规定，上诉人认为被上诉人没有为其办理结婚登记在程序上和实体上均违法，故一审判决驳回其诉讼请求错误，理由不成立，不予支持。上诉人提出刑法中聚众淫乱罪的处罚对象包括同性，婚姻登记也应涵盖同性，婚姻法中的"男女平等"应当解释为男女可以平等地和男方结婚，也可以平等地和女方结婚等，其理解明显超出婚姻法相关规定中"男女"的文义范围，属于曲解法律，不予采信。上诉人认为根据宪法等关于平等和人权的要求，婚姻登记排除同性是歧视，对同性申请婚姻登记应予办理，该主张系否认法律的效力，理由不成立，不予支持。综上，上诉人的上诉理由均不能成立，其上诉请求没有法律依据，不予支持。

二、法律问题

1. 本案的争议焦点是什么？

2. 我国宪法所规定的"一夫一妻"应作何解释？宪法规定的"婚姻自由"是否包含了同性婚姻？民法中的婚姻权与宪法上的婚姻权是一种怎样的关系？

3. 本案当事人孙某某运用法律武器来维护与同性男友结婚的权利，这体现了何种法治思维？

三、法理分析

本案进入了公众视野并产生了较大的社会影响，关系到同性缔结婚姻的诉求能否获得法律上的支持。该案尽管最终以败诉为告终，但是诉讼本身却将同性婚姻这个议题再次推向公众的视野。有人认为这是一种为了爱的勇敢举动，而有人认为这种有悖传统道德的行为拿不出台面。由于其产生的影响之大，被誉为"中国同性恋婚姻维权第一案"，并在国内外引发了极大关注。据统计，自该事件被报道后的 10 天的时间里，仅新浪新闻一家媒体的网友评论量就达到了 8 万余条，其中支持性的评论占大多数。当然，这其中也有不少批评。同时，该案也引起了国际社会的一些关注。英国《每日邮电》网站对本案作出报道，并称这是中国同性恋维权迈出的重要一步。尽管一直以来，同性恋群体一直在其他方面（比如就业歧视）通过各种方式维护自己的权利，但是通过诉讼来争取缔结婚姻的权利还是开天辟地头一回。所以，仅从这一点上讲本案是有重要意义的。

本案涉及的法律主要有，《宪法》第 49 条规定，"婚姻、家庭、母亲和儿童受国家的保护"，"禁止破坏婚姻自由"。从原则上保障了婚姻自由，与此同时，第 33 条还规定了平等权，"中华人民共和国公民在法律面前一律平等"。《婚姻法》第 2 条规定"实行婚姻自由、一夫一妻、男女平等的婚姻制度。"本案争议的焦点问题，就在于如何理解这里的"夫"和"妻"，以及将婚姻定性为男女异性之结合，是否有违宪法上的平等权。

芙蓉区民政局拒绝办理婚姻登记，其理由是认为，"一夫一妻"说明了结婚对象需为"一男一女"。当事人则主张"一夫一妻"和"一男一女"是两个概念，"一夫一妻"是针对多夫或多妻而言的，而"一男一女"是针对性别。一审芙蓉区法院认为，《中华人民共和国婚姻法》第2条、第5条以及《婚姻登记条例》相关条款的规定，一夫一妻即缔结婚姻关系的两人须为一男一女，现行法律不存在为同性恋登记婚姻的规定，行政机关只能依据法律行为，因此芙蓉区民政局做出的行政行为程序合法，适用法律正确。换言之，当事人的诉称理由不能成立。

该案上诉以后，二审法院几乎以同样的理由维持了原判决。与一审相比，二审判决进步的地方在于它附带性地回应了上诉人所提出的两个问题：第一，上诉人提出刑法中聚众淫乱罪的处罚对象包括同性，婚姻登记也应包括同性，婚姻法中的"男女平等"应当解释为男女可以平等地和男方结婚，也可以平等地和女方结婚等。对此，二审法院认为这种理解明显超出婚姻法相关中"男女"的文义范围，属于一种对法律的曲解。第二，上诉人认为根据宪法中有关于平等和人权的要求，婚姻登记对同性的排除是一种歧视。二审法院认为该主张系对法律之效力的否认，理由不成立、不应予以支持。

本案作为同性群体公开通过司法途径维权的第一案，具有标志性的意义。而且从诉讼的过程来看，当事人提出的诉求都附加了相应的法律根据，不仅援引民事法律中的相关规定，更是诉诸了宪法关于平等权和婚姻自由的原则性规定，除此之外还试图运用类比思维（比如刑法中聚众淫乱罪中就包括同性之间的淫乱行为）来证立自己的权利，这体现了当事人具有高超的法律思维。除此之外，行政机关拒绝办理婚姻登记，在法律的框架之内提出了相应的理由，这符合法治原则。而行政诉讼中法院审判有两个重要功能：一是解决纠纷和化解矛盾，二是要对行政机关的行政行为进行合法性审查。公权力机关必须严格依法办事，其所作出的行为必须于法有据，否则就将与法治背道而驰。

四、参考意见

对《婚姻法》第2条"一夫一妻"的解释应坚持严格的文义解释，即"一夫一妻"应当且只能是"一男一女"。缔结婚姻的主体必须是在一男和一女之间，同性之间不能成为婚姻缔结权的主体。这一结论符合宪法和法治的精神，本案中孙某某和胡某某均为男性，并不符合《婚姻法》规定的婚姻缔结的形式要件，故而其缔结婚姻的诉求在法律上难以成立。

拓展案例

案例：耿某诉河南省荥阳市公安局京城路派出所公安行政不作为案[1]

一、基本案情

原告法定代理人夏某某（原告祖母姓夏）和赵某于 2009 年 6 月登记结婚，并于 2010 年 4 月 9 日生育一子，因原告祖父姓耿，故给原告取名耿某。后夏某某到被告河南省荥阳市公安局京城路派出所（以下简称京城路派出所）给原告申请出生户籍登记时，被告京城路派出所认为依照婚姻法第 22 条"子女可以随父姓，可以随母姓"的规定，原告的姓氏须与父母一方姓氏保持一致才能进行出生户籍登记，不能更改其他姓氏进行登记，未给原告进行登记。

夏某某认为被告侵犯了原告的姓名权，遂以原告名义起诉，请求法院判决被告履行法定职责，为原告办理出生户籍登记手续。

河南省荥阳市人民法院经审理认为，原告为无民事行为能力人，由其法定代理人代理行使其姓名权符合法律规定。被告作为户口登记机关，有职责对其户籍管辖区内人员进行户口管理。《婚姻法》第 22 条条款不属于强制性法律规范，原告以耿某为名字进行户籍登记并不违反法律规定。判决：被告京城路派出所依法为原告耿某办理户籍登记。

二、法律问题

1. 本案中是如何体现法治思维的？
2. 法院在解释《婚姻法》的规定时运用了何种法律解释方法？
3. 行政诉讼坚持"以合法性审查为原则、以合理性审查为例外"，这一原则与行政法治原则之间有什么关系？

---

[1] 河南省荥阳市人民法院（2013）荥行初字第 14 号行政判决书。

三、重点提示

1. 法治并不是一个单一的概念，在理解法治的概念时，应学会从不同层次去把握，比如形式意义的法治与实质意义的法治。并学会区分法治与法制、人治、德治等基本概念，也应理解法治与德治、法治与法制之间的联系。

2. 不同的学者从多个角度论说法治，由此也产生了形形色色关于法治的定义。在众多的界定中，应当能够尝试揭示出法治的最低限度的内容，亦即它是与人治相对的一个概念，意在限制专断的公权力。

拓展资料

16-2　拓展阅读

专题二　法治的理念

知识概要

法治并非是一个单一的概念，它具有一定的层次性。一般而言，较为基础性或初级的法治我们称之为形式法治，它强调的是一以贯之、一视同仁地遵守和执行规则，而比较少（注意并不是完全没有或排斥）开启关于规则的实质正当性的讨论或论证。而实质法治不仅仅着眼于是否有规则，同时还关注该规则是否符合实质性的原则和价值。如果说形式法治旨在建立起法律的形式权威，那么实质法治则致力于实现一种良好的社会秩序。现代法学方法理论的核心是如何处理规范拘束与个案正义之间的紧张关系，规范拘束是形式法治的基本要求，而个案正义则是实质法治的题中之义，调和规范拘束与个案正义实质上也是在形式法治与实质法治之间寻求一种平衡。

这两种不同的法治观对司法裁判也分别提出了不同的要求。在形式法治观看来，裁判是法律之下的一种纠纷解决活动，一切法律问题的解决都应依照既已存在的规则来进行。这充分体现出了司法裁判的一个重要属性（法律属性），亦即司法裁判不得任意偏离既有的法律，如果说案件的裁判最终是由法律之外的标准所决定的，那么该判决就从根本上违背了形式法治。相比之下实质法治赋予司法以更丰富的职能，认为司法的任务不仅是对案件作出裁决，而且还应给予争议的当事人一个公正的裁决，当既有的法律标准与正义原则发生冲突时，法官应毫不犹豫地服膺于后者，由此可见实质法治观为裁判偏离法律创造了可能。法治的理想，既包括较低程度的形式法治的内容，同时也期盼较高层次的实质法治的实现，司法应如何兼顾二者确实是一个难题。实质法治对形式法治起到一个过滤、检验、兜底和补充的作用，如果既有的法律违背正义，或出现了不为既有法律所调整的问题，实质法治蕴涵的价值和原则可以校正偏离正义的规则，同时也可以对既有法律起到价值补充的作用。所以，二者的冲突或紧张是表面的，在根本上其实是互补的和一致的。

🔖 经典案例

案例：贾某某诉北京国际气雾剂有限公司等人身损害赔偿案

16-3　本案判决书

一、基本案情

贾某某诉称：1995年3月8日晚，全家与邻居马家在春海餐厅聚餐，用餐中使用的卡式炉燃气罐突然发生爆炸，将其面部及双手严重烧伤。现其容貌被毁，手指变形，留下残疾，不仅影响学业，给身体、精神均造成极大痛苦。故要求气雾剂公司、厨房用具厂和春海餐厅共同赔偿医疗费 12 935.7 元、治疗辅助费 5950.35 元、护理费 9283.5 元、营养费 4739.18 元、交通费 4293.90 元、学习费用 509 元、部分丧失劳动能力的今后生活补助费 51 840

元、未来教育费 20 000 元、未来治疗费 300 000 元、精神损害赔偿金 650 000 元，共计 1 659 551.63 元。

气雾剂公司辩称：春海餐厅使用的卡式炉燃气罐系我公司组装生产，气液、气罐均从生产厂家所购买。此次事故的主要原因是炉具漏气出现小火而造成，与气体成分并无必然联系。我公司的产品质量合格。现贾某某并无证据证明此次事故是我厂的产品质量不合格引起。贾某某起诉我公司赔偿没有法律依据。

厨房用具厂辩称：我厂的卡式炉是严格依照中华人民共和国城市建设环境保护部、轻工业部 1984 年 9 月 1 日实施的《关于家用煤气灶技术要求的部级标准》生产的，并经轻工业部日用五金质量监督检测中心检验为合格产品。气雾剂公司灌装的气液不符合标准，是造成事故的主要原因。因此，我公司不承担任何责任。

春海餐厅辩称：贾某某在餐厅就餐时因卡式炉爆炸致伤，是因为卡式炉和气罐质量问题引发的事故。我餐厅提供服务没有过错，不同意赔偿。

诉讼中法院委托国家技术监督局组成专家鉴定组对该事故原因进行技术鉴定。结论为：边炉石油气罐的爆炸不是由于气罐选材不当或制造工艺不良引起的，边炉石油气罐的爆炸是由于气罐不具备盛装边炉石油气的承压能力引起，事故罐的内压较高，主要是由于罐中的甲烷、乙烷、丙烷等的含量较高，气罐内饱和蒸气压高于气罐的耐压强度是酿成这次事故的原因。灌装后的边炉石油气的混合气达 0.95MPA 和 0.98MPA（15℃和 23℃），"白旋风牌"边炉石油气罐不具备盛装上述成分石油气的能力。卡式炉内存在一个小火是酿成事故的不可缺少的诱因，卡式炉仓内存在小火是由于边炉气罐与炉具连接部位漏气而形成的。经国家燃气用具质量监督检验中心对 YSQ－A "众乐牌"卡式炉进行测试，该产品存在有漏气的可能性，如果安装时不对中，漏气的可能性更大。

经北京市法庭科学技术鉴定研究所鉴定：原告贾某某损伤为面部、双手烧伤，经治疗目前伤情已稳定，遗留面部及双手牌状疤痕，对其容貌有较为明显的影响。贾某某目前劳动能力部分受限，丧失率为 30%。

经中国人民解放军第 304 医院证明，原告贾某某今后面部及手部可行药物及皮肤美容护理治疗，费用约 5 至 6 万元。必要时可再行手术治疗，费用约 1 万元。但治疗后仍遗留部分瘢痕难以消除。

现没有证据证明被告春海餐厅提供服务与事故发生有因果关系。

诉讼期间，支付国家技术监督局专家鉴定组技术鉴定费 50 000 元，北京市法庭科学技术鉴定研究所鉴定费 560 元，中国人民解放军第 304 医院今后医疗评估费 35 元，中国医学科学院整形外科医院会诊费 70 元。

北京市海淀区人民法院审理认为，保证产品质量，特别是保障消费者人身财产安全是产品生产者必须履行的基本法律责任和义务。因产品质量问题造成的侵权损害结果，应依照《产品质量法》第 32 条和《消费者权益保护法》第 41 条的规定，予以赔偿，以维护社会公平与市场秩序。本案鉴定意见经庭审质证，结论已经明确：被告气雾剂公司生产的"白旋风牌"边炉石油气气罐没有根据气罐承压能力科学安全地按比例成分装填气体，充装使用方法的中英文标注不一致，内容互相矛盾，属于不合格产品，上述质量问题是造成此次事故的基本原因，气雾剂公司无可推卸地应当承担相当于 70% 的责任；"'众乐牌'卡式炉燃气瓶与炉具连接部位存在漏气可能"，使用时安装不慎漏气的可能性更大，存在危及人身、财产安全的不合理危险，且不符合坚固耐用不漏气的行业生产标准，质量存在缺陷。在炉内存有小火酿成事故的因果关系中，漏气环节是一个不可或缺的过错诱因，因此被告厨房用具厂也负有 30% 的责任。现没有证据证明被告春海餐厅提供服务存在过错，原告贾某某要求该餐厅赔偿损失缺乏事实依据，本院不予支持。

依照《民法通则》第 119 条"侵害公民身体造成伤害的，应当赔偿医疗费、因误工减少的收入、残废者生活补助费等费用"的规定，人身损害赔偿应当按照实际损失确定。根据《民法通则》第 119 条规定的原则和司法实践掌握的标准，实际损失除物质方面外，也包括精神损失，即实际存在的无形的精神压力与痛苦。本案原告贾某某在事故发生时尚未成年，身心发育正常，烧伤造成的片状疤痕对其容貌产生了明显影响，并使之劳动能力部分受限，严重地影响了她的学习、生活和健康，除肉体痛苦外，无可置疑地给其精神也造成了伴随终身的遗憾与伤痛，必须给予抚慰与补偿。赔偿额度要考虑当前社会普遍生活水准、侵害人主观动机和过错程度及其偿付能力等因素。丧失的部分劳动能力应当根据丧失比率，参照当地人均生活费标准，按社会平均寿命年限合理计赔。本着便于治疗和保障生活的原则，赔偿应一次性解决，包括医药费（含今后医药费）、护理费、营养费、因停学购买的学习用品费、残疾生活自助具购置费、生活补助费和精神损害赔偿金等。贾某某要求赔偿的额度，其中 736 293.8 元缺乏事实与法律依据，特别是精神损害赔偿 650 000 元的诉讼请求明显过高，其过高部分不予支持。

二、法律问题

1. 因产品存在缺陷导致他人人身受到损害的，生产者是否应当承担赔偿责任？如何确定赔偿金额？

2. 在尚无明确规定支持巨额精神损害赔偿的情况下，本案法官通过何种方法支持贾某某的诉求？

三、法理分析

本案中，贾某某系因产品缺陷而受到身体伤害，对此《产品质量法》和《消费者权益保护法》都支持侵害人对受害人的人身伤害进行赔偿。但他们将赔偿的范围严格限定在物质损害方面，比如医疗费、因误工减少的收入、残废者生活补助费等费用，而并未直接规定精神损害赔偿的问题。除此之外，当时的《民法通则》第119条规定，"侵害公民身体造成伤害的，应当赔偿医疗费、因误工减少的收入、残废者生活补助费等费用；造成死亡的，并应当支付丧葬费、死者生前扶养的人必要的生活费等费用"。该条规定也并未直接涉及精神损害赔偿的问题，赔偿的范围也主要是限定在直接物质损失方面。[1]

本案的争议焦点在于，贾某某请求被告赔偿自己的精神损失能否获得法律上的支持。由于根据当时国家有关法律的规定，精神损害赔偿并不在产品责任案件的赔偿范围之内，故而这项诉求面临法律上找不到直接依据的局势。因此，这也恰恰成了案件争议的焦点和核心所在。在解决这一问题时，法官可以有两种选择：其一，坚持形式法治的进路，案件的裁决严格依照既有的法律作出，即先从既有的法律体系中寻找可供适用的法律渊源，然后运用形式性的演绎逻辑推导出案件的结论，具体在本案中，法官可以依照《产品质

[1] 但现行《民法典》对此已有规定。根据《民法典》第1183条，侵害自然人人身权益造成严重精神损害的，被侵权人有权请求精神损害赔偿。

量法》《消费者权益保护法》以及《民法通则》的相关规定，仅仅支持赔偿贾某某所受到的物质性损失，而驳回 650 000 元的精神损害请求；其二，坚持实质法治的进路，在法律规则尚未明确支持精神损害赔偿的情形下，诉诸内生于法律体系之中的法律原则，比如公平或公正的原则，来支持当事人精神损害赔偿的请求。两种不同的进路，体现了法官对待法律、法律体系、司法裁判的不同观点和态度。

在本案中，针对特定问题立法所留下的空白，给法官发挥自由裁量权留下了一定的空间。在上述两种可能不同的进路中，不同的法官可能会基于不同的考量作出不同的选择。本案法官最终选择实质法治的裁判进路，大概是这样推理的，法院首先找到了《民法通则》第 119 条的规定，"侵害公民身体造成伤害的，应当赔偿医疗费、因误工减少的收入、残废者生活补助费等费用"，根据实际损失来确定具体的人身赔偿数额。由于对于这种情形法律并未明确规定可以给予精神损害赔偿，法官就进一步探讨了第 119 条背后的规范目的和立法价值，结合实践中所掌握的标准，认为实际损失除物质方面外，也应当包括精神损失，即实际存在的无形的精神压力与痛苦。贾某某在事故发生时尚未成年，身心发育正常，烧伤造成的片状疤痕对其容貌产生了明显影响，并使之劳动能力部分受限，严重地妨碍了她的学习、生活和健康，除肉体痛苦外，无可置疑地给其精神造成了伴随终身的遗憾与伤痛，必须给予抚慰与补偿。只不过当事人提出的 650 000 元精神损害赔偿数额有点过高，法院最终并未完全支持。

四、参考意见

《产品质量法》第 44 条规定，因产品存在缺陷造成受害人人身伤害的，侵害人应当赔偿医疗费、因误工减少的收入、残废者生活补助费等费用。同时，《消费者权益保护法》第 49 条也规定，经营者提供商品或者服务，造成消费者或者其他受害人人身伤害的，应当支付相应的损害赔偿费用。因此，因产品质量问题造成侵权损害结果，产品生产者未尽到保障消费者人身财产安全的义务的，依法应当承担相应的赔偿责任。依照《民法通则》第 119 条规定，侵害公民身体造成伤害的，应当赔偿医疗费、因误工减少的收入、残废者生活补助费等费用，人身损害赔偿应当按照实际损失确定。实际损失除物质方面外，也包括精神损失。即给受害人造成精神上的伤害的，也须给予抚慰与补偿。赔偿额度要考虑当前社会普遍生活水准、侵害人主观动机和过错程度及其偿付能力等因素。[1]

拓展案例

案例：李某、龚某诉五月花公司人身伤害赔偿纠纷案

16－4　本案判决书

一、基本案情

1999 年 10 月 24 日傍晚 6 时左右，原告李某、龚某夫妇二人带着 8 岁的儿子龚某某，与朋友到被告五月花公司经营的五月花餐厅就餐，由餐厅礼仪小姐安排在二楼就座，座位旁是名为"福特"的餐厅包房。"福特"包房的东、南两墙是砖墙，西、北两墙是木板隔墙，龚某某靠近该房木板隔墙的外侧就座。约 6 时 30 分左右，"福特"包房内突然发生爆炸，李某和龚某某随即倒下不省人事，龚某忍着伤痛拖开被炸倒的包房木板隔墙，立即将龚某某送往医院抢救，李某也被送往医院。龚某某因双肺爆炸伤外伤性窒息，呼吸循环衰竭，经抢救无效死亡。李某的左上肢神经血管损伤，腹部闭合性损伤，失血性休克，肺挫伤，进行了左上肢截肢技术及脾切除术，伤愈后被评定为二级残疾。龚某右外耳轻度擦伤，右背部少许擦伤。

五月花餐厅的这次爆炸，发生在餐厅服务员为顾客开启"五粮液酒"盒盖时。伪装成酒盒的爆炸物是当时在"福特"包房内就餐的一名医生收受的礼物，已经在家中放置了一段时间。10 月 24 日晚，该医生将这个"酒盒"带入"福特"包房内就餐，服务员开启时发生爆炸。现在，制造这个爆炸物

---

〔1〕 "贾某某诉北京国际气雾剂有限公司、龙口市厨房配套设备用具厂、北京市海淀区春海餐厅人身损害赔偿案"，载《最高人民法院公报》1997 年第 2 期。

并将它送给医生的犯罪嫌疑人已被公安机关抓获。

珠海市中级人民法院认为：原告李某、龚某到被告五月花公司下属的餐厅就餐，和五月花公司形成了消费与服务关系，五月花公司有义务保障李某、龚某的人身安全。五月花公司是否尽了此项义务，应当根据餐饮行业的性质、特点、要求以及对象等综合因素去判断。本案中，李某、龚某的人身伤害和龚某某的死亡，是在五月花餐厅发生的爆炸造成的。此次爆炸是第三人的违法犯罪行为所致，与五月花公司本身的服务行为没有直接的因果关系。在当时的环境下，五月花公司通过合理注意，无法预见此次爆炸，其已经尽了保障顾客人身安全的义务。

原告李某、龚某提起的侵权损害赔偿之诉，其事由不具有法律规定的其他特殊侵权损害情形。本案有明显的加害人存在，不能适用无人因过错承担责任时才适用的公平责任原则，因此只能按一般侵权损害适用过错责任原则。被告五月花公司在此次爆炸事件中，已经尽到了应当尽到的注意义务，其本身也是此次事件的受害者。五月花公司对李某、龚某、龚某某的伤亡没有过错，故不构成侵权。五月花公司与加害人之间也不存在任何法律上的利害关系，不能替代其承担法律责任。李某、龚某应当向有过错的第三人请求赔偿，不能让同样是受害人的五月花公司代替加害人承担民事赔偿责任。五月花公司的抗辩理由充分，应予采信。《民事诉讼法》第64条第1款规定："当事人对自己提出的主张，有责任提供证据。"李某、龚某主张判令五月花公司承担赔偿责任，但是却不能提供支持自己主张的事实根据和法律依据，故对其诉讼请求不予支持。据此，珠海市中级人民法院判决：驳回原告李某、龚某的诉讼请求。

一审宣判后，李某、龚某不服，向广东省高级人民法院提起上诉。

被上诉人五月花公司答辩称：允许顾客自带酒水进入餐厅就餐，是行业习惯。被上诉人已尽了本行业应尽的注意义务，对上诉人遭受的损害没有过错，也没有违约。上诉人和被上诉人同是本次爆炸事件的受害人，上诉人不能把被上诉人的服务行为和加害人的爆炸行为混为一谈。一审判决认定事实清楚，适用法律正确，应当维持。

广东省高级人民法院认为：被上诉人五月花公司在本案中既没有违约也没有侵权，不能以违约或者侵权的法律事由判令五月花公司承担民事责任。

五月花公司与上诉人李某、龚某同在本次爆炸事件中同遭不幸，现在加害人虽已被抓获，但由于其没有经济赔偿能力，双方当事人同时面临无法获得全额赔偿的局面。在此情况下应当看到，五月花公司作为企业法人，是为实现营利目的才允许顾客自带酒水，并由此引出餐厅爆炸事件，餐厅的木板隔墙不能抵御此次爆炸，倒塌后使李某、龚某一家无辜受害。五月花公司在此爆炸事件中虽无法定应当承担民事责任的过错，但也不是与李某、龚某一家受侵害事件毫无关系。还应当看到，双方当事人虽然同在此次事件中受害，但李某、龚某一家是在实施有利于五月花公司获利的就餐行为时使自己的生存权益受损，五月花公司受损的则主要是自己的经营利益。二者相比，李某、龚某受到的损害比五月花公司更为深重，社会各界（包括五月花公司本身）都对李某、龚某一家的遭遇深表同情。最高人民法院在《关于贯彻执行〈中华人民共和国民法通则〉若干问题的意见（试行）》第 157 条中规定："当事人对造成损害均无过错，但一方是在为对方的利益或者共同的利益进行活动的过程中受到损害的，可以责令对方或者受益人给予一定的经济补偿。"根据这一规定和李某、龚某一家的经济状况，为平衡双方当事人的受损结果，酌情由五月花公司给李某、龚某补偿一部分经济损失，是适当的。一审认定五月花公司不构成违约和侵权，不能因此承担民事责任，是正确的，但不考虑双方当事人之间的利益失衡，仅以李某、龚某应向加害人主张赔偿为由，驳回李某、龚某的诉讼请求，不符合《民法通则》第 4 条关于"民事活动应当遵循自愿、公平、等价有偿、诚实信用的原则"的规定，判处欠妥，应当纠正。

二、法律问题

1. 本案争议的焦点问题是什么？一二审判决思路有何明显的不同？

2. 法官本案中诉诸了法律原则，这种判决立场体现了何种法治理念？

3. 二审法院通过利益衡量，主张适用公平责任原则？民法中公平责任原则适用的理由或条件是什么？

三、重点提示

1. 形式法治与实质法治是两种不同的法治观，代表看待法治的两种不同立场和态度。其中，形式法治观着眼于法律体系的形式性面向，而实质法治观则会摄入一些道德等实质性要素。

2. 法治观对司法裁判也有重要的影响，持有形式法治观的法官可能更严格坚持依法裁判的立场，而持有实质法治观的学者会更重视和谨慎地运用司法自由裁量权，在疑难个案中填补法律空缺和实现实质正义。

拓展资料

16 - 5 拓展阅读